古典文獻研究輯刊

十六編

潘美月・杜潔祥 主編

第 15 冊

趙翼年譜長編（第五冊）

趙興勤 著

國家圖書館出版品預行編目資料

趙翼年譜長編（第五冊）／趙興勤　著 — 初版 — 新北市：花
木蘭文化出版社，2013〔民 102〕
目 4+234 面；19×26 公分
（古典文獻研究輯刊　十六編：第 15 冊）
ISBN：978-986-322-166-1（精裝）
1.（清）趙翼　2.年譜
011.08　　　　　　　　　　　　　　　　　102002355

古典文獻研究輯刊
十六編　第十五冊　　　　　　　ISBN：978-986-322-166-1

趙翼年譜長編（第五冊）

作　　者　趙興勤
主　　編　潘美月　杜潔祥
總 編 輯　杜潔祥
企劃出版　北京大學文化資源研究中心
出　　版　花木蘭文化出版社
發 行 所　花木蘭文化出版社
發 行 人　高小娟
聯絡地址　235 新北市中和區中安街七二號十三樓
　　　　　電話：02-2923-1455／傳真：02-2923-1452
網　　址　http://www.huamulan.tw 信箱 sut81518@gmail.com
印　　刷　普羅文化出版廣告事業
初　　版　2013 年 3 月
定　　價　十六編 30 冊（精裝）新台幣 50,000 元

趙翼年譜長編（第五冊）

趙興勤　著

目次

嘉慶八年癸亥（1803） 七十七歲

【時事】　正月，廣東巡撫鐵保調爲山東巡撫。以山東巡撫倭什布爲兩廣總督。二月，浙江水師提督李長庚，於普陀洋一帶擊敗蔡牽。據史載，「安南新阮內附，受封守約束，艇匪無所巢穴。其在閩者，皆爲漳盜蔡牽所併，有艇百餘，粵盜朱濆亦得數十艘。牽，同安人，奸猾善用眾，既得夷艇，凡水澳、鳳尾諸黨悉歸之，遂猖獗。阮元與長庚議夷艇高大，水師戰艦不能制，乃集捐十餘萬金付長庚，赴閩造大艦三十，名曰霆船，鑄大炮四百餘配之。連敗牽等於海上，軍威大振。八年，牽竄定海，進香普陀山，長庚掩至，牽僅以身免，窮追至閩洋，賊船糧盡帆壞，僞乞降於總督玉德，遣興泉永道慶徠赴三沙招撫，玉德遽檄浙師收港，牽得以其間修船揚帆去。浙師追擊於三沙及溫州，毀其船六。牽畏霆船，賄閩商造大艇，高於霆船，出洋以被劫報，牽得之，渡橫洋，劫臺灣米以餉朱濆，遂與之合」（《清史稿》卷三五〇《李長庚傳》）。閏二月二十日，大學士王杰致仕將歸里，「陛辭日，賜高宗御用玉鳩杖、御製詩二章，以寵其行，有云：『直道一身立廊廟，清風兩袖返韓城。』時論謂足盡其生平」。此前，杰上疏略謂：「各省虧空之弊，起於乾隆四十年以後，州縣營求餽送，以國帑爲夤緣，上司受其挾制，彌補無期。至嘉慶四年以後，大吏知尚廉節，州縣仍形拮据，由於苦樂不均，賢否不分，宜求整飭之法。又，舊制，驛丞專司驛站，無可誅求。自裁歸州縣，濫支苛派，官民俱病。宜先清驛站，以杜虧空。今當軍務告竣，朝廷勤求治理，無大於此二者。請睿裁獨斷，以挽積重之勢。」所言切中時弊，上嘉納之。（《清史稿》卷三四〇《王杰傳》）本月，嘉慶帝由圓明園還宮，「入順貞門，姦人陳德突出犯駕。定親王綿恩、額駙拉旺多爾濟及丹巴多爾濟等擒獲之，交廷臣嚴鞫。獎賚綿恩等有差」（《清史稿》卷一六《仁宗紀》）。當日，帝諭曰：「大內門禁，關防實爲緊要，是以朕諄諄降旨教道，原恐不法之人，滋生事端，今再嚴傳等處，他坦內雇覓蘇拉、廚役，如有酗酒不法無藉之徒，即行逐出，不可容留在內傭工。嗣後如有雇覓人等，俱要知來歷，有保人，方許留用。再向例隨侍等處當差之太監，俱係進宮年久之人，近來有新進太監，爾等即補隨侍等處當差。至茶膳房，係辦理御用口味之地，尤關緊要。新進太監尤不可補給當差。嗣後如有新進太監，補給周邊各門當差，俟過三年後，看其老實勤慎，再撥給隨侍等處茶膳房、各宮內廷下當差，以後

為例。再傳與圓明園總管等，嗣後緊守園庭門禁關防，如有新進太監，亦撥給周邊遠處當差，俟過三年後，看其勤慎老實，再撥給九洲清晏內圍等處當差，敬謹遵行，著為例。」（《國朝宮史續編》卷六）三月，湖廣總督吳熊光奏，「秦楚省兵餉月需銀十六七萬兩，今將不得力之疲兵，有業可歸之鄉勇，節加裁撤，見在月需八萬兩有奇。上以光熊能隨時撙節，核實支銷，諭嘉之」（《清代七百名人傳・吳熊光》）。六月，「尚書彭元瑞乞休，允之，仍總裁《高宗實錄》。以費淳為兵部尚書，陳大文為兩江總督」（《清史稿》卷一六《仁宗紀》）。七月，大學士阿桂之孫那彥成擢禮部尚書。九月，致仕尚書、前協辦大學士彭元瑞卒。（《清史稿》卷一六《仁宗紀》）本月，帝諭大學士劉墉略曰：「夫學以明倫為首務，士以喻義為先。倫不修而以文責師，義不明而以利計私，何以為士子之倡乎？學校之科條，非不燦然，顧或於倫物不躬行，則三德六行皆空華矣；或於義利不明辨，則服古入官皆市道矣。爾諸臣不可不孜孜以是道其國子，爾多士可不汲汲以是臻於高明，毋以為迂闊而遠於事情，毋以為陳言而不求切己。朕所厚望於臣工庶士，滌濯其心，誠勤無懈，以培植賢才，為國楨幹焉。各宜交勉！」（《清通鑑》卷一六〇）

本年，吳縣金學蓮作《搜鹽》詩，刺鹽官搜小不搜大，放任巨商大賈而邏索小民。

陽湖陸繼輅取《聊齋誌異》故事譜《洞庭緣》傳奇。

安徽俞正燮重客句容，於亡友王喬年家借閱明呂毖所編小說《蘆城平話》四卷，排比明末諸大案史實，作《書蘆城平話後》。

寶山李保泰得惠棟舊所著《後漢書補注》稿本，為刊行。

青浦王昶刻所編《湖海詩傳》四十六卷。

武進呂星垣刻所著《白雲草堂詩鈔》三卷、《文鈔》七卷。

浙江龔自珍隨父寓北京，此年從金壇段玉裁習許氏《說文》部目。

吳縣潘奕雋至山塘聽歌《邯鄲夢》，稱葉堂派。

湖南張九鉞死，年八十三。

南匯吳省欽死，年七十五。

昭文吳蔚光死，年六十一。

二月，洪亮吉應齕使額勒布之聘，主揚州梅花書院。未幾，辭去，仍赴洋川書院。（《洪北江先生年譜》）

法式善以舒位、王曇、孫原湘為「三君」，賦《三君詠》詩，曰：「空谷

有佳人，十年不一見。相逢托水雲，一別如風散。臨行仰視天，遺我詩一卷。中有萬古心，事窮道不變。科名易事耳，君胡久貧賤。晞彼幽蘭花，無言開滿院。（舒鐵雲）」「豪傑為文章，已是不得意。奇氣抑弗出，酬恩空墮淚。說劍示俠腸，談玄托賓戲。有花須飽看，得山便酣睡。願更道心持，勿使天才逸。人間未見書，寫並梅花寄。（王仲瞿）」「白雲遊在空，胡為吐君口。明月生自海，胡為出君手。想當落筆時，萬物皆吾有。五城十二樓，誰復辨某某。佳句天所造，妙手得之偶。未必天真閣，獨師韋與柳。（孫子瀟）」（《瓶水齋詩集》卷一一附）舒位有《題梧門先生三君詠後並寄》（《瓶水齋詩集》卷一一）一詩作答。

九月，王念孫隨尚書費淳赴山東臨清一帶查勘河道情形。十月，奉命偕費淳、鐵保籌辦本年糧船北來事宜。（《王石臞先生年譜》）

凌廷堪作《燕樂考原》六卷。（《凌次仲先生年譜》）

【本事】覽孫於除夕前所生，元旦抱見，雖僅三、二日，已是兩歲，甌北喜而賦詩。

《覽孫以小除前一日生，元旦抱見已二歲矣，戲賦》：「歡聲繡褓出堂來，正居新年淑景開。生甫四朝年兩歲，此兒應是早成材。」「兒女青紅喜過年，誕生便有吉祥緣。洗三才把金錢浴，又佩新正押歲錢。」（《甌北集》卷四五）

另有《癸亥元日》（《甌北集》卷四五）詩。

【按】小除，即除夕前一天，猶言小除夕。

《西蓋趙氏宗譜》：甌北三子廷俊所生子申祐，「行三，初名覽，字叔侯。嘉慶七年壬戌十二月二十七日辰時生，道光十九年己亥九月三十日卒。葬父塋。配黃氏，嘉慶癸酉科舉人曾顯女。嘉慶七年壬戌八月二十二日申時生，咸豐年卒，葬失考。子一，增慧。」

元宵，偕兒孫往葛仙橋一帶觀花燈。

《看燈》：「何處歡聲溢市闠，葛仙橋北露華初。廣場千步春燈滿，月走遊人火走魚。」（《甌北集》卷四五）

《新春即日》、《劉瀛坡總戎七十壽詩》（《甌北集》卷四五）亦寫於此時。

【按】劉瀛坡，見本譜嘉慶七年考述。

節後多暇，甌北招劉檀橋種之、莊迁甫通敏、洪稚存亮吉、蔣佩荃衡諸友讌集，恰曾賓煿谷煥運使過此，遂邀入共聚，為詞館之會。

《新春招劉檀橋中允、莊迂甫贊善、洪稚存編修、蔣佩荃檢討讌集草堂，適曾賓谷運使枉過，遂並邀入會，皆詞館也。江鄉此會，頗不易得，爰作詩以張之，並邀諸公屬和》：「五人詞館共家居，合有春醪折簡呼。廿榜羣行吾獨老，一堂風雅世應無。占星或擬賢人聚，入畫堪追學士圖。科目最先杯最後，主人笑比飲屠酥。」「百年人物出柯亭，故事猶傳舊典型。兩鬢霜甘居退院，一條冰恰稱寒廳。誰當牛耳操剸澤，我敢龍頭占管寧？林下漸多朝右少，諸公應早赴彤廷。」「辛盤正擬具壺觴，忽有干旄過草堂。未便帶符韓尉坐。已如里改鄭公鄉。儒餐野味無官鮓，翰苑虛名漸餼羊。扶起雅輪須大力，期公北斗領文昌。」（《甌北集》卷四五）

【按】蔣佩荃，據洪亮吉《新正十九日趙兵備翼招同莊宮允通敏、劉宮贊種之暨舅氏蔣檢討蘅湛貽堂雅集，適同年曾運使燠過訪，遂並邀入會，並詞館也。兵備作三詩紀事，余依律奉答，並寄顧修撰臯、莊吉士騂男、謝吉士幹》（《更生齋集》詩集卷六）詩，此人應爲蔣蘅。《清代人物生卒年表》所收蔣蘅，乃福建建甌人，爲另一人。

錢維喬《三憶詩》小序曰：「余少簡拙，里居鮮交，然而阮生雖傲，有友三人焉。比年之燕之齊，散若晨宿，不勝離合之感，作三憶詩。三人者，蔣佩荃、莊似撰、湯遵路。」詩謂：「有客長安老，頭顱四十餘。未拌埋卞玉，忍復計匡廬。壯志頻看劍，羈愁且著書。會須逢聖主，莫便賦歸歟。」「不見莊生久，饑驅又一年。歸期慈母淚，客況故人憐。官舍催新序，鄉心對別筵。南鴻近無信，恐滯尺書還。」「君向青齊去，春風逐馬塵。山川遊躅舊，詩句客懷新。雲物空才子，儀型仰聖人。遵路適壽張故中都地。遺予轅下伏，尊酒與誰論。」（《竹初詩文鈔》詩鈔卷一）又，《懷人詩六首》小序曰：「余自被放南還，息影故鄉，人事疏絕，離索之下，輒念所知，因得詩數首，聊志情懷，無復倫次，亦見人生鴻爪，握手不常，聚散之感，靡歲無之耳。」《蔣貢士佩荃》詩謂：「半生懷刺已摧殘，服盡鹽車傲骨寒。人物下中懸綬易，功名五十負薪難。貧忘客味囊從澀，老閱人情鋏倦彈。莫向夷門尋俠烈，恐教屠狗笑儒冠。」（《竹初詩文鈔》詩鈔卷四）

洪亮吉有《新正十九日趙兵備翼招同莊宮允通敏、劉宮贊種之暨舅氏蔣檢討蘅湛貽堂雅集，適同年曾運使燠過訪，遂並邀入會，並詞館也。兵備作三詩紀事，余依律奉答，並寄顧修撰臯、莊吉士騂男、謝吉士幹》三

首，詩題下小注曰：「是集本約三君，修撰以道阻，二吉士以屬疾，皆不至。」詩曰：「堂高真認大羅天，五輩飛仙一謫仙。同羨玉皇香案吏，仍參絳縣老人年。檢討舅氏以年過八十賜第。已甘名士稱龍尾，里中同館，余齒居末。曾與將軍導馬前。吾謫戍伊犁，將軍每出，多使余前馬。近日蓬瀛重預會，尚疑枚乘是張騫。」「一院陰陰覆薜蘿，清談原不沸笙歌。筵前客尚遲三少，修撰及兩吉士。座末人猶冠七科。余於詞館為後進，然下距壬戌新及第諸君子已屬七科前輩矣。選日早欣傳里郵，使星偏欲駐巖阿。運使以公事赴吳門，歸途阻凍，留宿余舍。揚州金帶園休羨，只此梅花瑞氣多。」「屈指先庚與後庚，兵備以庚午鄉舉，余以庚子，前後卻三十年。迢迢卅載許齊名。登科記憶蘇和仲，諫獵書憨馬長卿。九秩乍開稱晚進，檢討舅氏，年已近九十。宮允與余皆舅氏執經弟子。一堂分半禮先生。家風雪窖冰天慣，敢詡欒坡世澤清。先文敏謝啟有「父子相承，四上欒坡之直」云云，用及之。」（《更生齋集》詩集卷六）

據《（光緒）武進陽湖縣志》卷一九，蔣薌，嘉慶四年己未「以年八十會試，賜翰林院檢討」，同卷又稱嘉慶三年戊午，「蔣薌，以年八十，鄉試賜」。鄉、會試均稱「年八十」，可知八十云乃約數耳。又據上引洪亮吉詩「九秩乍開稱晚進」後注云：「檢討舅氏，年已近九十」，其生年當在康熙四十九年庚寅（1710）稍後。著有《周易尊翼訓》八卷（存）、《朱子綱目辨例》十二卷（佚）、《宋元綱目糾繆》三卷（佚）、《讀史緒論》四卷（佚）、《傷寒尚論商榷編》十二卷（佚）、《自怡齋集》八卷（佚）、《自怡齋詞》一卷（佚）。（《（光緒）武進陽湖縣志》卷二八）柯愈春《清人詩文集總目提要》第 1306 頁將《自怡齋集》（八卷）歸入福建甌寧蔣薌名下，疑誤。

趙文哲遇難於金川，遺稿《娵隅集》由其子少鈍刊就。甌北讀其詩而思其人，黯然神傷。

《璞函娵隅集，令嗣少鈍已為刊行，翻閱之餘，泫然有作》：「故人已殉蜀山高，遺稿猶看戰伐勞。歸骨難歸千鳥道，斫頭便斫一鴻毛。國隆恤典官修祀，天報忠魂子擁旄。可惜韓陵碑手筆，不教留賦洗弓刀。」（《甌北集》卷四五）

【按】《梧門詩話》卷七：「王西莊嘗語人曰：今日江左詩人，當以趙損之為第一，余與吳企晉、王琴德、曹來殷皆弗如。此論蓋自余刱之，惟三君亦以為然。而世之人，或未之知也。其推重如此。損之自訂《婼雅堂

詩》，皆其未入官時所作，較《姬隅集》蒼老不及而標格過之。……風流
倜儻，後乃殉木果木之難，才人固未可量也。損之名文哲，別號璞函，
沒贈光祿寺少卿。《姬隅集》中多從征作，風俗之俶詭、山川之險怪，可
驚可愕，每於詩傳之。」可互爲參看。

錢維喬書、詩、畫兼擅，以才子而屈居縣令，爲詩多憤世嫉俗語。而《自
述文》，則多自貶抑，甌北讀而有感，題詩抒懷。

《題竹初自述文》：「趙岐斲墓石，司空志生壙。竹初自述文，亦以代家
狀。讀之見其眞，自處尋常人。一語無矯飾，詞卑意彌淳。古來三不朽，皆
出常人手。只此擇地蹈，循牆走，身不踰檢閒，官不曠職守。得時可奮幹濟
功，不遇亦作釣遊叟。豈必鼻息沖雲漢，腳步踏星斗，穿溟涬界透險重，遊
罔閬鄉臨州九，然後魁奇絕輩流，俶詭駴儔偶？君今安其常，乃更謙而光。
若論名行及才藝，我覺此文猶未備。學有兄在專師資，產比仲多均活計。出
無官謗民歌襦，歸有去思人墮淚。餘事更兼風雅宗，詩思文心兩精銳。工書
善畫各入微，學佛求仙並深契。倘得巨手爲鋪張，將垂史乘芳，更炳金石光。
君乃不乞韓、歐陽，並不假趙子昂、董其昌。自搦一枝雞毛筆，直寫素履無
避藏。想見寒窗夜深悄，熒然一燈含毫邈。一念不將夵影欺，寸長未敢竿牘
表。此即供狀到閻羅，不用減增另具稿。偉哉此正非常人，只把常人之事
了。」（《甌北集》卷四五）

另有《題江陰單寧齋明府小照》（《甌北集》卷四五）詩。

【按】陸萼庭《錢維喬年譜》引錢維喬《自述文》略曰：「居士性儉嗇，
服御取樸陋。寡嗜好，僅一子而有七孫。……然器宇褊小，復病柔牽，
故見義不能勇爲，好善而行之每歉其量。……居士論詩愛唐音，以李杜
爲宗，所作時或闌入宋人，皆龘涉門徑。文於經史實無根柢，且蕪雜欠
體裁，不甚修飾，第述事攄臆而已。偶寫山水，亦欣然自得，以不耐乞
求，懶而罷輟。大率其人知解頗有餘，而學力未能副之。故所得皆皮
毛，無足傳者。」並按曰：「自剖甚嚴，亦惟達懷善遣者，乃能出此眞誠
語。」（《清代戲曲家叢考》）爲人之坦誠，可見一斑。竹初另有《吏不可
爲》詩六首，之三《催科》曰：「官如大魚吏小魚，完糧之民其沮洳。官
如虎，吏如貓，具體而微舐人膏。二月絲，八月穀；婦出門，雞登屋。
五刑之屬郵麗事，役惰追呼罪其罪。然而心所不怒彊威之，投簽鏗然厭
且憊。坐堂皇，鞭其尻，役以皮肉更錢刀。彼縱不苦我則勞，署上上考

何足高。」

讀書之餘，亦與青年後生交往。京口左蘭城，乃袁枚、王文治弟子。袁、王歿，甌北對其時加扶植。

《結習》：「不知何事日匆忙，食蓼搬薑習未忘。身後名難膏朽骨，案頭書且沃枯腸。清齋摩詰翻經課，老學荀卿炳燭光。捲起董帷還一笑，有人晞髮向扶桑。」（《甌北集》卷四五）

《題左蘭成詩卷》：「一編冰雪淨聰明，占得清新兩字評。不數當年庾開府，江南今又一蘭成。」「綺麗清才出水蓮，工夫那更似珠圓。只疑數十年成就，誰識安仁正少年。」「師門衣缽數袁王，是我同遊舊輩行。今日兩人俱宿草，傷心忍作魯靈光。」「不因貲算掩才名，絕似昆山顧阿瑛。好掃花陰遲老鐵，鞶杯來泛草堂清。」（《甌北集》卷四五）

另有《同兒孫上塚》、《閱邸報，秦、楚、蜀三省同時奏捷，軍事告竣，喜作凱歌》、《今歲閏在仲春，春光較多，一月而風雨連旬，晴和反少於往年，詩以誌感》、《重三出遊》、《野步》、《前歲作牡丹詩頗不愜意，今日對花，再作四首》、《邸抄》（《甌北集》卷四五）諸詩。

【按】左蘭成，似應作左蘭城。《甌北集》凡三見，分別是《題左蘭成詩卷》、《京口左蘭成留飲》及《途中雜詩》（十首）之四，均見卷四五。由詩中所提供資訊，知其為京口人，師從袁枚、王文治。檢袁枚《小倉山房詩集》，卷三四有《高青士、左蘭城兩生遠送江口，依依不捨，不能無詩》，卷三六有《寓佩香女士聽秋閣，主人未歸，蒙左蘭城、家岸夫分班治具，都統成公屢以詩來，仝至焦山餞別》。卷三五《左蘭城銀河洗筆圖》詩謂：「左思賦三都，留下一枝筆。傳家二千年，他人不敢竊。裔孫蘭城美少年，刻刻詩狂欲上天。尚嫌筆舊色不鮮，前身原是漢張騫，可以乘槎握管直到銀河邊。銀河波濤正浩瀚，慣洗壯士甲兵三百萬。忽然文人來洗筆，烏鵲牽牛爭欲看。君身高立蓬山窪，辛勤洗筆如漚麻。不許宿墨留些些，直將陳言死句諸毛都伐盡，只剩江淹手上燦爛千枝花。歸來遊吳門，得詩若干首。更賦七言律，為我介眉壽。我乍讀之心驚猜，何處得此真仙才。今朝披此圖，囍然笑口開。方知郎君含金吐石諸佳句，都在織女機邊長跪乞得來。君與佩香女士常倡和，故調之。」王文治《夢樓詩集》，卷二三《江介沿緣集》有《弟子左蘭城以水仙、春蘭各一盆饋歲》一首，謂：「幾朵水仙偏耐冷，數莖蘭蕊未舒妍。花開除夜兼元旦，消受

清芬過兩年。」《上巳日與弟子高青士、左蘭城由臨東亭至凌江閣，時辛夷將落，碧桃盛開，感而有作》曰：「臨東亭外春江深，凌江閣前春靄陰。白首欣逢上巳節，青山眞對故人心。偶聞時鳥語相答，不覺飛花香上襟。辛夷開過碧桃綻，眼底榮枯即古今。」《銀河洗筆圖》小序曰：「門人左蘭城夢洗筆於銀河，唐燿卿作圖，予爲之歌。」詩略謂：「左生弱冠才翩翩，吟詩不鬥章句妍。披露天眞謝雕飾，澄江匹練同新鮮。」同卷尚有《攜弟子劉春橋與左蘭城訪張舸齋於飲綠山堂》、《重陽前三日偕張舸齋、左蘭城預作登高之會，時蘭城將遊吳下兼以贈行》、《雪後初晴同左瑤圃及令子蘭城登西津閣遠眺》等詩，同書卷二四《乙卯集》又有《乙卯正月四日午後偕門人左蘭城、郭厚菴、蘭池叔侄北郭閒步，晚憩寶蓮菴之無餘閣，見新月有作》、《木芙蓉同佩香、蘭城和胡香海二首》、《家弟少林至潤州訪余，張舸齋、左蘭城招集飲綠山堂分韻》諸詩。又與潘奕雋、姚鼐有交，潘《寄左蘭城鎮江》詩曰：「綠陰濃合劍池邊，憶結僧窗翰墨緣。詩逼小倉傾老輩，書摹快雨壓時賢。蘭城學書於夢樓、學詩於簡齋。山塘棹遠曾牽夢，京口箋來又來年。鄧尉梅花今正好，渡頭重望鄂君船。」（《三松堂集》詩集卷一〇）姚有《次韻贈左蘭城》，見《惜抱軒詩文集》詩集卷一〇。知其名當爲蘭城。

太湖洞庭東、西二山，近在咫尺，卻從未一往。春，三月，偕王仲瞿曇、蔣于野莘乘舟前往覽勝。

《舊譜》：「春間偕王仲瞿孝廉、蔣于野秀才遊洞庭東西兩山，歸又遊焦山，往揚州看芍藥。」

《偕王仲瞿孝廉、蔣于野秀才遊洞庭東西兩山，時吳縣湯明府爲治裝》（七首）之一：「足蹟半天下，南戍遍登眺。家鄉有名區，垂老乃未到。枉自稱好遊，將被向平笑。邂逅天假緣，偶泛吳門棹。洞庭近百里，山靈默相召。辦裝有賢侯，結伴得同調。遂果此願償，湖山領佳要。胥口布帆開，一驚已前導。」之三：「探奇先東山，村落何蔥鬱。田少人戶多，不供一頓粥。卻因營貿遷，術善操盈縮。遂多擁高貲，鱗次總廈屋。其俗況淳樸，目不見可欲。隨時山有果，過午市無肉。相見各愛敬，善氣藹可掬。人間眞樂郊，安得一椽卜。」之六：「林屋古洞天，一穴入地底。相傳通峩嵋，誰與證遐軌。我來秉炬探，實可五六里。蝙蝠驚火光，撲面亂飛起。其下坎陷處，膝行不得跂。匍匐泥滿身，笑比負塗豕。過險又空闊，一喊甕聲唯。恐有饞蛟藏，口饞奮

舌舓。老膽亦生怯，路恰隔凡止。洞盡處有『隔凡』二字，王鏊所書。迴身作猱升，經時始見曇。乃知向所歷，湖在頭上矣。」（《甌北集》卷四五）

【按】《欽定大清一統志》卷五四《蘇州府》謂「洞庭東山」：「在吳縣西南太湖中，一名胥母山。《越絕書》：闔閭旦食於紐上，晝遊於胥母。《史記正義》謂之莫釐山。乾隆十六年翠華南巡，御製吳山十六景，有御製《莫釐縹緲詩》。《姑蘇志》：莫釐山以在洞庭之東，稱東洞庭山。周回八十里，視西洞庭差小，而岡巒起伏，廬聚物產，大略相同。《縣志》：相傳隋莫釐將軍居此，故名。一名胥母，則謂子胥嘗迎母於此也。其東麓曰武山，周十二里，本名虎山，爲吳王養虎處，後避唐諱，故改今名。」

洞庭西山，《江南通志》卷一二《輿地志》謂：「洞庭西山在太湖中，一名包山，又名夫椒山。」《欽定大清一統志》卷五四《蘇州府》謂「包山」：「在吳縣西南太湖中，所謂洞庭西山也。一作苞山。左思《吳都賦》：指苞山而爲期，集洞庭而淹留。注：洞庭即太湖也，中有包山。郭璞《江賦》：苞山，洞庭巴陵地道。注云：太湖中有包山，山下有洞庭，穴道潛行，通於巴陵。《吳地記》云：包山去縣一百三十里，下有洞穴潛行水底，無所不通，號爲地脈，即三十六洞天之第九林屋洞天也。」

明王鏊《姑蘇志》卷三三謂：「林屋洞在洞庭西山，即道書十大洞天之第九，一名左神幽虛之天。洞有三門，同會一穴，一名雨洞，一名暘谷，一名丙洞。」

年雖高邁，然力能健步，嘗稱「與其枯坐不如遊」（《野步》），出遊蘇州，聞知王述菴昶恰在虎丘，爲八十大慶，錢竹汀大昕亦在座，匆即往訪，盡歡而散。

《吳門喜晤王述菴司寇，值其八十大慶，作詩稱祝，兼簡錢竹汀宮詹》：「垂老故人無幾見，邂逅相逢適我願。到蘇聞公在虎丘，急往相尋艇如箭。款門不暇敘寒暄，先認五年別來面。喜公壽骨倍崚增，頤頷增長一寸半。視聽兩官雖漸廢，聲如洪鐘聞者戰。高名動人戶屨多，竟日將迎弗告倦。始知天予老健身，特教歸作靈光殿。緊余年亦七十七，幸附殷兄列行雁。寓公況有錢穆父，齒序亦堪後勁殿。一朝都聚吳趨坊，共詫老人星出現。看取江南三老圖，明日家家畫團扇。」（《甌北集》卷四五）

四月，往京口，後生左蘭城留飲。駱佩香、翁悟晴又陪同其泛舟焦山

下。遊焦山，觀鎮江都天會。

《京口左蘭成留飲》：「柔櫓輕帆兩日程，近遊重過潤州城。欲談舊事無同輩，喜結新知有後生。酒陣酣搖甘露剎，詩濤雄鬥大江聲。坡公曾醉藏春塢，此地常多地主情。」（《甌北集》卷四五）

《偕佩香、悟情放舟遊焦山，詩僧巨超已往會稽，是日佩香治具》：「仙侶同舟泛白蘋，清遊不怕孝然嗔。山成浮嶼環銀浪，人逐凌波步襪塵。瘞鶴有銘傳逸史，燒豬無竈款來賓。行廚卻累麻姑具，餤我鮮腴出網鱗。」（《甌北集》卷四五）

《再遊金山》：「金銀宮闕水當中，獨上層椒放眼空。山勢蓬壺仙境界，江聲桴鼓女英雄。雕闌俯瞰千層浪，渡舸通行四面風。堪笑帆檣日千隊，更無一個釣魚翁。」（《甌北集》卷四五）

另有《留題巨超寺壁》、《鎮江看都天會》（《甌北集》卷四五）諸詩。
由鎮江往揚州，訪李嗇生保泰、沈既堂業富諸老友，蒙其熱情款待。

《到揚州，沈既堂前輩留飲，話別兼訂蘇杭之遊，先索和章爲券》：「我昔客揚州，詞館列末座。有酒必同招，有詩必共和。春花接屐探，夜雨對床臥。生平朋簪樂，興發不暇惰。何當二十年，十九入楚些。俯仰一傷懷，駒隙蟻行磨。今茲再來遊，碩果公一個。人以罕見珍，得不當奇貨。喜公精力彊，豪氣弗稍挫。書燈久逾味，詩牌日有課。足龆老不衰，臺耄可預賀。我也雖後輩，馬齒乃較大。亦幸腰腳頑，未至憚勞癉。相見各無恙，喜極淚翻墮。人當暮年來，萬事付一唾。惟此故舊情，入骨不可剉。一尊軟腳筵，不覺成久坐。明知後會稀，且禁勿道破。安知古佺喬，不是我輩做。臨分更先訂，蘇杭秋摵柁。我歸當掃門，竚候蘭橈過。」（《甌北集》卷四五）

《和嗇生別後見寄原韻》：「揚州寧復夢，特爲訪君來。情結相思草，年誇不謝梅。別逾懷舊誼，老自覺凡材。不是逢深契，何因笑口開。」「屈指論交舊，盟壇歃謬叨。典型前輩老，湖海四方豪。坐久雞晨唱，詩成鬼夜號。知君有同感，十已九黃蒿。」「通籍早辭吏，身謀未盡非。官閒聊當隱，俸薄尚勝歸。裙屐過從久，雲山色笑違。殷勤此良會，可惜又分飛。」（《甌北集》卷四五）

《途中雜詩》：「洞庭遊了又焦山，更指揚州寶塔灣。老去翻成游蕩子，蘭橈一月不曾閒。」「詩翁八十尚兒嬉，遊侶居然挾兩雌。鎖骨觀音散花女，天教狂煞老頭皮。」「鶴銘堤上贊公房，曾與吳均共對床。回首雪鴻成故蹟，

瀕行爲拂舊題牆。」「左思賦已壓詞壇，一序何須乞士安。自是老饕多口福，累他珍饌上牙盤。」「巨超行脚未曾回，剩喜清師半日陪。笑指牡丹添貴種，花時日日望公來。」「虎賁曾感孔融情，爲是中郎舊典型。今日故人餘筆塚，把君臨本哭蘭亭。」「軟脚華筵爲我開，典衣治具意堪哀。衰年未必還相見，何忍堅辭餞別杯。」「當日看花兩白頭，碧筩杯飲最風流。十年重泛紅橋棹，忍過張家高詠樓。」「幾載相思暗淚痕，何當握手轉無言。僮奴只怪過從數，三日僑居六款門。」「費盡遊資到處過，爲尋詩料引清哦。詩囊無句錢囊罄，大笑先生折閱多。」（《甌北集》卷四五）

另有《江邊鱘魚》、《即景》（《甌北集》卷四五）二詩。

【按】《到揚州，沈既堂前輩留飲，話別兼訂蘇杭之遊，先索和章爲券》詩「詩牌日有課」句後注曰：「公自號味燈老人，日以詩牌集字得句。」

《途中雜詩》（十首）詩注蘊含大量資訊，如第二首注曰：「佩香悟情。」第三首注曰：「昔與吳澂埜、李嗇生同遊焦山，宿巨超禪室，今澂埜先歿矣。」第四首注曰：「左蘭成留飲，肴饌極精，屬余題其詩本。」第五首注曰：「至高旻寺，清涼上人設齋，指院中牡丹數十本，皆別後添種，惜已開過矣。」第六首注曰：「練塘書學夢樓，逼肖。」第七首注曰：「既堂。」第八首注曰：「傷松坪之歿也。」第九首注曰：「嗇生。」這組詩，乃是甌北由揚州返常州途中所寫，一一追敘與各等人物之交往，足見其對友人眷戀情深，尤其是第九首敘與李保泰之交往，「三日僑居六款門」，與事後所寫《和嗇生別後見寄原韻》所稱「揚州寧復夢，特爲訪君來」，可互爲印證。甌北於嘉慶七年夏，將「所著詩文」「呼匠刷印」，凡一百四十卷。至此，或已全部刊就。因所著詩文多蒙李氏校勘之力，故專程赴揚州登門致謝。此或即甌北來揚之原因。《途中雜詩》、《和嗇生別後見寄原韻》二詩，因與《到揚州，沈既堂前輩留飲，話別兼訂蘇杭之遊，先索和章爲券》一詩意義相關，雖寫作時間稍後，仍附於此。

端午夜，仍登水閣，賞常州白雲渡前龍舟燈火。

《水嬉看夜船燈火》（二首）之一：「水嬉豪舉擅龍城，雲渡遊船徹夜聲。燈火螢煌星萬點，笙歌嘽緩月三更。繁華知費金錢幾，風景眞看玉燭明。恰是村農插秧候，中宵便起叱犍耕。」（《甌北集》卷四五）

《或以余紀遊詩於佩香、悟情多諧語，賦此解嘲》、《快雨》（《甌北集》卷四五）二詩亦寫於這一時段。

徐山民達源夫人吳珊珊瓊仙，以詩為世所稱。珊珊病歿，甌北為達源題吳氏遺稿。

《爲徐山民待詔題其夫人吳珊珊遺稿》（六首）之二：「韻桃詠絮也清新，尚是人間粉黛身。今日麻姑壇下拜，始知世有女僊人。」「畫眉才了便拈題，香閣聯吟到日西。千百年來曾幾見，人間如此好夫妻。」（《甌北集》卷四五）

【按】徐山民，徐達源（1767～1846），字岷江，一字山民，江蘇吳江人。《隨園詩話》補遺卷一〇：「余過吳江梨里，愛其風俗醇美；家無司閽，以路無乞丐也；夜戶不閉，以鄰無盜賊也；行者不乘車，不著屐，以左右皆長廊也。士大夫互結婚姻，絲蘿不斷。家製小舟，蕩搖自便，有古桃源風。詩人徐山民邀余住其家三日，率其妻吳珊珊女士，雙拜爲師。二人詩，天機清妙，已分刻《同人集》及《女弟子集》中矣。又見山民《寄內書》云：『心隨書至，何嫌十里之遙；船載人歸，當在一更以後。』想見其唱隨風致，有劉綱夫婦之思。隨放棹吳江，訪唐陶山明府。同行者陳秋史、徐懶雲、陳竹士、侄笛生。行至八坼，大風阻舟。四人聯句云：『荒荒月色逼人寒，頭壓低篷擁被看。一夜北風吹作雪，天教於此臥袁安。』『如吼風聲浪欲奔，篷窗人語聽昏昏。東船西舫相依住，一夜眞成水上村。』笛生《調山民》云：『妝樓上有女門生，應怨先生太不情。已過一更程十里，奪人夫婿一齊行。』懶雲《調竹士》云：『留人今夕且團圝，明日分飛雁影單。君欲尋梅問消息，我能替竹報平安。』時懶雲先欲辭歸，竹士托寄內子梅卿書，故有此詩。時嘉慶丙辰十一月十三日。」

吳珊珊，吳瓊仙，號珊珊，江蘇吳江人。監生義倫女，徐達源室，有《寫韻樓集》。《然脂餘韻》卷一：「吳江徐山民之配吳瓊仙，字子佩，一字珊珊，工吟詠。山民故喜爲詩，得珊珊，大喜過望，同聲賡歌，窮日分夜。袁隨園聞之，嘗自吳中過訪，以爲徐淑之才在秦嘉之上，山民益自喜，謂獲師友之助。偕遊天平山，題詩絕壁，見者疑謂神仙過往。飆車羽輪，動衣裳而落珠玉也。珊珊嘗題《小謨觴館集》詩二首，歿後山民始檢得之，緘寄甘亭，請爲製誄。甘亭誄詞中所謂『何圖中閨，乃覯牙曠；百番赫蹏，十讀惆悵』者是也。珊珊又有《病中絕句》云：『隔牆蓮漏響珊珊，一縷爐煙到午殘。鈴語綠窗風不定，梨花吹雪作春

寒。』」

《檮園銷夏錄》卷下：「吾鄉閨秀能詩者，宜秋夫人而外，有吳珊珊瓊仙、袁柔仙淑芳。珊珊爲徐君山民之配，山民刻意爲詩，閨房中自相師友。嘗持一冊見示，清麗之詞入其家《玉臺集》中亦當不愧。余尤愛其《病中絕句》云：『隔牆蓮漏響珊珊，一縷爐煙到午殘。鈴語綠窗風不定，梨花吹雪作春寒。』」

《（同治）蘇州府志》卷一三一：「吳瓊仙，字珊珊，監生義倫女，待詔徐達源妻。少入家塾，不煩講解，能書，善臨晉、唐小楷，尤好吟詠。事翁及嫡庶姑，克盡孝敬，年三十六卒。女名菱，字鏡如，幼字吳縣宋守訓，未嫁，守訓卒，女聞訃即病，病劇，夢宋郎，遂死。父憐之，告宋迎，其棺合葬焉。」

洪亮吉《敕封承德郎翰林院待詔加三級徐君妻吳安人墓誌銘》載其事更詳，曰：「余以壬戌十二月道出黎里，始識翰林院待詔徐君達源，並聞其哲配吳安人之賢，復素嗜吟詠，所著有《寫韻樓詩》若干卷，恩猝別去，未暇授讀也。今年三月，余授徒徽、寧兩府界之箬嶺，地居萬山中，忽見有冒雨至者，則徐君僕也。發君書，始知吳安人已於又二月二十三日謝世。瀕危，屬徐君轉乞余志墓之文，徐君諾之，乃瞑。烏乎！余與徐君交僅半年，何兩人者前後悼亡，若出一轍耶？按狀：安人姓吳氏，名瓊仙，字子佩，一字珊珊，吳江平望鎮人也。年二十，始歸徐君。性婉淑，能得翁姑歡。翁卒，哭泣盡禮，所以事兩姑者益謹。徐君耽讀書，不甚問家人生產，凡會計出納，皆安人主之，規畫井井，暇輒助徐君校書，或分韻，至漏三下乃息。顧體弱善病，又疊遭父母憂，益哀毀骨立。今年春，忽患痢不止，竟以是疾卒，年甫三十六。病方劇，適余與徐君書並所贈詩，安人尚令兩婢扶起，讀竟乃臥，其性嗜翰墨如此。余嘗謂女子不可有才，才過人則不寡必夭折，否則或遘危險困阨，有非可以常理論者。漢徐淑、晉謝道韞、唐封絢等十數人，特其較著者耳。余並世所見，亦已五、六人。今安人得歸徐君，相莊者幾二十年。徐君負時名，膺清秩，中間惟官京師半年與安人別耳，餘則皆彈琴賦詩、焚香讀書之日也。即此半年中，從郵筒寄安人詩，前後至二十餘首，伉儷可云篤矣。安人年縱未四十，然子若女已林立，蘭茁桂挺。其長者讀書已有聲，則安人不可謂夭。居江南、浙江之間，東鶯脰，西虎阜，山水

清絕，時奉太夫人出遊，則境不可爲困；徐君家有桑三百株，粟田五、六頃，安人經理之，歲入常有餘，則家不可謂貧；倡隨得徐君，不可謂非嘉耦；性又聰穎，詩文外繪事無不工，暇即發揮煙雲，摩寫花鳥，十餘年中得《寫韻樓詩》至數百首，不可謂非奇福，然則安人雖未永年，亦可以自慰於地下矣。若徐君，則又何悲焉？余妻蔣宜人，亦以客多謝世，雖齒長於安人二十年，然早困米鹽，中更憂患，末又苦疾病，處境無安人之逸也。安人子三：長晉鎔，年十二；次晉錩，年七歲；次晉銘，年三歲。女三人。徐君將以此年四月十六日厝安人於南胃阡。其走千里乞銘於余者，安人之志也。」（《更生齋集》文甲集卷三）據洪亮吉文可知，吳瓊仙病歿於癸亥（嘉慶八年，1803）二月二十三日，得年三十六。由此上溯，知其生於乾隆三十三年戊子（1768）。《清代人物生卒年表》已載及，可互爲印證。

另，吳錫麒有《吳珊珊寫韻樓遺詩序》，見《有正味齋集》駢體文續集卷一。

時人每刻己集，爭「騖虛名」。甌北欲以「實力」贏得後世首肯，不計「目睫」之利，且吟興甚豪，手自謄錄。

《刻集》：「刻集如行師，所貴馳先聲。先聲所到處，早使聞者驚。淮陰破趙壁，傳檄收燕城。龍驤指建康，勢已破竹成。倘無此聲揚，往往爲敵輕。誰肯望風靡，方欲對壘爭。必待鬥實力，始得判輸贏。已讓常勝家，未戰受降旌。所以有才者，爭先騖虛名。繄余性寒劣，出未交公卿。歸又守田廬，不糾壇坫盟。毋怪同輩流，相顧笑荒傖。且勿計目睫，或可待後生。」（《甌北集》卷四五）

《抄詩》：「老去耽吟興尚豪，一聯枕上自推敲。詩成急起謄清本，不待兒抄手自抄。」（《甌北集》卷四五）

此時另有《題范鐵琴秀才詩卷》、《丸藥》（《甌北集》卷四五）二詩。

【按】范鐵琴，范來鳳。《（同治）蘇州府志》卷一三八：「范來鳳，《五嶼堂詩集》，字韶九，黃溪人，諸生。」孫原湘《范鐵琴秀才來鳳五嶼讀書圖》：「坐擁書城自閉關，嬋嬛秘笈手親刪。中川孤嶼如萍小，抵得東南宛委山。」（《天眞閣集》卷一八）洪亮吉《題范秀才來鳳鐵琴詩草》：「以鐵作簫，以鐵作笛；何如鐵琴，聲出金石。琴或以石，琴或以銅；何如鐵琴，逸響遏空。君家鐵琴詩，堅古亦如鐵。前古與後古，試問欲誰敵。

一編能窺天地心，白電掣屋霜飛林。我攜君詩及鐵琴，海上落落求知音。」
（《更生齋集》詩卷七）

趙緘齋繩男年八十一，飲食尚可，卻行走艱難，五月末病歿。甌北見朋
輩漸去，甚為悲傷。

《哭緘齋侄》：「京華鄉國鎮相隨，何意今成永訣時。君過八旬寧有憾？
我無一伴乃真悲。阿咸年轉如兄長，王濟談能辨叔癡。問疾只嫌闔拒客，不
教覼縷訴心期。」「尚書家法儼條科，紉佩書紳服習多。座有金人緘口戒，庭
無車子轉喉歌。蹣跚見客憐盤辟，飲啖兼人笑活羅。今日追思總陳蹟，黃公
壚畔渺山河。」（《甌北集》卷四五）

【按】上引詩「庭無車子轉喉歌」句後註曰：「恭毅遺訓，門內不許演戲，
至今遵守。」知其家法甚嚴。趙懷玉《奉政大夫刑部福建清吏司郎中先
考趙府君事狀》謂：「府君諱繩男，字來武，……辛酉夏，請急歸省，豫
稱八十觴，見府君步履稍不如前，然意興頗豪，飲酒食飯，量猶未減，
間訪閭巷知交，能曳杖而往。跽辭之日，府君適赴友人招，送於門外，
不以離別為戚。竊謂上壽可期。且山左距家近，郡丞又閒曹，歸亦尚易，
乃之官。後事多牽掣，與願乖迕。五月十九日，奴子至青州，述夏至日
在家見府君傳諭平安時，予以舊讞羈濟南，得信稍慰，孰知天降酷罰，
曾不少待，甫半月而赴已至。」又謂：「吾鄉多耆舊，杖履過從，廡間晨
夕，見者以為人瑞。府君尤和易，無少長，皆樂親之。生雍正元年正月
初六日，卒嘉慶八年五月二十二日，春秋八十有一。」（《亦有生齋集》
文卷一二）

時作近遊，出尋詩料，師法自然，力圖創新。

《近遊》：「出門隨處是詩題，收入篷窗任取攜。倒影高天翻在下，上弦
初月似生西。曬罾竿矗平蕪岸，賣酒旗飄老柳堤。卻笑向來矜閉戶，徒從覽
裏作醯雞。」（《甌北集》卷四五）

《出門》：「襆被攜來便出門，只餘兩僕近隨身。老夫作客輕裝慣，多帶
一繩當一人。」「行李無多易治裝，宿舂也費一番忙。草驢似欲驕人富，行不
齎糧滿地糧。」（《甌北集》卷四五）

《漫興》：「十笏香嚴遠市囂，不農不仕不漁樵。尚耽書味忘漂麥，未長
詩功想揠苗。著述身將盈八秩，昇平世已歷三朝。閒中卻數平生友，幾個聲
名在絳霄？」（《甌北集》卷四五）

《詩思》：「才盡江淹志未灰，苦無詩思出新裁。笑同農父翻車竭，只望憑空有雨來。」（《甌北集》卷四五）

另有《李曉園廉使舊守會稽，修蘭亭故事，讌集賓友，作禊遊圖，今來索題，爲補書數語》、《題朱春亭虎山小隱圖》、《山塘》、《水車》（《甌北集》卷四五）諸詩。

【按】李曉園，李亨特，漢軍正藍旗人，宏孫，奉翰次子，事迹見《清史稿》卷三二五《李宏傳》附，略謂：「李亨特，奉翰次子，入貲授布政司理問，發河東委用，補兗州通判。累遷雲南迤西道。嘉慶初，佐平苗保，賜孔雀翎，加按察使銜。累遷調授江蘇按察使。九年，擢河東河道總督，十一年，河南巡撫馬慧裕劾亨特索屬吏賕不得，迫令告養諸狀，上命侍郎托津等往按，奪官，發伊犁。……十九年河道總督吳璥奏微山湖存水僅一二尺，南陽、昭陽、獨山諸湖淤成平陸，無水可導。上責亨特在官不能預籌，又聞亨特既奪官居濟寧，仍用總河儀制，斥亨特玩誤縱恣，命逮下刑部治罪，籍其家，刑部議發新疆。上命在部荷校半年，發黑龍江効力。二十年，卒於戍所。」

《履園叢話》卷一八《蘭亭》條謂：「蘭亭在山陰縣西南二十七里，其地相傳爲越王勾踐種蘭處，因名。晉王右軍曲水詩序即於此作也。由婁公埠舍舟而途約行五六里許，即天章寺，亭在寺東。右軍書序所謂『崇山峻嶺，茂林修竹，清流激湍，映帶左右』者，至此始信。國朝康熙三十四年聖祖仁皇帝臨幸於此，有御書大字蘭亭穹碑一座，上覆以亭。乾隆十六年春，高宗純皇帝南巡，又有御製蘭亭即事詩一首，即刻其陰。癸丑三月三日，郡守李曉園亨特嘗邀袁簡齊太史、平寬夫宮詹輩二十一人作修禊之會，余亦與焉，今五十餘年矣。歲月易遷，歡情難再，可爲太息者也。會中有桐城姚秋樣觀察，仿《西園雅集圖》作記一篇，刻於郡志會稽。」同書卷二一《何須畏》條曰：「乾隆五十八年，百菊溪相國爲浙江按察使，李曉園河帥爲杭州太守，兩公皆漢軍，甚相得也。忽以事咀唔，李大慍，同在一城，至一月不稟見，遂欲告病，文書已具矣。時方酷暑，相國遺以扇，並書一詩，有句云：『我非夏日何須畏，君似清風不肯來。』李讀詩，不覺失笑，相得如初。」另，錢維喬有《題李廉訪曉園續蘭亭修禊圖》，見《竹初詩文鈔》詩鈔卷一六。

朱春亭，《歷代畫史彙傳》卷八：「朱春亭，宗室。祥符人，受業張

路，得其傳。」《虎山小隱圖》，余集《朱春亭於虎邱山浜構溪山書屋，為圖索賦，得絕句三首》：「占得山浜地一弓，臨流結屋輞川同。生憎綠樹紅橋外，畫舫笙歌盡日風。」「嵐光塔影照雲楣，喜傍東山短簿祠。茶具筆床鸝辦了，主人疑是陸天隨。」「檀板金樽日日狂，獨於塵外闢茅堂。書成好贖珊瑚網，定有人輸異域香。」（《憶漫菴剩稿》）

秋，知費筠浦淳新擢兵部尚書，將入京。甌北經揚州、高郵，至清江浦為其送別。途次曾訪故人之後，然友人子亦有下世者，令甌北傷感不已。

《舊譜》：「秋間以費制府內召為大司馬，赴清江浦敘別。」

《清江浦送費制府入為大司馬，賀遷惜別，情見乎詞》：「聽履崇班躡禁廷，本兵身繫九邊寧。帝資海內安磐石，民惜江南去福星。歐歷官更中外職，追攀人滿短長亭。還朝笑憶郎曹舊，二十年前鬢尚青。」「平日人忘廈庇中，臨分始識久帡幪。祈年常滿千倉粟，率屬俱寒兩袖風。竹箭河流循軌穩，崔符兵掃伏隍空。而今一一勳庸見，都作甘棠憶召公。」「腐儒縱不乞餘光，自有餘光到草堂。執酹敢當三老席，指囷終恃陸家莊。孔融檄改康成里，思黯車臨履道坊。十載分榮誰不羨？真看桃李蔭門牆。」「送別那禁淚暗垂，雲山從此兩暌離。建牙或有重來日，耄齒應無再見期。帷幄謀參溫室樹，江湖身老釣竿絲。衰殘倘尚遲留在，會聽黃扉入論思。」（《甌北集》卷四五）

《到揚州，值松坪子次生新抱西河之痛，至淮安，問晴嵐子蔭堂，久下世矣，感賦》：「題襟好友已松楸，那更風摧玉樹秋。哭到故人三兩世，感深倦客一孤舟。當年曾羨駒千里，今日俱歸貉一丘。早識此行多引淚，悔攜襆被出門遊。」（《甌北集》卷四五）

《寄汪時齋總憲》：「五十年前舊對床，江湖廊廟遠相望。閒思談宴成前夢，老仗門牆借寵光。退士身為墁畫鳥，清卿俸比束脩羊。相思但祝加餐飯，各已龍鍾兩鬢霜。」（《甌北集》卷四五）

《自袁浦歸途作》：「憶昔來袁浦，旌麾疊送迎。一堤三十里，八座兩門生。聚散蹤無定，暄涼景候更。江程獨歸處，尚有月隨行。」（《甌北集》卷四五）

此時尚有《揚州》、《揚城北小五臺前河水最急，孤舟逆上，頗有戒心，率賦》、《舟過召伯埭》、《堤上苦茅者》、《高郵詠古》、《舟泊汜光，看盂蘭會放湖燈》、《見村叟納涼者》（《甌北集》卷四五）諸詩。

【按】《清史稿》卷一六《仁宗紀》：「六月戊子，以費淳爲兵部尚書。」然其《舟過召伯埭》郤稱：「泝流送故人，正值秋濤壯」，則明言此次爲費淳送行乃在秋季。知此時費淳雖膺新命，但緣吏事交接之故，遲延至秋季始離蘇赴京。召伯埭，《晉書》卷七九《謝安傳》：「（謝）安少有盛名，時多愛慕。鄉人有罷中宿縣者，還詣安。安問其歸資，答曰：『有蒲葵扇五萬。』安乃取其中者捉之，京師士庶競市，價增數倍。安本能爲洛下書生詠，有鼻疾，故其音濁，名流愛其詠而弗能及，或手掩鼻以斅之。及至新城，築埭於城北，後人追思之，名爲召伯埭。」氾光，《欽定大清一統志》卷六六《揚州府》：「氾光湖在寶應縣西南十五里。東西三十里，南北十里，南通□湖，西南連灑火湖，舊時漕運經此，風濤多阻。明萬曆中，開越河以避其險。」

歸途逆風，浪濤洶湧，目睹此景，不禁為運河兩岸百姓安危而擔憂。

《歸途阻風》：「歸舟遇逆風，所恃順流捷。水爲風所卷，順流亦成逆。遂覺風與水，兩力並一扼。清淮十丈河，學作海水立。濺浪劈面來，白日擊霹靂。水撐兩篙彎，岸挽一縴直。邪許力已盡，進寸尚退尺。由來年運衰，動輒有阻格。姑令榜枻待，勿與爭旦夕。已甘鷁退身，寧競鶩趨蹟。敬謝風水神，微命不足嚇。」（《甌北集》卷四五）

《經高寶諸湖》：「淮浦秋風感浪淘，金堤無恙已滔滔。水猶只作尋常長，地不能增尺寸高。土價論錢修築苦，河流沈璧禱祠勞。障川終古無長策，只望陽侯戢怒濤。」（《甌北集》卷四五）

另有《途中偶見兩樂事，感賦》、《瓦窯鋪》、《揚州別諸同人》、《竹初齋中盆蘭多名種，今年爲春寒所敗，其次者作花尚茂，賦詩索和，即次原韻》、《稚存自焦山歸，謂同人作詩無切定焦山者，余戲擬一首，卻不用焦山一典》、《又擬一首，專用焦山事》（《甌北集》卷四五）諸詩。

九月，長孫公桂生子。甌北已有曾孫，望其繼父、祖之業，重振家風，喜而為詩。

《舊譜》：「長孫公桂舉一子，先生遂有曾孫，因名之曰曾慶。」

《長孫公桂舉一子，老夫遂見曾孫，因名之曰曾慶，而記以詩》：「中年得子已嫌遲，豈意孫今又舉兒。天幸已多眞忝竊，祖功久積有留貽。老妻檢篋裁文襁，賀客塡門索酒巵。笑語鑷工休鑷白，鬚行恰稱鬢如絲。」「遂向人間作太翁，添丁應策長孫功。三班銓尚遲需次，一索占欣早得雄。爲父也須

身作鵠，抱男漫詡夢符熊。百年世業青箱在，要續書香振祖風。」（《甌北集》卷四五）

【按】《西蓋趙氏宗譜》：「曾慶，行一，字蔭榆，嘉慶八年癸亥九月初十日子時生，道光四年甲申七月十六日丑時卒，年二十二。」

邑侯高松亭宰常州六載，有政聲，將調任宿遷，甌北為詩以送之。

《送邑侯高松亭調任宿遷》：「六載循良績，賢聲浹萬家。獻為兼有守，恫恫更無華。民已相安久，君無別望賒。如何留不住，忽駕北轅車。」「徐泗般繁地，端資治行高。官應從此貴，心又一番勞。郵傳連三省，漕渠過萬艘。精彊原素慣，遊刃亦堪豪。」「河決封邱岸，鄉邦險剝膚。地才離咫尺，家不損錙銖。昏墊災寧擇，神明理不誣。部民聞喜信，比戶總歡呼。」「名已封章奏，知難借寇恂。去思今始見，公論久逾真。民擬祠樂社，君猶念趙人。相期遷五馬，重布晉陵春。」（《甌北集》卷四五）

另有《鼻涕》、《題邑侯周石雲暨令弟魯源聯床風雨圖》、《題管道明南北讀雪山房圖》（《甌北集》卷四五）諸詩。

【按】周石雲，即周宗泰，見本譜嘉慶三年考述。《聯床風雨圖》，陳文述有《題周石雲大令風雨聯床圖》二首，謂：「當年坡穎舊齊名，又見君家好弟兄。官燭花殘春酒美，蘭陵風雨似彭城。」「我亦荊花種幾株，一株零落一扶疏。風斜雨細江南岸，正作錢塘寄弟書。」見《頤道堂集》外集卷五。

管道明，即管學洛（1761～1809），字道明，號午思，江蘇武進人，廣西道監察御史管世銘之子。趙懷玉《候選知州管君家傳》：「君姓管氏，諱學洛，字道明，世為武進人。七世祖紹寧，明禮部侍郎，與三子鉉、鍵、鐩同殉勝國之難。幼孫滋琪，匿外家楊氏得生，是為鉉子，娶於楊。生子六，以少子掄為楊後，後複本姓，歷官刑部郎中，君之高祖也。曾祖復暠，廣東歸靖場鹽課大使。祖基承，國子監生，贈朝議大夫。考世銘，廣西道監察御史。母張恭人。君幼育於張，九歲受經於大父，即異凡童。侍御君觀政戶曹，迎其親就祿，朝議君倦於遠出，命君侍大母與母北行。侍御以文章名海內，雖入官從遊者眾，或假館受業，每與同學角藝，必研精覃思，有所以勝之而後已。既而侍御入直機庭，使車四出，未暇內顧，君處分家事，不廢誦讀。侍御先後奉諱歸，眷屬留京師，料量薪水，酬應賓客，皆井井。及張恭人殂，君方旋里，而侍御卒於官。

君既卜宅兆，念家無一椽，即歸無以棲止，於是別營室宇，一月而兩事並舉，然後入都，扶護南下。以父母之沒，歲皆在午，遂號午思，以致終身之慕焉。初，侍御存時，同人以君久不第，皆伙之。俾入貲，爲知州，迨免喪，念先志未酬，再應鄉試，終見擯，前後蓋十一試矣。又以新例叠開，舊例貲員滯不能選，里居者垂十載。凡侍御著錄，皆梓以行世。既聞選期近，遂束裝北行。行六日，驟以嘔血疾，卒於清江舟次，時嘉慶十四年八月八日也。年四十九。君敏而好學，有幹局，能爲人任事，然鋒穎太露，人恒忌之。爲詩多所寄託，得主文譎諫之意，尤工於詞。君處境雖順，而科名仕宦未得一當，往往憔悴自傷，故年甫四旬鬢鬚盡白，一病不起，良以此歟？予嘗以詩哭之曰：『君本入官翻送死，世皆欲殺獨憐才。』又曰：『頗嫌處事機鋒銳，卻喜承家編纂勤。』蓋紀實也。娶同里董氏，肅州知州熙女。子一，繩萊，國子監生。女二，婿曰許復昌、劉延和。論曰：『予交管氏三世矣。未弱冠即與侍御君有撫塵之好，久而益密。侍御晚遇，既登臺閣，將有所展舒，忽忽謝世，君又未竟前人之緒，傷已！今君之子聰穎特達，風氣日上，知名之士多與之遊，豈蓄之極者其獲報更大耶。」（《亦有生齋集》文卷一四）《晚晴簃詩彙》卷一〇三：「管學洛，字道明，號午思，武進人。候選知州，有《衹可軒刪餘稿》。」

　　《南北讀雪山房圖》，趙懷玉《南北讀雪山房圖跋》：「侍御管君緘若，余石交也。以乾隆戊戌成進士，授戶曹。其明年己亥，余應京兆試，訪君於鐵廠。是冬，余歸，兩人蹤蹟遂不能常合。及余壬子補官入都，則君買屋丞相胡同，署其室曰『讀雪山房』，室雖不寬，庭有小山，有青棠花開最久，退食過從，尊酒論文，時在其下，如是者六年。自戊午君歸道山，每經其居，輒爲腹痛，然一樹一石未嘗不往來胸次也。令子道明還里後，於舍旁築室，復以舊榜懸之，且屬錢大令維喬寫南北二圖，索同人題句。昔晉孫康家貧，常映雪讀書，君既通顯，處禁近，執卷惜陰，無異寒素。道明又負荷門基，不忘庭誥，可謂名父子矣。夫雪之爲物，質凝而性潔；人於親，存則潔其養以承親之歡心，沒則潔其志以貽親之令名，庶幾進而致身，退而稽古，無論窮達，皆能不負十年之讀乎？今道明將北行，出圖乞題，余廢吟詠，而重違其意，爲書其後，歸之。」（《亦有生齋集》文卷九）劉嗣綰有《題管午思南北讀雪山房圖》詩，曰：「別

君長安街，寒爐煮雪圍。高齋見君長生里，快雪初晴映軒几。寥寥南北屋數椽，中有風木聲蕭然。風聲斷處雪聲續，卻寫書聲入橫幅。傳家不獨書一楹，手植約略如生平。山邱回首莽無際，殘雪照見心分明。梅花壓簷正清絕，枝北枝南幾番雪。山房便合當山居，只恐山人易成別。出山還山君莫遲，團雪散雪行相思。相思不見定何益，且讀君畫吟君詩。君詩一一鶴聲送，況復階前有雛鳳。我自披圖感白頭，昏燈重作燕山夢。」（《尙絅堂集》詩集卷四〇）

十二月，洪亮吉由上海歸，甌北賦詩以贈。

《喜稚存歸戲贈》：「送君去後無吟興，待得君歸便起予。笑比雪中狂鄭五，一天詩在灞橋驢。」（《甌北集》卷四五）

【按】《洪北江先生年譜》：「十二月，復遊上海，偕李觀察廷敬及幕中諸客，爲消寒會，旬日返里。」

臨近歲末，核算當鋪經營等各項收入，殊為可觀。

《歲會》：「歲會麤增什一錢，居然阿堵滿床前。不知他日誰家物，煩我持籌數十年。」（《甌北集》卷四五）

聞彭芸楣元端病歿，念及宦遊京師相過從之情景，發而為詩。

《彭芸楣尚書輓詩》：「同試鑾坡賦獨工，清班敭歷到司空。帝將李嶠稱才子，人忌元稹作相公。服藥地黃頭早白，校書天祿燭常紅。京華文戰江城宴，猶憶光芒夜吐虹。」（《甌北集》卷四五）

嘉慶九年甲子（1804）　　七十八歲

【時事】　正月，帝禁督撫、將軍等募用鄉勇。曰：「在鄉里小民等各衛身家，遇地方偶有不靖，自行團集什伍，保護田廬，原屬通曉大義，分所當然。若竟官爲雇募，隨營接仗，甚或調往隔省從征，經年累月，成何體制？試思八旗兵丁，如簡發東三省官兵，不聞有召募奉天等處民人從軍者。即簡發京營勁旅，亦從未有令大、宛兩縣民人幫同出兵者。況國家兵制之設，有將軍、都統、督撫、提鎮以資統轄，設立營伍，搜簡軍實，豈尚不能爲國宣力，乃必藉閭閻未經練習之人供疆場折衝之用，則又安用官兵爲耶？揆厥所由，皆因武職大員不能實心辦公，平居無事，往往令本標兵丁充僕隸廝養之役，或兼習手藝，在署備工，而於訓練操演轉視爲具文，屬下將弁相率效尤，而督撫大吏又不能隨時

整飭，遂致隸名營伍，步伐茫然，一旦有事征調，其能知紀律、陷陣衝鋒者寥寥無幾，不得不募民充勇以供調撥，是非惟兵不能衛民，而轉率民以充兵，則大非立制之意矣。見在三省邪匪肅清，干戈永靖，然兵可百年不用，不可一日無備，況兵之彊弱，總視乎練兵之勤惰，如勤加訓練，則弱者可漸使之彊；倘玩愒從事，則彊者亦流而為弱。嗣後各省將軍、都統、督撫、提鎮等，均應嚴飭營員，痛改積弊，於所轄官兵認真操演，俾標兵皆成勁旅，以肅軍政而勵戎行，將此通諭知之。」（《東華續錄（嘉慶朝）》嘉慶十七）二月，諭皇子當讀書求理，不得競尚虛文。初引乾隆語曰：「皇子讀書，惟當講求大義，期有裨於立身行己，至於尋章摘句，已為末務，矧以虛名相尚耶？」又諭曰：「今皇子等在書房誦讀，本無另取別號之事，而聖訓昭垂，意至深遠，所當敬謹申明，俾知法守。將來皇子中年齒稍長者，間取一、二字顏其書齋，鐫之圖章，尚無不可，總不得自署別號，競尚虛文，惟當講明正學，以涵養德性、通達事理為務。至詞章之學，本屬末節，況我朝家法相傳，國語騎射，尤當勤加肄習。若竟以風雅自命，與文人學士爭長，是舍其本而務其末，非蒙以養正之意也。」（《國朝宮史續編》卷六）三月，帝謁明陵，奠酒長陵，作《謁明陵紀事》，略曰：「夫明代諸君，洪武、永樂，皆大有為之主。中葉以後，荒淫失德者鮮，亦無暴虐放恣諸弊，然其大病，則在於不勤政、耽宴安。夫不勤政，則上不敬天，下不愛民。人君為天之子，不敬則不孝；不孝之子，天必降罰。人君為民之父，不愛則不慈；不慈之父，民必偝之。天罰民偝，國事尚有為乎？前明亡於宦官，固不待言，然深信宦官之故，亦由於怠惰偷安，不親朝政，使此輩乘機弄權；而外廷臣工，君門萬里，抱忠者徒上彈章，僉壬者競圖富貴。上下不交，遂成傾否，不可救藥矣。嗚呼！明之亡，不亡於崇禎之失德，而亡於神宗之怠惰，天啟之愚騃，雖係流賊作亂，而亡於宦寺之蒙蔽。蒙蔽之來，總由於君心不正。耽逸厭勞之君，始則明知蒙蔽而甘受，繼則入其術中而不覺矣。」（《清通鑑》卷一六一）五月，山東巡撫鐵保編八旗詩成。《清史稿》卷三五三《鐵保傳》載，鐵保「留心文獻，為《八旗通志》總裁。多得開國以來滿洲、蒙古、漢軍遺集，先成《白山詩介》五十卷，復增輯改編，得一百三十四卷，進御，仁宗製序，賜名《熙朝雅頌集》」。六月，海上蔡牽之亂，擾及鹿耳門，突入汕木寨。先是，阮元與閩省督撫會奏，請以李長庚為總統，一提兩鎮，不分閩、浙，嚴拿蔡牽。至本月初五日，溫州鎮總兵胡振聲，獨以二十餘船攻蔡牽於閩省竿塘洋。上月二十六日，胡因閩省兵船不送木料入浙，遂帶所部兵船

二十八隻赴閩。適蔡牽在臺灣鹿耳門戕官破寨，搶掠商船，總督檄留胡堵禦。由於寡眾不敵，而閩總兵孫大剛救援不前，胡遂與同船弁兵八十餘人同時被害，失去總兵官印。阮元因請將救援不力之護游擊高麒瑞革職，在沿海枷號三月，以爲不身先主帥者懲。(《雷塘菴主弟子記》卷二) 本月，以明亮爲工部尚書，長麟爲刑部尚書，費淳爲吏部尚書。(《清史稿》卷一六《仁宗紀》) 陝甘總督惠齡歿後，由禮部尚書那彥成暫代其職。彥成受嘉慶帝密旨，訪察陝西巡撫、藩臬諸衙署官員方維甸、慶章等人德行，不論鉅細據實上奏。七月，帝巡幸木蘭，至九月上旬返回。八月，「清查湖北濫支軍需，追罰福康安、和琳之子並畢沅等」(《清史稿》卷一六《仁宗紀》)。九月，諭令左都御使汪承霈休致。曰：「每歲舉行秋獮，爲我朝家法相承，世世子孫必應遵守。而尚書兼順天府尹汪承霈，上年奏請停止行圍，全不顧國家習勞肄武大典。朕是以將伊罷退尚書，授爲左都御史，不必兼順天府尹。且汪承霈性耽安逸，又年力衰邁，眼目皆花，實不勝臺長之任，本應遞職，姑念伊係原任尚書汪由敦之子，內臣後裔，著加恩以二品頂帶休致。」(《清史編年》第七卷) 十一月，調那彥成爲兩廣總督，倭什布爲陝甘總督。十二月，調徐端爲江南河道總督。二十五日，體仁閣大學士劉墉卒。帝諭曰：「劉墉克承家世，清公持躬。歷歷中外，洊涉綸扉。年逾八旬，精神矍鑠。茲聞溘逝，深爲軫惜！」(《清代七百名人傳·劉墉》)

本年，荊溪周濟作《澤國》詩，述蘇州一帶水災，云「比屋皆懸罄，餘糧半沃焦」。

青浦周鬱濱 (仁望) 作《七荒》詩，述此年江南秧、米、麥、豆、蠶、木棉、柴等七種農產品無一不荒。

青浦何其偉作《大水後多鬻女者》詩。

饑民不得食，被迫「打大戶」，青浦邵堂在《苦雨》詩中述其事。

武進湯貽汾作《米貴》詩，云「饑民寸地三千口，斗米終年五百錢」。

吳縣范來宗作《大水》、《搶米》、《官糶》、《民糶》四詩。

常熟東南鄉告水患，官不開倉，民不得食，遂聚掠囤戶與貨舶，孫原湘作《甲子歲水災紀事》文直述其事，而侈談禮義。

儀徵李斗合所著《歲星記》、《奇酸記》二傳奇、《永報堂詩》八卷、散曲集《艾堂樂府》一卷及《揚州畫舫錄》，編爲《永報堂集》刊行。

常熟張海鵬就毛晉舊所輯《津逮秘書》書板，汰益爲《學津討原》一千零四十八卷，此年刊成。

武進劉逢祿主東魯講舍，著《春秋釋例》三十卷成。

江陰陳瑛刻所著《瑚海詩鈔》二十四卷、《瑚海詞鈔》四卷。

江都潘瑛在懷寧刻所輯《國朝詩萃》十卷、二集十四卷。

陽湖孫星衍復官山東，安徽俞正燮與會，以所得有關左丘明的史料資星衍。

安徽姚鼐仍在皖講學，此年檢訂舊所作詞，作題語。

江西曾燠所著《賞雨茅屋詩集》與所輯《江西詩徵》在揚州刊行。

嘉定錢大昕死，年七十七。

金匱楊揆死，年四十五。

洪亮吉應邢大令澍之約，遊長興龍華寺。訪王昶於青浦。又應李觀察廷敬之約，遊上海南園、吾園及葉氏也是園。八月，又重遊上海。歲末，遊蘇州天平、支硎諸山。（《洪北江先生年譜》）

【本事】正月初一，喜迎新春，甌北見乳媼抱曾孫出拜，尤為興奮。

《甲子元日》：「璿圖景運慶升恒，花甲重開喜倍增。身歷三元上中下，眼看四代子孫曾。朝正已免晨興早，報國惟祈歲事登。生長太平將大耋，古來詞客幾人能。」（《甌北集》卷四六）

【按】上引詩末句註曰：「適乳媼抱曾孫出拜。」

元宵前後，雨雪不止，無法賞燈，魚龍之戲驟減，亦無計出遊。

《上元前後雨雪連旬，率賦》：「正喜新春好，何當雨雪滋。天陰長畫短，冰冷早梅遲。竟少魚龍戲，惟聞簫笛吹。笑摩邛竹杖，且緩踏青期。」（《甌北集》卷四六）

正月下旬，六女出閣，嫁為蔣熊昌子純健之妻。甌北向平願了，甚覺寬慰，並告誡其勉修婦德，承繼家風。

《季女出嫁》：「弱息生於晚，寧圖遣嫁期。那知歌缶耋，猶見結褵時。奩具慚牽犬，祥占祝夢羆。勉旃修婦德，循我舊家規。」「恰了向平願，應償五嶽緣。只憐婚嫁畢，已近耄期年。力怯登山屐，貲慳掛杖錢。惟應仿宗炳，畫壁看山川。」（《甌北集》卷四六）

【按】據《甌北集》編年，《季女出嫁》一詩，編於《上元前後雨雪連旬，率賦》之後，《近遊》（有句「新年燈火已全收」）之前，故繫於正月下旬。又據《西蓋趙氏宗譜》，甌北幼女（即六女）「適潁州府知府蔣熊昌子直隸候補從九品純健，側蔣太安人出，始居北岸」。知其為蔣熊昌子媳。

趙懷玉銜恤歸里，途經清江浦，方渡天妃閘，所乘舟為一大舟撞破，幾遭不測，甌北為詩撫慰之。

《味辛銜恤歸，泊舟袁浦，為他舟觸破，眷屬僅得登岸，行李已大失，稚存作詩相慰，余亦次韻》：「奔星距家將咫尺，十口命寄維舟索。峨峨大艑何處來，順流迅若馬被策。掖柂不及突我舟，頃刻魴齋驚毀宅。幸已傍堤得逃命，命外都作沈淵石。千夫赴救不待呼，共識此官無隱慝。胡為河神獨不諒，妄意歸裝可分拆。我聞水府愛異珍，珊瑚木難務貪得。護珠長敕驪龍醒，貧粟肯憐涸鮒急。泗流不放周鼎還，宣房坐收漢璧溺。區區薄宦詎有此，羔羊素絲守清白。十年薇省判事忙，兩郡朱轓行部迫。訴饑方朔語帶詼，乞米魯公書入刻。一領朝衫兩皂靴，論價不滿十金直。此中安得有厚藏，致煩劫路儳彊敵。趁陽侯浪助作威，借颶母風來壯色。不剿猗頓剿黔婁，曷怪胠篋無寸帛。得非神亦我輩人，嗜書有癖忘漂麥。瞰汝生平著述多，光賽金膏掩瑤碧。遂欲截留瀧岡表，弗顧葬期悞窀穸。青洪不把如願償，翻逞雄威作暴客。乃知橫禍本自招，嘔盡心肝供鬼奪。歸來聊幸眷屬完，回首風波尚餘嚇。災星過度且忽悲，文字召殃宜自責。小懲大戒神已示，從此便應焚筆墨。倘猶結習牢不破，窮穿溟涬攝月魄。寸管思占千秋名，造物所忌定遭厄。或遣雷電下取將，或借涸廁遍收拾。比似洪喬沈書瀨，作戲挪揄必更劇。」（《甌北集》卷四六）

《近遊》、《檢閱近人刻集再題》、《靜推》、《題和韓遺訓圖，為陸秀農作》、《生事》、《紅梅閣題壁》、《春寒》、《觀喂雞者戲作》、《苦雨》、《山茶花開即事》（《甌北集》卷四六）等，寫於此時。

【按】趙懷玉《禫祭後將至滬城感述》（六首）之四：「薄宦逾二紀，長物一以空。質庫收不盡，併入馮夷宮。歸來仰屋歎，生理坐致窮。卒歲計衣褐，恐作寒號蟲。叩門顏發頳，邅問言辭工。牧豬已非奴，多牛亦稱翁。故人疏平津，王孫昵臨邛。相彼訑訑色，唧此悠悠風。」（《亦有生齋集》詩卷二一）

洪亮吉《趙司馬懷玉自山左奔喪歸，同官贈以一舟，至清江浦渡河，膠敗舟坼，八口幾至覆沒，以救得免。司馬作厄解自嘲，並索余一詩記事》：「大舟峨峨高百尺，敗久無人肯相索。先生途窮欣得之，輦致妻孥及書策。忙中方渡天妃閘，意外忽趨河伯宅。無端突起尺一波，竟敢馮陵四千石。兼攝本郡。馮生詎欲謁陽侯，展氏不關多隱慝。艙無阿堵物堪

羨，舟有辛餘靡亦坼。郎君倖免魚頭戴，如願本從龍窟得。篙工舵手聲
齊奮，撒網持鈎拯亦亟。微軀險欲為人鮓，定例並須援嫂溺。孤兒一日
三番哭，水厄仍兼絕糧厄。推量其故亦可曉，至寶隨身遭廹逼。龍神要
看瀧岡碑，鮫府思搜避雍刻。不然畫寶吳道元，或者字藏黃魯直。遭風
濕米考竟升，落水蘭亭價誰敵。評書既貴屋漏痕，佀佛本當衣壞色。但
令釜底不生魚，何必篋中長貯帛。罷官尙飲八閩水，助葬誰貽一船麥。
可憐剩有朝衫綠，亦復染成天水碧。窮經先已集坎坷，讀禮還遲卜窆穸。
曝日神方時傴僂，見星歸路難匍匐。髮膚未毀眞天幸，妻子得全容眾力。
王楊盧駱半遭此，君曾刊《唐四傑集》。才大例須沈澤國。先生盛名亦不減，
一死何妨塞其責。即令萬一免沈淪，從此尤應斷縑墨。如何更不思愆咎，
更準解嘲成解厄。君毋更以性命戲，勢必重遭神鬼劾。一官青社既偃蹇，
三載堊廬須簡默。仍愁溺後陸士龍，照見麻衣笑聲劇。」（《更生齋集》
詩卷八）與甌北詩對讀，可知懷玉歸途遇險之狀。

　　陸秀農，同年友陸錫熊之子。甌北《題韓遺訓為陸秀農作》詩前小
序謂：「同年陸耳山副憲，在京時嘗遣令嗣秀農讀書城南永樂禪院，手書
韓昌黎《符城南讀書》詩并和其韻，俾作座右銘。今耳山歿已十餘年，
秀農奉其手蹟追繪成圖，來索詩。知其志切紹聞，久而弗懈，故人為不
亡矣。爰仍次韓韻奉題，俯仰今昔，不禁悲喜交集也。」可供參考。《和
韓遺訓圖》，時人多所題詠，石韞玉《和韓昌黎城南詩，題陸耳山先生遺
草》詩小序曰：「耳山先生和昌黎符城南讀書詩以示令子秀農，洎先生歿
後，秀農繪《和韓遺訓圖》徵詩，因賦此。」（《獨學廬稿》三稿卷一）
吳省欽有《和韓遺訓圖記》，曰：「方予在翰林，以詩文來學者夥，應手
塗改，語以得失之故，一食頃可了三數輩，即師友下問，亦不敢以媕婀
塞責。同邑璞函、耳山兩君子，皆淹雅宏達多文章，課其子實君、葆身，
支頤搖斲，不耐改三數語，以是先後問藝於余。有離合余名以相戲：『少
目幾曾眽目，欠金豈計修金』者是也。歲己未，余罷歸郡郭之西，明年
耳山葬，予未克以會。又明年，葆身來視，出所為《和韓遺訓圖》求記
於余。和韓者，和《符讀書城南讀書》詩也。圖方幅不過尺，有石、有
竹、有松，二松覆亭，亭有楯、有檻一，几堆書，一手展卷，若詔若唯。
蓋葆身於兄弟中最長，承命最早，當丙午試北闈，倏得旋失。今又十
六年，而臂痛未已，未克試，其詞旨恤然若不勝者。余惟昌黎固賢，特

於仕進頗急，是詩及示兒詩皆元和十年官考功郎中知制誥時作。示兒詩既以屋廬膳服之盛、棻椊之嬉樂導之，此則以潭府之榮勸其學，以鞭笞之辱戒其不學。符者，昶小名也，後亦登第。以十二郎文考之，昶生當貞元九年，至元和十年，年十七。利祿之見，誠不無動於中。然祿在學中，我夫子亦言之。誠以學《易》、《詩》、《書》、《禮》、《樂》、《春秋》之文，而約其旨，於一言一行，由身而返諸心，由身心而返諸性命，性命無可學也，學者何，書而已！讀書者何，祿而已！憶丙戌春，余與璞函為笏田先生題《北莊課孫圖》，孫謂葆身，葆身時亦十六七。越己丑，而笏田先生攜至都就予學。癸巳春，實君隨予入蜀，省璞函於軍中，旋歸京師。璞函以是夏死木果木之難。越癸丑，而耳山以覆勘文溯閣四庫書歿於奉天。己未正初，言事者摭《少目難看文字，欠金休問功名》二語，為予視學順天時佐證，御筆書飭，幸無可指實而止。披是圖也，用捨得喪之數、友朋存歿之感、師弟子離合聚散之情，一時並集。實君今守成都，欲與言而亦不獲也。識諸簡，觀者毋亦有所嘅云。」（《白華後稿》卷八）

二月末，洪稚存亮吉遊松江歸，適山茶花開，遂約請稚存、劉檀橋種之、錢竹初維喬、趙味辛懷玉，賞花飲酒。聞知述菴王昶近尚健，甚喜。

《山茶既開，適稚存遊松江歸，遂邀同檀橋、竹初、味辛小飲即事》：「閉戶何從逸興生，羨君到處有逢迎。詩名本不爭楊鐵，地主偏多遇顧瑛。軟水舟才千里返，衍波箋已百篇成。待君歸恰山茶放，笑我庭花亦世情。」（《甌北集》卷四六）

《稚存說述菴侍郎近狀尚無恙，喜賦》：「落落江天大橐身，騷壇猶欲獨扶輪。詩文采到新先輩，聲聲幾成活死人。孀婦支鐺工煮粥，門生當杖代迎賓。長安交舊今餘幾，數到殷兄罕倍珍。」（《甌北集》卷四六）

另有《塘橋北看杏花》（《甌北集》卷四六）詩。

【按】《稚存說述菴侍郎近狀尚無恙，喜賦》詩「詩文采到新先輩」句後注曰：「刻《湖海詩傳》、《湖海文傳》二書，將告成。」據《洪北江先生年譜》，洪亮吉於本年正月，由江陰至浙江長興，又到青浦訪王昶，於三月重赴洋川書院，故其此次由松江歸，當在二月下旬。

時檢近人詩作，每與各類文士交遊，對老年人之境遇，詩歌之發展趨向，均多有感悟。

《戲書》:「豈不願作達,出身本陋巷。經歷艱辛多,遂入愁魔障。卻看少年輩,意氣何豪宕。行樂恐後時,追歡窮所嚮。老者寸腸結,少者兩眉放。一笑孔聖言,有時或多爽。君子長戚戚,小人坦蕩蕩。」(《甌北集》卷四六)

《論詩》:「作詩必此詩,定知非詩人。此言出東坡,意取象外神。羚羊眠掛角,天馬奔絕塵。其實論過高,後學未易遵。詩文隨世運,無日不趨新。古疎後漸密,不切者爲陳。譬如馭駕馬,將越而適秦。灞滻終南景,何與西湖春?又如寫生手,貌施而昭君。琵琶春風面,何關苧蘿鬘。是知興會超,亦貴肌理親。吾試爲轉語,案翻老斷輪。作詩必此詩,乃是眞詩人。」(《甌北集》卷四六)

《自悔》:「宦途正好忽歸田,妄意清高慕古賢。三十餘年林下樂,天公待我原不薄。只慚枉作讀書人,未有分毫澤及民。到此始悔去官早,雖悔難追身已老。」(《甌北集》卷四六)

另有《題王牧良洗硯圖》、《上塚》、《縴夫》、《彭殤》(《甌北集》卷四六)諸詩。

三月,往楊舍,登城樓望海,偕葉保堂遊顧氏廢園。

《偕葉保堂秀才遊楊舍城外顧氏廢園》:「平壤無山水,爲園仗樹多。喜茲三畝地,竟有百年柯。矮柏臂旁攫,高藤尾倒拖。稍芟蕪穢去,亦足寄清哦。」(《甌北集》卷四六)

此時另有《登楊舍城樓望海》、《望壽興沙洲》、《花木》(《甌北集》卷四六)諸詩。

【按】葉保堂,葉廷甲(1754～1832),字保堂,一字雲樵,號梅江,江陰人。(《清代人物生卒年表》)

　　李兆洛《江陰縣學貢生葉君墓誌銘》曰:「先生諱廷甲,字保堂,雲樵其自號也。葉之先自南陽,其後湖州太守叔宏始居烏程,當唐開元時。至後梁龍德中,壽昌教諭貢元,再徙壽昌新亭阪,又析居常樂村。明萬曆時,有靈萃者客江陰之陽舍鎮,遂占籍焉。五傳至先生之考,贈奉直大夫鳳岡,仍世爲方雅族。先生寬易肫實,不慕外榮,孜孜務學,窺尋理奧,確志程朱之學,力行而扆守之,欿然不出於口語詞章,間而與子言孝與弟。言弟娓娓,如不足也。又多識郡邑故事,嘉言懿行,正襟而談,窮日夕不厭。嗜藏書,構水心齋以庋之,凡五萬卷。暇即兀兀披閱,

發幽闡潛，如恐不及。邑楊文定公爲當代名臣，遺稿未流布，先生訪諸其裔，得而刊之。王梧溪，元季故老，詩稱詩史，傳稿散佚，先生徧借遺本，次第彙集，精校而梓行焉。他如《徐霞客遊記》，繆思亭《東林同難錄》，皆版本腐敗刓弊，購而爲之修輯，遂成完書。少從郡中夢暘鄭先生遊，得諮味道研經之要。餘姚抱經盧先生主講龍城書院，復親炙焉。故於常州諸宿士如蘇景程、孫述甫、楊隨安、丁若士、臧在東、張翰風皆敦縞紵歡，數往來蘇、杭間，其魁碩士無不奉手願交，所至必稽求古賢於名人祠墓，雖迂道無不瞻謁也。處鄉里，柔而不可犯。篤任恤，里有利益事，或邑中有所修舉，必彈心力爲之倡。市集劇，捄蒱因爲奸藪，先生力勸誡。聞諸令，爲之條約，俗以大革。先生歿，猶遵守焉。喜爲山水遊，老乃彌健。七十五歲遊黃山，徧歷岩壑名勝，腰腳如少壯人。閱二歲，復遊洞庭，拜東園公祠，訪林屋洞天，至包山摩挲唐經幢，歷石公山夕光洞，泛明月、消夏諸灣而返。又聞四明范氏天一閣藏書甲天下，遂逾錢塘、涉曹娥，探其所儲，留者閱月。乃謁虞帝廟，探禹穴。還經山陰，求修禊亭故址，所至皆以詩記之。道光壬辰三月十九日卒於里第，年七十有九。所著《歷代世系圖》、《歷代年表》、《天文輯略》、《古今學校考》、《文廟從祀考》、《三代以下人物考》、《名臣諡法考》、《古今錢譜》、《輿圖指掌》、《天下沿海形勢考》、《嚴江水道考》、《楊舍堡城志》、《九華山志考》、《古今書畫錄》、《古今同姓名錄》、《輯補詞科錄》、《知今錄》、《葉氏得姓考》、《葉氏進士錄》、《訓子書》、《黃山記遊編》、《太湖遊記》、《保堂詩鈔》、《水心齋箚記》，皆藏於家。先生娶於張，淑愼其儀，穆嬪休德。側室陸，肅承樛木，克成幕廟之祥，張後先生一年卒。陸先卒。子三，玉田，早歿。張出。朝慶，候選直隸州同知；天慶，候選布政使司理問。陸出。女一，張出。適同邑候選通判趙錫仁。孫二，長齡、長華。孫女一。甲午十月初三日，朝慶等奉先生及張安人之柩合葬於松墩涇之原，陸安人祔焉。先期來請銘。予□十餘歲，時因若士識先生，即兄事之。比來暨陽主講席，歲必一再見。於先生之立身行己，頗能知其略，其可以無言乎？遂爲銘曰：愷愷君子，獨修其身。溫篤自將，靡有疏親。德不爲褵，善足以熏。晚而逍遙，遊乎天鈞。詔幽有炯，貞瑉不磷。」（《養一齋集》文集卷一三）

　　《簷曝雜記》卷五《題席帽山人王逢梧溪集》條謂：「是集久無刻本，

余從江陰葉保堂明經處借得抄本，頗完善。……保堂以鄉先輩遺墨，不忍聽其湮沒，將付梓以傳，可謂能扶大雅之輪矣。」

臧庸寫於「己酉季冬」的《與葉保堂書》謂：「在金陵不克盡談，悵悵，秋試偶不遇，諒不動於中也。弟僻嗜漢儒之說，溺於文字章句之末，恐爲有道所棄，惴惴焉以不克聞過爲憾。前蒙箴規之言，今銘心不敢忘。伏思足下，上之程、朱潛心之學，辨義理，究天人，析豪芒；次之上下古今，熟於理亂。安危之際賢奸、得失、沿革，分明若燭照數計，非特弟之畏友，直足爲弟師。未審何日得盡棄所學而學之也。日者太守李公纂修郡志，盧召弓師總裁之。前命弟留心典故，以俟采擇，所愧素未經心，無所知識，足下能博聞彊記於儒林理學文章，節烈、鄉賢、名宦之類尤多熟悉，貴邑採訪，必舉足下。但七邑之事，素所知者，亦不得聽其遺佚。試於數十年來，典故詳稽，博考而要於實。前志之誤者正之、遺者補之，勒一書，以裨當事酌取。發潛德之幽光，成桑梓之信史，不亦可乎？書成或自呈於郡志局，或交弟轉獻總裁，雖使不克盡從，要之必多補益。百年曠典，躬逢其盛，不可失也。」（《拜經堂文集》卷三）劉統勳之孫劉信芳鐶之視學江南，甌北往訪，相見話舊，感慨不已。

《劉少司馬信芳，吾師文正公孫，今相公石菴先生從子也，來視學江南，相見話舊賦呈》：「星軺校士蒞江鄉，喜把師門舊瓣香。家學再傳東閣貴，交情三世北平長。印泥鴻爪談陳蹟，食葉蠶聲聽戰場。早有先聲慰人望，官箴奕世凜冰霜。」「黃閣當年燮理深，至今朝野尚謳吟。老成人是中流柱，清白門無暮夜金。使節旌旄仍舊地，紹庭桃李又新陰。韋平繼相尋常事，難得家傳似水心。」（《甌北集》卷四六）

《與少司馬追述文正公相業及余登第事感賦》：「一代秉鈞衡，數不勝屈指。獨論柱石臣，落落能有幾？吾師表東海，間氣出英偉。鐵石宋廣平，模楷李元禮。華岳立秋隼，百鳥不敢視。直聲震天下，至今雷貫耳。易名比君實，萬口同一唯。生能重朝堂，歿更光國史。嗚呼相業高，非可一節紀。我昔客公家，每飯共素几。得習聞緒言，披豁無城壘。欲以身作霖，先恃心如水。此段得力處，竊幸窺根柢。公家子敬書，臨池擅絕技。我嘗摹仿之，公笑頗形似。後公贊樞廷，我又供役使。及辛巳對策，恐坡識李鷹。私改舊筆蹟，另作率更體。公果不及知，拔之冠多士。大魁雖旋失，虛名自茲起。士當貧賤日，每恨無知己。何期爨下薪，蒙賞斷焦尾。馬既顧空群，蠅不煩弔

死。此情何能忘，回首淚瀰瀰。」（《甌北集》卷四六）

【按】劉信芳，劉鐶之（？～1821），字信芳，山東諸城人。《清史稿》「本傳」曰：「鐶之，統勳次子堪之子也。乾隆四十四年進士。自檢討累遷至戶部尙書，兼領順天府府尹。嘉慶二十二年，上自熱河還京師，鐶之入見。上以順天府奏事稀、捕教匪不時得詰，鐶之不能對，但言方旱災不敢急捕賊。上又問賑災當設粥廠幾所、需米若干，鐶之又不能對。上降旨責其玩愒，命以侍郎候補。復累遷吏部尙書，加太子少保。道光元年，卒，諡文恭。」古時，稱兵部尙書爲大司馬。少司馬，當爲兵部侍郎。據《清史稿》，劉鐶之曾任兵部尙書、戶部尙書、吏部尙書、左都御使等職。任學使事，未載。百齡《高知岩太守招集有美堂束學使劉信芳閣學》詩曰：「登堂思古發幽情，又聽歌筵唱渭城。名宦風流卷石在，美人心事大江橫。香飄袖底花留影，秋到尊前雁有聲。誰識謝公懷遠略，每從絲竹念蒼生。」（《守意龕詩集》卷一九）據此，知劉鐶之曾以兵部侍郎來視學江南，可補正史記載所不足。

年事已高，時有孤獨之感，亦重遊西干故里。或勸養聲伎以娛老，婉言謝絕。

《衰老》：「莫怪交遊厭腐儒，家居亦自歎羈孤。滿堂兒女聞聲避，眾叛親離一獨夫。」（《甌北集》卷四六）

《西干故里示姪亮采、寶士、姪孫公蘭等》：「十年不到綠楊村，白首重來叩里門。驚吠烏厖疑是客，舊留黃犢已生孫。一經幸尙傳家學，百畝猶當念國恩。是我昔時初奮蹟，瓣香能不望蘭蓀。」（《甌北集》卷四六）

《感事》：「世事寧論目睫間，忽高忽下似秋韆。安知失馬非爲福，等是瞻烏未定天。賁育難提三寸筆，研桑只識幾文錢。居然炙手雲霄上，多少人思效脅肩。」（《甌北集》卷四六）

《自遣》：「冉冉流光露電身，浮華落盡剩天眞。清齋松下園葵味，通德門前帶草春。安命敢期非分福，讀書難得細心人。一編重展西窗易，白首猶慚未問津。」（《甌北集》卷四六）

《有勸余畜聲伎娛老者，戲答》：「哀樂中年易感傷，故應絲竹遣流光。豈聞白髮三千丈，猶昵金釵十二行。蟻穴久醒槐國夢，羊蹄恐踏菜園腸。衰屭自有尋歡處，園柳庭花總色香。」（《甌北集》卷四六）

另有《牡丹》、《戲贈》、《桐山齋中杜鵑花二十餘盆皆貴種，每開時必治

精饌召客，今歲又邀同諸公宴賞，即席賦謝，並索諸公賡和以張之》、《呂叔訥廣文刻詩文集見貽，爲題五律一首以志欽慕》、《答友》、《芍藥將開，爲連雨所壓，今日天晴，花遂大放，戲書》、《見爭地者戲書》、《春遊》、《再到西干故里》、《楊桐山再具精饌招飲，賦謝》、《和乩仙詩》（《甌北集》卷四六）諸詩。

【按】呂叔訥廣文，即呂星垣，見本譜嘉慶三年考述。

亮采，即甌北弟汝霖之長子，名廷賢，「又名亮采，字苕溪，嘉慶戊寅歲貢生，候選訓導。乾隆三十年乙酉八月十五日辰時生，道光十七年丁酉正月二十九日戌時卒，壽七十三」（《西蓋趙氏宗譜》）。

寶士，即汝霖次子廷雄，「又名廷鏞，字保時，乾隆五十年乙巳二月十七日午時生，嘉慶十三年戊辰二月初四日卯時卒，年二十四」（《西蓋趙氏宗譜》）。

侄孫公蘭，廷賢長子，名蘭，「字公蘭，乾隆四十九年甲辰九月二十九日辰時生，嘉慶二十一年丙子三月十八日巳時卒，年三十三」（《西蓋趙氏宗譜》）。

詩作爲虞石渠秀才所激賞，賦詩作答。

《虞石渠秀才枉贈長篇，賦答》：「躍爐共指不祥金，豈意牙弦得賞音。趙蝦倚樓名句少，虞卿閉戶著書深。探珠已握靈蛇寶，識路空存老馬心。多謝瑤章枉投贈，熒燈增我夜清吟。」（《甌北集》卷四六）

有客論及和珅舊事，甌北聞之，頗爲感憤。

《客有談故相事者，漫記》：「具瞻當日秉樞鈞，誰敢登車醉吐茵。只手難遮天下目，回頭已是百年身。蓋棺論定無翻案，當軸權移有轉輪。官位聲名原兩事，漫憑威力制窮塵。」（《甌北集》卷四六）

五月七日，應方慕雲明府之約，同劉檀橋種之、莊迂甫通敏、洪稚存亮吉、蔣立菴熊昌、楊星園煒、蔣瑩溪騏昌等，泛舟水上，觀龍舟競賽。

《午節後二日，方慕雲明府招同劉檀橋中允、莊迂甫贊善、洪稚存編修、蔣立菴、楊星園兩太守、龔稼堂州牧、蔣瑩溪別駕、陳春山大令泛舟看競渡，即事》：「常州龍船天下無，今年臘雨愁沾濡。天憐措大作豪舉，雲端忽煮黃金烏。主人發興大召客，十千高價雇舳艫。長魚大肉咄嗟辦，水晶之盤白玉壺。客來大半雙鬢皓，最少亦已蒼髯鬚。俄看三龍蜿蜒到，震天鐃鐲轟前驅。龍身幻出錦鱗甲，金支翠羽紅珊瑚。樓臺都攝寶光內，化作貝闕煙模糊。遊

船坌集競追逐，奮力似欲爭驪珠。千艘萬舸無一罅，闖道莫敢麾螯弧。洛浦
佳人簾影閃，扶風豪士酒氣臲。老顛亦復風景裂，醉倒不倩旁觀扶。昔人一
樂動千古，採石仙李黃樓蘇。杜牧水嬉亦兒戲，竟共屈子傳江湖。吾儕此會
頗酣縱，不知可亦傳畫圖？」（《甌北集》卷四六）

據隨洪亮吉來訪之劉松嵐大觀言，甌北當年所守之鎮安，感念其往昔之
德政，百姓已為立生祠。甌北聞之，賦詩志感。

《劉松嵐觀察大觀舊嘗宰鎮安之天保縣，在余守鎮安後二十餘年矣。兹
過常州，偕稚存來晤，具言鎮民已為余立生祠，虔奉弗替，感賦》：「南徼歸
來已白頭，鴻泥那復爪痕留。誰知三十餘年後，尚有遺民祝故侯。」「自知無
績可流傳，只有硜硜不愛錢。始識愚民原易感，不為貪吏即稱賢。」「在任原
思死葬桐，豈期民已社樂公。不愁身後無歸處，九朵蓮花一敞宮。」（《甌北
集》卷四六）

此時另有《題邑侯吳盤齋小照》（《甌北集》卷四六）詩。

【按】本詩「在任原思死葬桐」句後注曰：「余在鎮，愛其民淳事簡，實
擬老於是官，不願遷也。」

劉大觀，字松嵐，邱縣（今屬河北）人。

《蒲褐山房詩話》：「劉大觀，字崧嵐，邱縣人，貢生。今官奉天寧
州知州，有《玉磬山房詩鈔》。」「崧嵐始仕遼陽，仁聲懋著，方且洊登
牧守，奮蹟仕途。乃其詩蕭閒刻峭，卓然自立於塵埃之表。正如梁伯鸞
滅竈更炊，不因人熱。推其源，似出於《瀛奎律髓》，足與四靈三拜分手
抗行，不僅為五言長城已也。」

《揚州畫舫錄》卷六：「劉大觀，字松嵐，山東邱縣拔貢生，工詩善
書。官廣西知縣，丁艱時，為江南浙江之遊。揚州名園，江外諸山，以
及澄墅、西湖諸勝蹟，極乎天台、雁蕩之間，揮素擘箋無虛日。歸過揚
州，主朱敬亭家，嘗遊鮑氏園，贈之以畫。嘗謂人曰：『杭州以湖山勝，
蘇州以市肆勝，揚州以園亭勝，三者鼎峙，不可軒輊。』洵至論也。詩
學唐人，著有《嵩南詩集》、《詩話》數十卷。聞揚州名妓銀兒以怨死，
求得其墓，邀同人作詩弔之。服除，改授奉天開原縣，擢寧遠知州，稱
循吏。時與甘泉林蘇門交。予於蘇州得松嵐書云：『邗江小聚，大快平生，
別來延想，不啻天壤。客歲冬抵瀋陽，越二十餘日，委治承德。自抗塵
容，益鮮雅狀。回想昔時步月尋僧，看花對酒，杳然不可復得矣。幸上

游不以俗吏相待，猶得以書生本來面目，與部下子民相安於無事，此可告慰者也。邇來卸承德事，又委治開原。幸此地事簡民淳，可以不廢吟詠，甚適意耳。茲當天氣晴和，景物閒美，遙維居處，酒思詩情，當復不淺。方菊人、月查兄弟，汪味芸、甘亭和尚，並此致之。』蘇門字步登，號嘯雲，吾鄉磊落之士，山東衍聖公廟辟之為六品官。」

《隨園詩話》補遺卷三：「辛亥端陽後二日，廣西劉明府大觀袖詩來見。方知官桂林十餘年，與比部李松圃、岑溪令李少鶴諸詩人，皆至好也。席間談及廣西官況清苦，獨宰天保三年，為極樂世界。其地離桂林二千餘里，乾隆四年，改土歸流，方設府、縣。歲有三秋，獄無一犯。每月收公牒一二紙，胥吏辰來聽役，午即歸耕。縣中無乞丐、倡優、盜賊，亦不知有樗蒲、海菜、綢緞等物。養廉八百金，而每歲薪、米、雞、豚，皆父老兒童背負以供。月下秧歌四起，方知桃源風景，尚在人間。劉《率郡人種花》云：『鋤芸植嘉卉，人力助天工。此樂真吾有，分春與眾同。暮煙生遠水，樵唱散遙空。領得山中趣，橫琴坐遠風。』《甘棠渡》云：『渡頭溪水系漁船，細雨濛濛叫杜鵑。花片打門春已暮，牧童猶枕老牛眠。』」《梧門詩話》卷五：「劉松嵐大觀，丁酉拔貢，出宰粵西十年，今官奉天。詩工五言，袁子才謂思清筆老，風格在韋柳之間。」

吳盤齋，即吳桓。王昶《懷吳訓導盤齋桓》詩曰：「循牆步屜每相於，小別秋風歲又除。經座本能支五鹿，講堂定見下三魚。割圜誰受旁要術，證道仍翻內景書。東望婁江才兩舍，寒雲積雪渺愁餘。」（《春融堂集》卷二三）

《履園叢話》卷二四《劉王氏》條謂：「陽湖有劉王氏者，甚美麗，嫁某氏子，十七而寡，再嫁劉氏，不一年劉又沒。其族人又欲嫁之，王大哭曰：『吾再醮，已無面目，安能三醮耶？』遂自經死。時無為吳盤齋為縣令，驗其屍得實，遂將所逼人置之法。惟王氏雖烈，是已醮婦，於例不能請旌，乃賦一詩刻諸墓上，云：『分釵劈鳳已聯年，就義何妨晚概愆。鳩以換巢難擇木，鶴經別調任更弦。也同豫讓傳千古，莫恨蘇章有二天。究勝世間長樂老，幾回生敬又生憐。』」事蹟又見《履園叢話》卷一四、卷二〇。

五月中旬，陰雨連綿，田土或被淹，桑田幾成滄海。望之，心憂如焚。

《五月中陰雨連旬，低田淹浸，今屆小暑尚有未插秧者，感賦》：「梅雨

方欣四野同，翻悲澤國水浮空。無官敢問民生病，不稼終期歲事豐。犬上牆猶波恐及，蛙生竈更火難攻。家家懸釜炊將斷，翹首爭瞻海日紅。」「倘遇凶荒我早貧，只因憂己故憂民。桑田幾欲成滄海，紈扇何由障路塵。荇藻樹腰縈翠帶，帆檣橋背過輕舠。綠秧交暑猶難插，秋晚如何得食新。」（《甌北集》卷四六）（《甌北集》卷四六）

《江邊》：「彌望郊原白浪滔，尾閭何處泄狂濤。百川都向滄江灌，壓得潮頭不敢高。」（《甌北集》卷四六）

《累臣》：「萬里累臣遇赦歸，羨余早退免危機。當君旗鼓排衙日，卻笑癡人守釣磯。」（《甌北集》卷四六）

《水車十百戽田水入河》、《少日》、《送人赴黔》、《牧童》（《甌北集》卷四六）諸詩，皆寫於此時。

水大成災，稻苗無計栽插，糧價頓漲，蘇、松一帶發生饑民搶糧事件。路逢饑民奄奄一息，不日當填溝壑，黯然神傷。

《猝起》：「猝起饑民掠食喧，大官網竟漏舟吞。不知拆毀張彝宅，可有旁窺賀六渾？」（《甌北集》卷四六）

《水退》：「水退種堪補，糧艱價漸昂。人爭平糶米，田竊早栽秧。歲事應無恙，民情幸小康。惟聞下流地，一半尚汪洋。」（《甌北集》卷四六）

《溝壑》：「溝壑災黎待斃身，相逢不禁為傷神。若教破我慳囊救，又覺他原是路人。」（《甌北集》卷四六）

【按】《清史稿》卷四二《災異志三》：嘉慶九年「三月，桐鄉恒雨，傷麥。五月，嘉興、蘇州霪雨，傷稼。」《雷塘菴主弟子記》卷二亦載：「五月十三日，陰雨連綿。十八日至二十四日，雨勢甚大。二十八日至六月初二日，兼以雷雨，山水大至，杭、嘉、湖三郡低窪田畝多被淹浸。秧田無論已插未插，俱積水二三尺。糧價驟貴，居民大恐，因由驛奏聞。」甌北家有米一囷，欲減價發售，以接濟饑民，不料卻引發搶米風潮。

《甲子夏梅雨過多，蘇州以下多被水，不能插秧，米價頓長，貧民遂蜂起搶掠，直入省城，一日劫案數十百起，城門晝閉，三日稍定。吾常地勢高，幸免淹浸而糧價亦貴，群不逞聞風將效尤。余家有米一囷，計一百二十石，亟減價平糶，市價每升三十五文，余僅以二十四文定價，於是萬眾畢集，有無賴子突起搶米，眾皆隨之，少年女亦脫其裙中袴作囊，盛得升斗。嗚呼！饑窘之迫，人以至無忌憚、亡廉恥如此。自惟小惠招尤，固自貽之戚，而民

氣囂然不靖，大可慮也》：「嘉慶九年夏，梅雨淋不止。蘇松杭嘉湖，水漲及千里。有秧不得插，糧價頓倍蓰。貧民遂譁然，搶劫以救死。掠入姑蘇城，一日數百起。大吏禁不得，闤闠盡罷市。城門閉三日，搜捕始稍弭。吾常地勢高，被浸尠無幾。亦以糧價昂，聞風動奸宄。余家米一囷，亟糶慰桑梓。非以種德殷，亦豈邀譽美。但散區區積，冀免耽耽視。誰知價過廉，先聲播遠邇。熙熙爲利來，將我春臺比。或腰懸囊橐，或手挈莒篚。萬眾如湧潮，轟闐聲沸耳。有黠者一呼，無錢可得米。競作躍冶金，搬運捷五鬼。彊者負肩背，弱者傷股髀。恨不手一雙，多生百十指。更有紅顏婦，脫袴布裙底。但貪裹糧多，弗顧失禪恥。斯須百廿石，攘奪淨如洗。嗚呼爲善難，利人反害己。方慚涓滴微，忍傅訟獄理。所慮民氣驕，目已無法紀。茲事關隱憂，蒼茫向天咫。」（《甌北集》卷四六）

晚年多閒，以讀書、賦詩為樂。詩求工，更崇尚自然。亦時以時文課諸孫。

《佳句》：「枉爲耽佳句，勞心費翦裁。生平得意處，卻自自然來。」（《甌北集》卷四六）

《詩家》：「詩家徑路都開盡，只有求工稍動人。又恐丹青少生氣，彌爛徒作檀麒麟。」（《甌北集》卷四六）

《夜不寐，戲作時文示羹孫》：「雨過新看月一痕，庭齋寂歷似荒村。疎窗燈焰孤螢閃，遠樹風聲萬馬奔。書有夙緣情尚戀，詩無新句稿難存。可憐良夜憑誰伴？戲草時文起課孫。」（《甌北集》卷四六）

《編詩》：「多生餘結習，誤落藝林中。蹤蹟三高士，詩篇半放翁。讀書雖得間，傳世有何功？不及鋤犁手，謀生力自供。」（《甌北集》卷四六）

劉石菴墉繼母，就養於學使劉鐶之信芳之處。以壽登九十，墉來江南為賀，甌北亦隨往祝壽。

《劉石菴相公因繼母太夫人就養在塚孫少宰公江南試院，壽屆九十，奏蒙恩命南來慶祝，公年亦八十五矣，稱觴盛事，從古未有，余以門下士敬隨叩賀，歡忭難名，恭紀三律》：「南國秋風穤稬香，相公請假壽萱堂。絳驂不遠三千里，皓首親擎九十觴。龍袞朝衣供采服，鸞回綸誥賁奎章。江城況是曾臨駐，四代今增樂未央。」「壽筵盛事豔朝紳，耆輔承恩許省親。接武兩朝賢宰相，疏封一品太夫人。新篘正熟南蘭酒，文錦兼頒內府珍。縱是家風慣清儉，也應璅管慶長春。」「再世調元佐郅隆，更餘書翰壓群雄。韋平有傳難

專美，絳灌無文敢媲功。久別豈期迎畫鷁，舊情猶荷問雕蟲。剩誇年少依劉日，伴食曾陪兩相公。」（《甌北集》卷四六）

《送石菴相公還朝》：「昔歲在己巳，我初客公家。譾劣不自知，跳擲矜井蛙。公爲發其覆，導之指南車。我雖未肯降，默已開心芽。夜談窮絳蠟，晨餐怯肥豝。當時從遊樂，聯翩接翅鴉。先後篸詞苑，才思紛天葩。公獨結主知，不藉門第華。歷遍中外，入相宣黃麻。我從解綬歸，胸次忽槎枒。妄思鑽故紙，不慕建高牙。自此音塵邈，雲霄隔泥沙。何期四十載，重接笑語嘩。乞假爲親壽，南來道里遐。遂使林下蹤，得復披絳紗。喜公八十五，老健杖不挐。亮節表臺閣，高名朗雲霞。餘事到揮毫，蘇米不足誇。他年青史傳，粹然無纖瑕。而我一無成，俯仰只自嗟。送別臨河干，離緒豈有涯。心逐輪蹄遠，目斷煙樹遮。倘再期後會，毋乃願太賒。惟當晚節香，爲公歌黃花。」（《甌北集》卷四六）

另有《石菴相公一見即誦余出京赴鎮安任時有「萬里風塵從此去，百年天地幾人閒」之句，余久已忘之，並未留稿，因公誦及，覺此一聯似屬可存，爰補綴成篇，錄之稿中》、《臨別再口占一首》（《甌北集》卷四六）詩。

【按】上引《劉石庵相公……》詩末句註曰：「余昔客公家，文正師方官總憲，公亦爲孝廉。每日皆三人共飯，不另設餐也。」知劉統勳待甌北之情重。

八月，往江陰楊舍小住，見蘇、松來此逃荒者成群結隊，言家鄉田盧尚為水淹，甚為可悲。

《楊舍見逃荒者，感賦》：「我來暨陽住十日，靜看逃荒人乞活。家住蘇松夏潦災，至今八月尚沒膝。田盧蕩盡覓生路，數十人同一舟出。傳聞此地獨晏然，老幼扶攜聚如虱。初來開口猶囁嚅，人給一錢感刺骨。不三四日習已慣，對人無復可憐色。臉皮漸老膽漸麤，給錢稍遲意早怫。嗚呼前後數日耳，人情變乃如此捷。始知饑渴能害心，古來喪節固非一。」（《甌北集》卷四六）

海盜橫行水上，以搶掠賈舶為計，且漸威懾吳松一帶。官兵不諳水戰，奈何其不得。甌北時而為此局勢而擔憂。

《海上》：「前年海颶覆盜舟，百千盜殣滄波流。方謂萑苻根已絕，不數載復黨類裒。初傳赤嵌城被掠，賊刀竟砍官兜鍪。旋聞溫州出船哨，大帥殉節血髑髏。近來吳淞又警報，欲梗市舶司咽喉。幾似前代倭寇擾，牆竿如櫛

騷邊陬。彼倭有家在本國，有利則至無利休。後來往往被創去，揚帆遂歸死首邱。今則閩粵無家者，即以海面爲菟裘。生作鯨牙死魚腹，活計在此肯改謀。涉險風濤等平地，斂貲賈舶當良疇。人間安得此樂土，倘來之富不待求。長魚大肉日醉飽，呼盧猇雜歡眾咻。夜深時或發高唱，滿天星月翔蛟虯。共笑官軍鸛鵝隊，風擷浪吼滾作球。噫嘻乎！既不能制其死命使遠遁，又不能厚其生理俾內投，坐視飄然而來忽然去，何時一網打盡無遺留。雖未盧循入滬瀆，漸恐徐福占亶洲。私居萬目一長歎，茲事隱係東南憂。」（《甌北集》卷四六）

【按】《簷曝雜記》卷五《海盜來降》條謂：「閩、粵外洋，自盜首蔡牽倀擾滋事，海氛不靖，已十餘年。」

新谷雖將登場，然蘇州水仍未退，糧價驟增，民不堪其苦。

《常郡地高，被水處少，因下流災重，米價驟增，遂致食貴。今新穀將登，民已寧貼，惟聞蘇湖水尚未退，恐種麥猶遲，是可憂耳》：「吾郡本不潦，下流溺載胥。秦饑資晉粟，城火及池魚。早獲期將屆，晨炊窘稍紓。災區須種麥，可得把犂鋤。」（《甌北集》卷四六）

《米貴》（八首）之一：「曉市聲喧似湧濤，爭營口食罄錢刀。共言米價如梯級，一步升來一步高。」之八：「斗米需錢四百餘，眞同珠價論錙銖。老夫翻借誇豪富，一日廚炊一斛珠。」（《甌北集》卷四六）

另有《壽劉可行舅兄八十》、《上塚即景》（《甌北集》卷四六）詩。

外孫金皋，弱冠有才，甌北以孫女妻之。今秋京闈發解，年方二十四，令甌北甚爲欣喜。

《外孫金皋京闈發解，喜賦》：「喜聽星郵報，賢書捷鹿鳴。恰成吾宅相，早決汝科名。辛苦三條燭，飛騰萬里程。渭陽推自出，亦覺有餘榮。」「鄉科年似我，發解亦京闈。敢詡傳衣付，須乘破竹機。遠書烏鵲喜，暖浪鯉魚飛。一第應連掇，期登鼇頂歸。」（《甌北集》卷四六）

另有《過湯蓉溪墓》、《答劉雲房大司馬寄問近狀》、《春蠶》（《甌北集》卷四六）諸詩。

【按】《外孫金皋京闈發解，喜賦》詩「早決汝科名」句後注曰：「皋弱冠有才，余決其遠到，妻以孫女。」「發解亦京闈」句後注曰：「余年二十四舉京兆試，皋年籍俱同。」「期登鼇頂歸」句後注曰：「余廷試卷進呈第一，後改第三，大魁倖失，心常歉然，故以此望之。」據《西蓋趙氏

宗譜》，甌北次女乃程恭人出，「適尤溪縣金捧閭子庠生恭壽」。知金皋乃甌北次女與金恭壽所生子。

劉雲房，即劉權之，見本譜乾隆六十年考述。

九月，聞汪時齋承霈以二品致仕，甌北慰之。

《聞時齋總憲蒙恩以二品歸老，感賦》：「霜威烏府肅行騶，直木風多易感秋。朝議自嚴賢者責，帝心終眷世臣優。七旬老恰初衣遂，二品歸仍晝錦遊。白岳黃山相待久，籃輿探勝亦風流。」「巢痕回首綠楊灣，燈火書堂課晏閒。卅載寒暄雖久別，兩家痛癢最相關。寢丘田豈供千指，奉禮廳猶僻萬山。平日愛臨顏氏帖，也書乞米落人間。」（《甌北集》卷四六）

另有《盤餐》、《古玉琀歌》、《戲作》、《野性》、《萬秋》（《甌北集》卷四六）諸詩。

【按】汪承霈之生平，見本譜乾隆二十五年考述。其卒年，《清代人物生卒年表》據《國朝耆獻類徵初編》卷九五，著錄爲嘉慶十年（1805），《清史稿》卷三〇二《汪由敦傳》附「汪承霈傳」亦謂「上責承霈不稱職，以二品冠服致仕。十年，卒」，均未敘及其生年。甌北《聞時齋總憲蒙恩以二品歸老，感賦》詩謂：「七旬老恰初衣遂，二品歸仍晝錦遊」，儘管詩句取其成數，但仍可知其致仕之年，當在七十上下。由此上推，其生年不會遲於乾隆初年。又據甌北《哭時齋侍郎病歿陽谷舟次》（《甌北集》卷四七）「我忝先生翻後死」句下小注「余長君十歲」，可推知其當生於乾隆三年（1738）。又，《清史稿》卷一八七《部院大臣年表》：嘉慶七年七月，汪承霈出任左都御史，嘉慶九年九月降。「上責承霈不稱職」，事發生在本年九月。

十月間，蔣立菴熊昌、錢竹汀大昕、楊桐山諸友紛紛下世。甌北「哭友連三日」，傷感不已，悲而爲詩。

《蔣立菴挽詩》（四首）之一：「少小交遊到老成，十年以長忝爲兄。正期伴我桑榆晚，何意今翻哭後生。」（《甌北集》卷四六）

《錢竹汀宮詹挽詩》：「蓬瀛仙馭杳難攀，官本清華館閣班。生死不離文字裏，聲名早在斗山間。縹緗麗製傳中禁，碑版雄詞到百蠻。略似春蠶絲吐盡，化飛蛾去脫塵寰。」「歷朝記載萬牛毛，同異紛如費剔搔。十七史從何處說？一家言已等身高。有疑好就靈犀照，不朽何須汗馬勞。直自深寧王叟後，又添困學析秋毫。」「庚年同譜幾人留，百里相望兩白頭。君去更無人可語，

我來應有伴同遊。後身定識仍金粟，前路先看赴玉樓。一笑吾曹論壽命，短長不在幾春秋。」（《甌北集》卷四六）

《楊桐山挽詩》（三首）之一：「老去枯腸不作詩，作詩多是輓歌詞。寢門哭友連三日，雨淚幾如不斷絲。」（《甌北集》卷四六）

【按】據王昶《詹事府少詹事錢君墓誌銘》：「君諱大昕，號竹汀，曉徵其字。生雍正六年正月初七日，以嘉慶九年十月二十日卒於書院，年七十有七。」（《春融堂集》卷五五）江藩《錢詹事大昕記》：大昕「嘉慶九年十月二十日，卒於紫陽書院，年七十有七。」（《碑傳集》卷四九）知蔣立菴、錢竹汀、楊桐山三人，大概都卒於本年十月下旬。又由《楊桐山挽詩》「寢門哭友連三日」推論，三人病卒之時間，當相去不遠。

聞故交李調元亦下世，老年又失一知己，哭之以詩。

《李雨村觀察挽詩》：「綿陽音斷渺煙雲，得信俄驚宿草墳。斯世幾人真愛我？老年同輩又亡君。和凝板散千家集，文節樓傷萬卷焚。奇士人間留不住，故應召掌紫臺文。」「每逢書到悵暌離，今並音書不可期。萬里難爲徐穉弔，一編重檢蜀州詩。魂來夢裏人猶舊，名在陽間鬼豈知。八表停雲空目極，更從何處寄相思。」（《甌北集》卷四六）

【按】本詩小序曰：「久不接雨村書，心竊憂疑，蔣子野自京回，曾晤其弟編修君鼎元，知已下世，驚悼之餘，以詩當哭。」「文節樓傷萬卷焚」句後注曰：「君搜刻說部數百種，名曰《函海》。又選近人詩，作《詩話》十六卷。家有萬卷樓貯書畫鐘罍，忽毀於火。」李調元卒於嘉慶八年（1803），因道路迢遞，音訊不通，甌北至次年始聞知。李鼎元，李調元弟。《蒲褐山房詩話》：鼎元，「字味堂，號墨莊，綿州人。乾隆四十三年進士，官宗人府主事，有《師竹齋集》。」「近日綿州稱三李，以墨莊爲最，意沈摯，辭警拔。筮仕後，索米不足，遠遊江海，所過名山大川，發其抑鬱無聊之氣，拔地倚天，三吳士大夫以英挺自命者未能或之先也。庚申初夏，余在武林，墨莊奉使琉球，過訪講舍。予謂君天才奇偉，又佐以域外之觀，海涵地負，當有駴心而怵目者。及使還，予已老病家居，未見所作。」

《聽雨樓隨筆》卷一：「李雨村調元與弟鼎元、驥元，先後入詞館，一時有聲藝林。余家藏《童山詩集》，紙板最精，較漁洋山人所刻全集猶爲勝之。既來川，所見則惡劣不及遠矣，未知何故。舊藏《雨村年譜》

一冊，鼎元和叔編集，塗乙宛然。所刻《函海》，得吾鄉周林汲先生永年鈔本書三十種，後屢索不還。林汲先生博極群書，曉嵐宗伯薦修《四庫全書》，極一生搜求之力，所得半歸雨村。教匪之亂，其族人乘機焚萬卷樓，爭攜藏書以去。其未盡者，亦化為雲煙矣。趙雲菘之甥劉君來刺綿州，雨村指名求追，終未能得。雨村以養優被劾，林居猶自教歌舞，醒園池臺之盛，甲於西蜀。復又鑿小西湖，名困園，今皆廢為田疇、菜畦、荒陂矣。聞其妹季蘭亦能詩，小妻萬氏有詩云：『滿院花如錦，風光別樣新。綠楊三月雨，青草一年春。畫閣眠初覺，黃鶯囀正頻。拈針時不語，為憶未歸人。』林汲先生孫溪亭宗耀，補四川崇慶州州同，升貴州廣順州知州以卒。自其祖父與予家累世交好，來川時時相晤，今其子寶傳羈蜀難歸，藏書無存，與雨村之後同一陵夷，可歎也。」

十月中，洪亮吉為甌北題《秋山晚景》長卷。

【按】此事《甌北集》未見載述。洪亮吉《更生齋詩》續集卷一收有《題趙兵備秋山晚景長卷》詩，凡四首，一曰：「疾雷激電破山出，我自讀書君賦詩。祇覺靜中皆有會，滿坡黃石點頭時。」二曰：「利名心並析秋毫，珠玉叢中壇坫高。十萬黃金詩一萬，送君歸老亦堪豪。」三曰：「卅年前苦較文忙，垂老都成陸家莊。費制使淳、蔣漕督兆臺，前後皆出公門。江左淮南諸節使，歲餘爭饋束脩羊。」其四曰：「哦詩長日許隨肩，一巷東西屋接連。只我居貧最無賴，乞君千萬買鄰錢。」本卷收嘉慶甲子（九年，1804）所為詩，且編排於《初九夜與于生淵方丈僧覺燈坐寺門石闌上玩月并望海門作》一詩之後，初九，乃十月初九，故知此事當發生於本年十月中旬。

甌北論及洪亮吉與己所為詩，謂傳世百年有此可能。亮吉稱，百年太少，當傳千古，甌北為詩以酬之。

《再簡一首》：「遊戲紅塵兩散仙，平生詩句已流傳。虛名若論時長短，縱不千年也百年。」（《甌北集》卷四六）

《稚存答詩嫌百年太少，蓋其才已獨有千古也，再簡奉酬》：「少陵見同輩，不輕許必傳。千秋萬歲名，只屬李青蓮。自揣身後名，亦云垂萬年。其他高岑徒，但賞十數篇。由來才大小，可預定衡銓。我才本蹄涔，大名未嘗覬。姑以百年計，猶恐光易闇。君也十倍才，出語破萬膽。橫矛奮一呼，決死戰誰敢？已視一世空，曾輕萬里貶。笑我目寸光，固難共遐覽。而我私自

喜，得爲君執鞭。昔唐有韓孟，雲龍兩連翩。宋亦有蘇黃，旗鼓相周旋。至今四勁敵，燁赫在目前。固知聲名播，兼恃氣類聯。孤掌最難鳴，雙飛乃易騫。與君共詩國，狃主齊盟壇。已令天下士，趨風快睹先。稱君必及我，纍如貫珠連。藉君光焰長，挈我聲價懸。蒼蠅附驥尾，一日路亦千。不朽竟分我，竊有厚幸焉。」（《甌北集》卷四六）

另有《戲簡稚存》、《漏盡》、《題錢筠村秋水靜觀圖》（《甌北集》卷四六）諸詩。

【按】洪亮吉《趙兵備枉贈詩有「虛名若論時長短，縱不千年亦百年」二語，爰廣其意，戲簡一篇》詩曰：「長即壽金石，短或同蟪蛄。若只一百年，何足論有無。先生夙工長短篇，若論律體尤精妍。昔人所云銅頭鐵額五百漢，究不若先生銅牆鐵壁五百間。先生自言七律愜心者五百首。珊瑚出海霞滿天，精彩下照千餘年。昨來惠我紙一張，大匠僞謙乃如此。王楊盧駱等閒耳，甘以浮名讓餘子。我生孤露奚足言，長亦世事相拘牽。雄心已徂落日邊，半共草木同酣眠。雖然生氣存，不與物並萎。無論文體荒，無論詩格卑。我即不好名，名或欲我隨。世間有盛必有衰，五百年內吾能知，五百年外或者難支持。」（《更生齋集》詩續集卷一）又，《前題趙兵備行卷有「十萬黃金詩一萬」之句，兵備復枉詩相嘲，爰戲答一篇》詩謂：「此閒歲暮偶苦貧，奇想乃欲富以鄰。適逢巨軸擲案上，白鬢紅頰此老何精神。人思黃金鑄越臣，不知臣家金穴原等身。牙籤玉軸中，偶爾一欠伸，下視黃鐵同黃塵。君家富術可傳世，不積俸錢惟積贄。先生居官極廉，歸里後以授徒起家。廣陵絳帳設五年，秦賈越商皆列侍。經生此席本寒乞，從此入門饒利市。楊侯百物知低昂，桓寬鹽鐵論亦詳。不貲富或由此始，坐令儒術生輝光。一金一幣用有方，任氏家法更而能周詳。君不見，東鄰生亦黼成章，賣文諛墓何皇皇！歲入僅可升斗量，翻令此老笑口張，甚或妒此戔戔囊。又不見，賣文無論錢有無，究不若田文薛縣日日收市租。即有諛墓文，較及兩與銖，總不若張說橫財乃有三十鑪。我言十萬信不虛，質庫況而盈吳趨。子錢及母錢，疊日飛青蚨，努力可望猗頓兼陶朱。我言如虛我受誣，君亦莫更欺狂奴。君不見，狂奴逼歲氣更黼，買鄰十萬何不即日輸，不然欲向畫上此老日日追前逋。」（《更生齋集》詩續集卷一）

錢筠村《秋水靜觀圖》，劉嗣綰有《柬錢筠村即題其秋水圖》詩，曰：

「相思有遠懷，相見無近歡。坐君几席間，輒作曠古看。流塵閱離緒，積雨耿夢端。窗前一寸苔，已復盟歲寒。悠然即豪素，記興成渺漫。一水動者機，往往得靜觀。自足莊惠樂，應知箕潁寬。從君茲息遊，晤言申考盤。」（《尙絅堂集》詩集卷三七）又，《錢筠邨遺詩序》略謂：「錢君筠邨，竹初先生之子也。家有素風，少無俗韻。」（《尙絅堂集》駢體文卷二）

冬，讀王述菴昶所贈《湖海詩傳》，見所輯多舊時相識，題詩寄意。

《述菴侍郎遣人送示新刻〈湖海詩傳〉，所輯皆生平交舊，凡六百餘人，人各繫小傳，其心力可謂勤矣，敬題六絕句》：「涉江踰嶺采芳蓀，多是題襟舊墨痕。辛苦雅輪扶只手，故應一代仰龍門。」「有唐何止萬詩人，篇什如今幾個存。太息茫茫煙霧裏，不知多少暗啼魂。」「也是生平大願船，盡收交舊入新編。淮南賓友何多幸，得附劉安總上仙。」「萬骨枯成一將功，唐詩選只說荊公。由來牛耳冠裳會，專屬葵丘霸主雄。」「往事傷心踏戰坍，選詩特爲百篇增。不知朽骨空山裏，可識歐陽序宛陵？」「對鏡親描兩翠蛾，自矜絕豔渺橫波。一從粉黛叢中過，始覺人間佳麗多。」（《甌北集》卷四六）

另有《長至日同人夜集》（《甌北集》卷四六）一詩。

【按】洪亮吉對《湖海詩傳》「以科名派先後」之編排體例，略有微詞。洪亮吉《趙兵備見示題湖海詩傳六截句奉酬一首》詩曰：「六百家詩六十年，始於乾隆之元。定知誰可繼前賢。虛期識力超今古，卻以科名派後先。舊雨諒難忘沈趙，沈尙書德潛爲王侍郎詩派所自出，趙兵部文哲又其患難友也，故所選獨多。邊風采不到黔滇。靈光一老仍無恙，畢竟輸渠筆陣堅。」（《更生齋集》詩續集卷一）長至，一般指夏至。亦有稱「冬至」爲「長至」者。白居易《冬至宿楊梅館》詩：「十一月中長至夜，三千里外遠行人。」即是其例。因冬至夜最漫長，此處指冬至。

吳穀人錫麒來常拜訪，甌北邀請洪稚存亮吉、趙味辛懷玉共聚，飲酒論詩，盡暢其懷。

《吳穀人祭酒枉過草堂，邀稚存、味辛同集》：「裙屐聯翩總勝流，沈沈泥飲盡更籌。江天望氣人應說，今夜文星聚趙樓。」「已屆消寒九九天，燈光月影泛舫船。殺雞爲黍儒家宴，俗煞汾陽軟腳筵。」「百年人物遞當場，館閣歸來鬢各蒼。公等已皆稱老輩，袁翁得不魯靈光。」「袁蔣王錢總作塵，愁遺漫比後來薪。名流各有千秋在，肯與前人作替人？」（《甌北集》卷四六）

另有《冬暖》(《甌北集》卷四六)一詩。

歲杪,對兒孫多所勸勉,激勵其刻苦讀書,惜時若金,虛心好學,毋為家世聲光所累。

《示兒孫》:「風貌居然玉樹枝,未遑講道且修詞。要無一字無來處,但有三人有我師。祖父聲光安可恃?衣冠門戶倍難支。喦猶餘粟囊餘帛,不惜分陰待幾時!」(《甌北集》卷四六)

嘉慶十年乙丑(1805) 七十九歲

【時事】 正月,大學士王杰卒。江寧董霖以託夢「編造逆詞」獲罪。諭稱:「陳大文奏查獲狂悖大逆重犯,搜出字卷等件一折,逆犯董霖膽敢托為夢幻,編造逆詞,狂悖已極,罪不容誅,見已特派侍郎貢楚克、札布馳驛前往江寧,會同審辦。此時陳大文當先行研鞫,且不必加以刑訊,俟貢楚克、札布到彼,會同訊明後,即在該處寸磔示眾,其家屬亦應緣坐,並詳查該逆家內是否另有悖逆字蹟。此外如訊有黨與,即嚴拿歸案審辦,如實無助逆人犯,亦不必紛紛拘拏,致滋拖累。」(《清朝續文獻通考》卷二四二《刑一》)本月,以朱珪為大學士,紀昀協辦大學士,以鐵保為兩江總督。詔內務府大臣嚴行約束內監,稽其出入。(《清史稿》卷一六《仁宗紀》)諭略曰:「朕前曾叠次降旨,申嚴門禁。原以宮庭重地,本非外人所可擅進,其應行進內者,如豫備召見引見人員,及內廷行走大臣官員,各有專司,又有奏事太監帶領,立法原屬周備。至匠役等人數混雜,豈容漫無查考,必當派員帶領出入,方符體制。今原立章程,久而廢弛,每年底並未見該管大臣等彙奏,不可不重申舊制,加之整頓。嗣後禁城及圓明園等處,遇有應行放進匠役,修整活計等事,著太監呈明總管太監,總管太監呈明總管內務府大臣,派員查點明晰,將某處放進次數人數,按月具折,隨月折彙奏。毋許太監等任意傳喚,擅自出入,以昭嚴肅。」(《國朝宮史續編》卷六)二月,禮親王永恩薨,子昭槤襲協辦大學士。紀昀卒。據載,「三十八年,上命開四庫全書館,校定《永樂大典》。訪購天下奇書。著各省督採訪,彙上於朝,命翰林注明月日,俟呈乙覽,辦竣後,仍還本家領回,派總裁、總纂、總校等官辦理。成,欽定為《四庫全書》。以昀博學,命與庶子陸錫熊為總纂。昀進書一百餘種,上賞內府初印《佩文韻府》一部。又奉命作《四庫全書目錄》,凡所擬序跋,皆出其手,其考討最為核博。其謝摺四六,猶為流麗華贍,上深

重之。時昀雖領部務，而四庫全書總纂，實獨任其責，錫熊但列名，不贊一詞也。」（《淡墨錄》卷一四）又載，「北方之士，罕以博雅見稱於世者，惟曉嵐宗伯無書不讀，博覽一時。所著《四庫全書總目》，總匯三千年間典籍，持論簡而明，修詞澹而雅，人爭服之。今年已八十，猶好色不衰，日食肉數十斤，終日不啖一穀粒，真奇人也。」（《嘯亭雜錄》卷一〇）調劉權之禮部尚書、協辦大學士。四月，御史蔡維鈺疏請，嚴禁西洋人刻書傳教。帝諭略曰：「西洋人信奉天主教，伊等自行論講，立法成書，原所不禁。至在內地刊刻書籍，私與民人傳習，向來本定有禁例。今舉行日久，未免懈弛。嗣後著管理西洋堂務大臣留心稽查，如有西洋人私刊書籍，即行查出銷毀，並隨時諭知在京之西洋人安分學藝，不得與內地民人往來交結。」（《清史編年》第七卷）五月，據陝西巡撫方維甸拿獲悄悄會會首一案，嘉慶帝諭曰：「刑部議奏方維甸審擬拿獲悄悄會匪一案，將原擬斬決之首犯石慈改照大逆律擬以凌遲處死等因一折。此案首犯石慈，本係已正法逆犯王伏林之徒孫，膽敢藏匿邪經，倡復悄悄會，並自稱彌勒佛轉世。所藏邪經內有劫數、刀兵、星象降臨等句。並設立三宗五派名目，糾集多人傳受合同暗號，欲使素不認識之人異地相逢知係同會，互相協助。其謀爲不軌，逆蹟顯然。且以傳丹爲名，肆意姦淫婦女，其作孽甚重。石慈著即照大逆律凌遲處死，以昭炯戒。石、明二犯首先入會，妄稱三宗，多方煽惑，均繫罪魁，俱著即處斬梟示。」（《清朝續文獻通考》卷二四二《刑一》）閏六月，劉權之免協辦大學士，以費淳爲之。本月初，帝就隨時調派大臣爲阿哥臨時授課之事，諭曰：「向來大學士、尚書等簡派上書房總師傅及翰林官員派充阿哥師傅，命下之日，自應恭折謝恩。至上書房師傅等間有出差、隨圍等事，將所教阿哥派令他人講課，原不過隨時調派，從無謝恩之事。此乃上書房舊例，儀親王等皆所深知。昨因玉麟簡放吏部侍郎，派秦承業改充三阿哥師傅；又因萬承風係二阿哥師傅，出差未回，暫派朱珪照料，況係總師傅，即無旨亦應照科。伊等惟當如舊行走。乃本日朱珪、秦承業俱具折陳謝，甚屬不合。朱珪在上書房侍直有年，豈不諳習舊例，何必爲此無謂之奏，其折內稱惟有益加愼勤，不敢曠功，是不過欲藉此在圓明園直廬居住，不復進署辦事，殊非勤職之道。朱珪不必在上書房行走，伊現管內閣、翰林院、工部等衙門，俱有應辦事務，著常川進署辦事，遇有該班奏事日期，方准到園，兼至南書房行走。至秦承業，前此曾充二阿哥師傅，即未謝恩，何以此次又具折奏謝？且折內有恭膺寵命，侍課三阿哥，及仰答高厚於萬一等語，尤不成話。皇子師傅，職分皆

同，若云此次派令改充三阿哥師傅爲榮，豈派充二阿哥師傅爲辱乎？伊若妄存歧視之見，則居心大不可問，其獲罪更重。秦承業著降爲編修，逐出上書房，若稍有怨望，其罪不赦矣。」（《國朝宮史續編》卷六）七月，帝詣盛京謁陵啓蠻。八月，諭稱：「嗣後每閱二年，著軍機大臣提奏，請旨簡派宗室王、貝勒、貝子、公暨大學士、六部尚書等數人，前赴盛京查看一次。如陵寢宮殿各處工程有欹損不行修理者，即行參奏，惟該將軍侍郎是問。且宗室王、貝勒、貝子、公等，均繫天潢一派，伊等祖墓俱近在興京、盛京一帶，若非扈從前來，安能歲時祭掃？此後奉使查工，既得叩謁山陵，又得各申私慕，展酹松楸，亦準情定制之一端也。」（《國朝宮史續編》卷六）本月，額勒登保卒。十月，調吳熊光爲兩廣總督，裘行簡署直隸總督。十一月，山東巡撫全保擢湖廣總督。十二月，嘉慶帝有《才德說》一文，略曰：「用人固取其才識，然亦先觀其德行。斯爲有本之才，從性中所發也。大智若愚，德勝於才也；大詐若忠，才勝於德也。是以觀己修人之要，寧可使才不足，不可使德有歉也。」「蓋德蘊於中才應於外，德爲才之體，才爲德之用。有德者必有才，而恃才自用者去德遠矣。夫才德全備者上也，德優於才者次之，才過於德者又其次也。德優於才猶不失爲君子，若才過於德終恐流於小人矣！」「觀其德而用其才，終歸實際。若愛其才而略其行，是舍本而逐末，貽害匪淺。」（《清史編年》第七卷）

本年，蘇北地方官不根據具體情況，彊開昭關壩，造成下河七邑重大災患，泰州鄒熊作《大水行》、《米貴歎》、《桃花雨》等詩記其事。

蘇北災民就食吳門，地方官閉城門不納，災民被迫還經京口，郭塈就所見作《流丐行》。

東臺大水，縣中粥廠辦理不善，婦弱多被擯不得食，里人羅懷玉憤作《乞粥婦》詩。

高郵宋茂初以所作《乙丑高郵水災》詩，向揚州府知府伊秉綬報災。

興化饑民就食通州，官吏扣賑不發，民被迫自掠食，通州李琪作《西門行》。

吳江大饑，官置不問，饑民越省境至嘉興丐食，張士元作《散粥行》。

常熟瞿頡著《紫雲回》傳奇。

江西胡克家（果泉）官蘇州，延彭兆蓀、顧廣圻爲校刊李善《文選》注，備刊行。

金匱楊芳燦著《芙蓉山館詩文鈔》十二卷。

南匯吳省蘭罷京職還，著手編刊《藝海珠塵》，陸續得三百七十五卷。

青浦王昶纂《金石粹編》一百六十卷。

浙江王曇移家杭州松毛場，此際作「人間寥落鬼何多」榜門長聯。

安徽姚鼐復至南京，主講鍾山書院。

上元管同、梅曾亮、婁縣姚椿、寶山毛岳生等先後從姚鼐學。

江西曾燠刻所輯《朋舊遺詩合鈔》總二十三卷。

江西萬承紀改官元和，陸繼輅貽所作《吳門曲》。

直隸李汝珍卸汴職，還居海州。

吳縣潘奕雋以詩題《納書楹曲譜》編者葉堂遺照。

四川張問陶改官江南道御史，作《晚涼洗馬圖》。

常熟蘇去疾死，年七十八。

武進徐書受死，年五十五。

洪亮吉應涇縣令李德淦之聘，修《涇縣志》於蕭公祠。且先後出遊天台、太湖、廬山等處。（《洪北江先生年譜》）其《挽王韓城師》曰：「規公我本爲公賢，丙辰丁巳余從公值內廷，屢規公當隨事盡言，公雖不能從，然頗嘉其戇直。我受公知已卅年。胸有樓臺起無地，手栽桃李出參天。勳存麟閣梁邱賀，家傍龍門司馬遷。宰相狀元如合傳，文襄文定愧居先。公與于文襄敏中、梁文定國治皆以狀元宰相值機廷，他日列傳亦當同卷。」（《更生齋集》詩續集卷二）

舒位由秀州（今浙江嘉興）移居蘇州，《初春吳門歸舟即事》（四首）之三曰：「蘇州塘對秀州門，傢具移來又一邨。時自禾中移具吳下。辛苦光陰雌甲子，酸咸滋味鴨餛飩。催租風雨詩無價，著錄雲煙墨有痕。四十年前石頭路，再來剪燭話黃昏。余生於吳門大石頭巷。」（《瓶水齋詩集》卷一二）

寶應劉臺拱端臨卒。江藩《國朝漢學師承記》（卷七）曰：「君六世祖永澄，問學於蕺山，以躬行實踐爲主，子孫世傳其學。至君又習聞王予中、朱止泉之緒論，深研程朱之行，以聖賢之道自繩，然與人遊處，未嘗一字及道學也。君學問淹通，尤邃於經，解經專主訓詁，一本漢學，不雜以宋儒之說。」《獲汀錄》：世目錢竹汀、盧抱經、邵二雲、王懷祖、劉端臨爲海內五君子。（《劉端臨先生年譜》）

焦循曾在壬子（乾隆五十七年，1792）六月，於書肆破書中得一帙，雜錄前人論曲、論劇之語，引輯詳博而無次序。本年在家養病，因取前帙，參以舊聞，名曰《劇說》。穀雨日，爲之作序。（《焦理堂先生年譜》）

【本事】正月初一，天氣晴朗。甌北喜迎新春，心神通泰，為耄耋之年步履尚健，且能吟詩而快慰。

《乙丑元日》：「歲朝淑景正晴和，遙拜觚稜佩玉珂。大耋龐眉同輩少，太平時世樂方多。老仍故步循牆走，閒作新詩擊壤歌。笑引耆英洛中例，我當首座占巍峨。」（《甌北集》卷四七）

另有《題寒石和尚吾與菴圖》（《甌北集》卷四七）一詩。

【按】寒石和尚，名際風，字澄谷。石韞玉有《寒石和尚七十壽言》詩，曰：「靈山何處問宗風，前是林公後是公。法性證明三寶下，詩名合附九僧中。心同指月光常滿，面喻觀河壽不窮。休道年華古稀有，文殊得果尚稱童。」（《獨學廬稿》三稿卷四）又，《和寒石和尚七十自壽詩》：「閒裏吟詩倚瘦藤，靜中起定對明燈。悟時寶向龍宮得，迷處車探鼠穴乘。六識心生降伏久，四分律在受持能。我從聽法猊床下，早作人間有髮僧。」（《獨學廬稿》三稿卷四）《獨學廬稿》三稿卷四所收第一首詩為《癸酉元旦》，此癸酉應為嘉慶十八年癸酉（1813）。據此推算，寒石和尚當生於乾隆九年甲子（1744）。張問陶《和澄谷上人七十自嘲十首元韻》（《船山詩草》卷二〇）詩，亦寫於嘉慶癸酉，可佐證。石韞玉又有《寒石和尚圓寂於吾與菴，詩以挽之》詩，曰：「世界一微塵，人生一浮漚。聚散各隨緣，時至不可留。大師天台雋，非與凡俗侔。幼齡心慕道，棄家作比邱。聲聞生妙悟，禪定習熏修。六種波羅密，苦行不少休。機緣在吳下，飛錫止蘇州。維時彭居士尺木，養志守林楸。逢師渡江來，邂逅機即投。同歸法王法，結成方外遊。天寧開法席，德行速置郵。化雨徧十方，清風動四流。素心樂岑寂，卜築水雪頭。近依支公躅，兼愛林泉幽。祖庭在理安，歲久無人鳩。緇素競奔走，請師蚕綢繆。師往樹法幢，坐閱五春秋。迷津資寶筏，法鼓震玉枹。功成身又退，言歸舊林陬。我生識公晚，針芥交相求。論心印正覺，道同不待謀。常尋花之路，或泛雪夜舟。信宿草堂下，雄談闢謬諛。會心及露柱，索解因風甌。伊古選佛場，動輒興戈矛。傳衣命如絲，曾為能者憂。惟師性樂易，與眾百無尤。心不愛榮貴，避之若避仇。兩主名山席，逝比鷹脫韝。嗟彼士大夫，鳴珂擁八騶。貪位戀華膴，群蛾撲膏油。似師能退藏，當世亦罕儔。今春微示疾，勿藥時亦瘳。自知形骸敝，何苦彊拘囚。世外光音大，塵中歲月遒。飄然登覺路，法在葉與鶖。」（《獨學廬稿》四稿卷一）《獨學廬稿》

四稿卷一此詩後收《丙子生朝作》一詩，此丙子當爲嘉慶二十一年丙子（1816），《寒石和尚圓寂於吾與菴，詩以挽之》詩也應寫於本年。據此，寒石和尚生卒年約爲 1744～1816，享年七十三歲。石韞玉又有《寒石和尚語錄序》，見《獨學廬稿》三稿卷二。

　　吾與菴，《（同治）蘇州府志》卷四○：「吾與菴在支硎山下，舊名善英菴，天台僧際風易今額。」《吾與菴圖》，戴敦元《澄谷上人吾與菴圖》詩曰：「南北宗原一印分，支硎遺蹟拓清芬。開山力早超龍象，退院心偏貯水雲。佛土蔬香耐咀味，人天果熟聽傳聞。塵勞我未忘諸相，暫乞茶甌破宿醺。」（《戴簡恪公遺集》卷五）此外，石韞玉有《支硎山吾與菴圖卷，爲寒石上人題》，見《獨學廬稿》三稿卷一；王芑孫有《題澄谷上人際風吾與菴圖卷》，見《淵雅堂全集》編年詩槁卷二○；吳錫麒有《爲澄谷上人題吾與菴圖》，見《有正味齋集》詩集續集卷三；張問陶有《寒石上人吾與菴圖》，見《船山詩草》卷一九。

聞知劉石菴塘病歿，憶及劉氏父子往昔之關愛與去歲相聚之情景，悲從中來。

　　《石菴相公挽詩》：「我與公交蹟最陳，秀才時已客平津。分歧雖隔青雲路，閱世同爲白髮人。楹帖一聯成絕筆，書簽十冊枉隨輪。始知老健原難恃，只在斯須臂屈伸。」（《甌北集》卷四七）

　　【按】據史載，劉墉歿於嘉慶九年（1804）十二月二十五日。春節剛過，甌北即聞知，本詩當寫於元宵之前。

會稽陳無波，爲詩慕少陵（杜甫）、廬陵（歐陽修），有詩集《慕陵詩稿》。其曾孫十峰求爲題句，甌北欣然應諾。

　　《題陳無波〈慕陵詩稿〉爲其曾孫十峰作》：「微君著述有遺編，篋衍藏來久始傳。學問終推前輩好，表彰端賴後人賢。集來碎錦衣無縫，湧出層瀾筆有泉。不用杜歐遙寄託，二陵風雨入詩篇。」（《甌北集》卷四七）

　　另有《新年》（《甌北集》卷四七）一詩。

　　【按】陳無波，陳榮傑（1689～1755），字遂南，一字無波，會稽人，爲幕卒於荊州。著有《慕陵詩稿》等。見《清人別集總目》（第二卷）。《國朝詞綜》卷二八：「陳榮傑，字無波，一字慕陵，祁陽籍會稽人，諸生，乾隆元年薦舉博學鴻詞，有《香夢詞》二卷。柯南陔云：『無波詞能掃除靡曼之音，特標清新之意。』黃庶堂云：『無波詞風流自賞，不輕出以示，

世獨以余為知音。其一種清虛婉約之致，全以情勝。」《兩浙輶軒錄》卷
二八：「陳榮傑，字無波，會稽人。」「無波博學洽聞，性疏放，縱談古
今，辟易四座。詩格清麗，尤工集唐，隨題拈韻，湊泊天成。晚歲客死
三楚，生平著述蕩然罕存，藝林咸惜之。」嘉慶八年青藤書屋刻本《慕
陵詩稿》（二卷）附有陳松齡《大岩剩草》（一卷）。陳松齡，字喬年，號
大岩，會稽諸生，係榮傑孫。陳十峰，陳鴻熙。《兩浙輶軒續錄》卷一八：
「陳鴻熙，字丙南，號十峰，會稽廩生，嘉慶元年舉孝廉方正，著《藤
阿吟稿》。」王芑孫有《寄題山陰陳茂才鴻熙所居青藤舊館》詩，曰：「樓
船籌策記前明，幕府當時有一生。曾向山中閒放鶴，今來海上正翻鯨。
天留此地真邱壑，人羨君家好弟兄。會見飛騰起前輩，不徒觴詠送生平。」
（《淵雅堂全集》編年詩槁卷一八）與洪亮吉有交，見《更生齋集》詩續
集卷二、卷七、卷八。

元宵將至，孫兒、孫女舞燈於院中，甌北見童稚跳踉遊戲、恣意玩耍，
心下甚樂。

《春夜看孫男女舞燈，戲賦》（五首）之一：「碧天如水月如霜，五丈空
庭作戲場。破費買燈錢一貫，魚龍兩隊小排當。」之四：「跳踉如虎吼如雷，
似傲衰翁意氣頹。七十年前思舊事，也曾上樹日千回。」（《甌北集》卷四七）

【按】舞燈之戲，一般在元宵節前後始舉行。然此處言「春夜」，且稱「月
如霜」，知當在正月十日之後。

諸孫甚懂事，且知孝順老人，各出錢購肉、雞等物敬獻祖父，甌北樂不
可支。

《諸孫釀資饗我，戲賦》：「童稚殊多事，承歡各釀資。似防催我老，特
引逐兒嬉。洗腆燖肥牡，烹鮮割伏雌。莫言無以答，吾已具含飴。」（《甌北
集》卷四七）

另有《筆工胡生以羊毫裹兔穎，名之曰綿裏針，頗馴健可書，戲為二絕》
（《甌北集》卷四七）一詩。

甌北晚年，與劉可型芳過從較頻。去秋，剛為其祝八十大壽，今春竟病
歿。偕遊太湖之約已成泡影，思之，淚難自抑。

《哭劉可行舅兄》（二首）之一：「松筠方喜景長春，何意康彊遽飾巾。
名行已歸耆舊傳，親知共惜老成人。生無嗜好惟耽學，家本清寒尚恤貧。欲
識蓋棺公論定，淳風共說葛天民。」（《甌北集》卷四七）

《花朝夜看燈》（《甌北集》卷四七）亦寫於此時。

同年王惺園杰，官居極品，然刻苦自律，平居若寒士，贏得清名。然亦於本月病逝，甌北賦詩以抒悲懷。

《王惺園相公挽詩》：「鼇頂科名位秉鈞，何期致政遽歸眞。素風到老如寒士，公論同聲說正人。解綬臣辭前席寵，懸弧帝錫尚方珍。歸田仍歿長安道，遙識心猶戀紫宸。」「曲江賜宴共恩榮，中外分歧遂判程。我慕千秋勤著述，公登一品佐昇平。特邀主眷原奇遇，難得官高尚令名。一甲三人兩徂謝，此身雖在也堪驚。」（《甌北集》卷四七）

《一月中連得石菴、惺園兩相之訃，又哭可型舅兄，生平交舊於是盡矣，淒然有作》、《米貴》、《徐媛管貞婦詩》、《常州東門外天寧寺最崇敞，殿宇百敞，僧徒常數千指，江南一大叢林也，顧未有詠之者，僧了月修造工竣，詩以落之》、《雞戲》（《甌北集》卷四七）諸詩，均寫於此時。

【按】天寧寺，《欽定大清一統志》卷六〇《常州府》謂：「在武進縣城東半里。唐建，中有塵外樓。本朝乾隆二十七年翠華南巡，頒御聯一、匾額一。」

僧了月，趙懷玉《六月二十三日飯僧天寧寺示方丈了月》詩曰：「暑退初來祇樹園，伊蒲聊復集沙門。傷心只有偏親在，縱了因緣未報恩。余甫十齡，家君與先宜人即有此願。」見《亦有生齋集》詩卷一二。洪亮吉《廿三日雨中，天寧寺僧了月約至淨室浴，歸赴友人持螯看菊之約》詩謂：「雨中約我清池浴，九月溫湯泛寒菊。浮波更有艾葉香，道士遠寄偓人方。齋心危坐歷日午，四面雨聲喧若鼓。僧廚不足饜老饕，歸漉新酒持霜螯。」見《更生齋集》詩續集卷一。

又，據朱珪《東閣大學士文端王公杰墓誌銘》：「公生於雍正三年乙巳十月二十七日寅時，終於嘉慶十年乙丑正月十日子時，壽八十有一。」姚鼐《光祿大夫東閣大學士王文端公神道碑》，所述與其同。（《碑傳集》卷三八）甌北聞知此事，當在正月二十日前後。

趙翼寫有《淨德禪師行略》，詳述其生平，謂：「師名了月，字淨德，晚號虛奇，常州陽湖縣人。姓趙氏，世居五路橋。父潛文公，母謝氏。師生而穎異，幼有出塵志，父母阻之不果。年二十，時成室，生子女各一，不育，父母亦相繼而逝。生事死葬，克盡其禮。至二十六歲，是年沿村瘟疫，師亦染病，幾死。一夕，夢中見觀音大士云：『爾染是疾，必

出家方好。』俄夢中覺，乃發願曰：『蒙菩薩指迷，病好定然出家。』由
是病體不逾月而愈。因向室邵氏決裂世網，邵亦從之，無難色。師由此
得遂先志。經投潤州五峯山，納川海祖為之披剃。二十七歲，是年春依
金山天濤老和尚，稟受具足大戒。旋就禪堂，過夏結冬，參究念佛，是
誰的話頭。如癡如獃，久而不契。二十八歲，復同五峯請益，納祖曰：『汝
恁麼參切？莫東卜西卜。若一涉於支離，助大事不能濟矣。』師領命，
遂執勞服役，開田掘地，栽松種竹，畫夜精勤。話頭綿密，誓不肯捨。
一日開田次，忽遇大雨，渾身遍濕，豁然有省。因，元來隻在此裏，點
點不落別處。歸呈納祖。祖曰：『你著甚死急？』師曰：『雨打石人頭，
暴暴論實事。』祖曰：『鋤頭在甚麼處？』師隨脫濕衣呈之。祖曰：『切
莫草草恩恩。雲月是同，溪山各別。』師曰：『和尚須仔細，莫教全靠不
肖。』祖頷之。遂授記莂，並囑保護：『慎勿墮於時流。今時學者，不務
真實，習懶成風，多弄虛頭，少修佛慧。凡遇逆順境緣，不論大小，一
點不能作主，縱有一知半解，終有何用？汝既得之，當深蓄厚養，日間
作務，夜裏消修，利己利人，方免時弊。毋以得少為足，自恃聰明，唐
喪光陰，虛延歲月，妄談般若，斷佛種性。是所切戒！』師領旨，乃往
來金山、天寧兩處，親近大祖及歷住老和尚。師惟以作務任勞、難行能
行、難忍能忍為己任。十數年來，人皆知師為苦行道者。至乾隆三十六
年辛卯，師年已四十一矣。是時與同參琢三和尚往朝南海，路過嘉禾，
所見叢林竟無有安單按眾者。師遂與琢師語曰：『蓋叢林，本為接引來學，
使其參究本分上事，接續佛祖慧命。所設今既如此，則佛祖慧命究成斷
滅矣。我等朝海回，當於此處建一寶坊，方不愧在外行腳一番也。』琢
師曰：『善。』遂往普陀。謁聖回，至嘉禾，尋得古靈光禪堂舊址，即今
之精嚴寺，遂為復，與以接十方雲水焉。師與琢師在精嚴凡十五年。三
易方丈，皆請有道德者主之，情願執勞服役，營辦堂宇，募化齋糧，以
供大眾。此師與琢師之謙光德讓也。視今之以苞苴竿牘奔門薄戶謀為方
丈者，直不可同日而語矣！五十一年丙午，師年五十有六。是年常州天
寧方丈虛席，眾議非師來不可。於是監院玉峯師與悟性等同至嘉禾，延
師主席。師辭不應。秋間，復以紳衿護法等書至，師仍堅辭。玉峯等見
師意決，遂長跪懇請曰：『師若不去，天寧大眾誰將是歸？況天寧乃是大
祖老人興修所在，此番不去料理，則前人一片苦心將化為烏有矣。師詎

肯坐視倒懸而不爲之相解乎？』師仍唯唯而已。琢師見玉峯師等長跪不起，乃勉師曰：『老兄不必堅辭，吾與兄同行相助可乎？』師乃允。玉峯師等喜色回常，擇日延師進院。師入院日，常住室如懸磬，兼之官逋積累疊數千金，眾口嗷嗷，煎粥不繼。及至歲暮，債負盈門。師見如此，稍有隳退之意。琢師曰：『此一時，正是我等報效佛祖、盡心竭力保護叢林之際，若一捨而去之，則耐煩忍辱之行以缺，慈悲利濟之道有虧。豈可因一逆境而便退縮乎？』師乃默然不即答。將除夕，室中一無所有，師憂形於色。忽有西門陳姓者，不通名字，送來白米三千石以供大眾。師乃躍然曰：『天寧大眾從此漸有生機矣！』於是元旦日爲之設供，大眾始得一飽。蓋五十年，常郡歲荒，常住如洗。五十一年，官逋疊累，日臨追逼，若不是琢師出力輔助，則吾師大願實難成矣。所以叢林須要得人爲上，若無取材，雖三二百眾，又將如何？五十三年，精嚴躬穎和尚退席，請琢師回嘉禾主錫，師爲之戀戀不已。幸而龍天護祐，佛祖有靈，感眾善信，樂善不倦，由此官逋債負漸得清還，天王大殿重新修葺，蓋有數也。嘉慶四年己未夏五，蒙鎮江王夢樓太史等又延師駐錫竹林，而天寧常住囑咐同門鼎成、廣參、慧炬等爲之照應，內外得人，故能兩處皆爲修復。天寧田產本八百餘畝，今增置五百餘畝，可供合寺饘粥，皆師之儲積也。蓋師爲人慈和忍辱，不事積蓄，不喜迎送，故能感發檀越樂善好施之心，莊嚴佛果菩提。又以處眾寬洪，溫恭克讓，十方衲子，無不來歸。年垂八十，謝絕院事，而學者聞名遠來請益者，而師猶爲誨之不倦。凡請開示之，或曰：『師乃禪宗，何得以念佛示人？』師曰：『汝將謂佛法有二耶？』即以拐棒打出。或問：『如何是祖師西來意？』師曰：『阿彌陀佛。』或有請教儒家精髓，師曰：『思無邪。』人多不以爲意。蓋師自幼能讀詩書，得悟聖人閫奧，故隨意拈來，皆與實相不相違背，而癡人不知，將謂別有奇特。師生平最喜老實，不事虛華，凡見學者穿著華美者，皆痛斥之曰：『汝既出家，所爲何事？』何不摩頭，看是何人？將謂得入緇門貪求衣食而已耶？』其法嗣達如，親師最久，每聞清誨，時常淚下。無奈人心不古，陋習成風，聞好言以爲冤家，見奉承當爲好友，末法如斯，真不可解。所以法門日趨於下，欲其興建叢林如我師者能有幾人乎！今歲自春入夏，師之精神色力尚如常時，達如晨昏定省無缺。不意七月初旬身染寒疾，不可以風，飲食差減，大聚皆不以爲意。

至十一日，忽曰：『十三廿一，不用揀日。』眾不解意。十四日，喚復參、靈植兩侍者快取水來洗浴，以便上堂。眾知師意，遂請遺言，垂訓永久。師遂示一偈曰：『學道無難事，一切且隨時。殷勤存正念，不可落邪思。此予之禪旨也。』夜半子時，端坐而逝，時嘉慶十七年七月十五日也。嗚乎！哲人往矣，我等何依，幸有遺言，永爲龜鑑而已。師生於雍正九年辛亥三月十二日午時，示寂於嘉慶十七年七月五日子時，世壽八十有二，僧臘五十有六。眾議建塔於潤州竹林寺大山門之右菊花山枝焉。蓋師之道德仁慈，禪教嚴密，內外咸服，人所共知。以予與師忝屬同宗，故不敢駕辭妄加修飾，遂因達如所述之意，略爲更正之而已矣。」（濮一乘纂《武進天寧寺志》卷七《藝文二》，《中國佛寺史志彙刊》第一輯第35冊，第189～194頁）

二月，往遊虎丘，訪眞娘墓。

《眞娘墓》：「虎邱二月踏青天，閒訪眞娘古墓田。脂粉香留遊客弔，鶯花地愛美人傳。平蕪經燒猶遲雨，新柳才稊未著煙。也似香山白居士，競將杯酒滴荒阡。」（《甌北集》卷四七）

另有《道學》、《曠覽》、《石首魚》、《錦囊》、《小遊仙》（《甌北集》卷四七）諸詩。

【按】《眞娘墓》詩，「新柳才稊」，「稊」，原作「梯」，不妥。「稊」，通「荑」，植物之嫩芽。《易‧大過》：「枯楊生稊。」王弼註曰：「稊者，楊之秀也。」孔穎達亦採其說。引申爲形容楊葉未舒狀，故改「梯」作「稊」。眞娘墓，《欽定大清一統志》卷五五《蘇州府二》：「在虎邱寺側。《平江紀事》：眞娘，唐時名妓也。墓在虎邱劍池之西，往來遊士多著篇詠。」

石首魚，《欽定大清一統志》卷五七《蘇州府四》：「《吳地記》：昆山縣石首魚，多化爲鳧。《姑蘇志》：出海中，俗名黃魚。」

右手指患風痺，難以握筆爲文，心情焦灼，感慨不已。

《舊譜》：「春初食指中指稍患風痺，有時竟不能把筆舉箸，然尚不至大害。」

《右手忽患風痺，食指、中指不能把筆，將成痼疾矣》：「昔偶中風痺，尚不關血氣。兩指今不仁，竟難使以臂。要害況在右，坐令百事廢。枉負巨擘稱，謬忝中權寄。書窗一把筆，尤苦入重腱。由來筋力衰，消息早暗遞。老樹雖尚榮，一枝已先萎。回憶年少時，作力何矗矗。捧日擘青天，直欲只

手試。漚麻李陽拳，白打肯誰避？寸晷輒萬言，一揮亦七製。淋漓盾鼻間，腕脫未告瘁。庸知入暮年，默已減生意。枯皮裹瘦骨，軀殼久漸敝。精氣貫不到，先已折一翅。昔輕百斛扛，今重千勛墜。若或掣其肘，牽絆力徒費。敢鬥拇陣酣，只供肱枕睡。偶然一濡毫，冀托翰墨戲。離披偃風草，樣枒觸眼刺。翻似蝌斗奇，或類蚯蚓斃。可憐斛律金，竟不成屋字。一紙糊塗帳，笑我亦不記。」（《甌北集》卷四七）

廷俊京闈不利，遂入貲捐別駕。雖是賣文買爵，然得延書香一脈，尚差彊人意。

《俊兒京闈報罷，入貲以別駕就選，即事》：「京闈報罷也尋常，別慶彈冠當舉場。鄉望謬推通德里，儒門乃有納貲郎。未妨名士原銅臭，但恐書生斷辦香。家世賣文今買爵，此情聊可一誇張。」（《甌北集》卷四七）

另有《舟行》（《甌北集》卷四七）一詩。

【按】據《西蓋趙氏宗譜》，廷俊是以廩貢生候選通判。此通判即納貲所得。別駕，通判之別稱。

夏，小麥歉收，連日大雨，米價驟增，然龍舟之戲，仍盛況不減。

《二麥將收，連旬大雨，感賦》：「米價經年節節高，茅簷待哺正嗷嗷。麥秋時候連旬雨，天要殺人不用刀。」（《甌北集》卷四七）

《麥已歉收，雨猶未止，而龍舟之戲尚華豔如昔，感賦》：「正是柴荒米貴時，龍舟仍復鬥菁麗。滿堂燕雀群嬉處，中有饑寒世未知。」「只恐饑荒在眼前，中流鑼鼓漫喧天。老夫聊亦逢場戲，不敢思量到半年。」（《甌北集》卷四七）

另有《血氣日衰，竹初勸食人乳，戲作》（《甌北集》卷四七）一詩。

趙味辛懷玉由松江歸，謂述菴王昶、才女歸佩珊懋儀，均寄聲問候，且佩珊能熟練背誦甌北詩。詩壇有此知音，令甌北大為感動，為詩愈加苦辛。

《味辛自松江歸，述菴侍郎、佩珊女史俱寄聲存問，並知佩珊能背誦拙詩，如瓶瀉水，各寄謝一首》：「十載邊疆踏戰塵，歸勤著述泖湖村。五官俱廢名心在，二品非榮老學尊。湖海論交無輩行，文章傳世即兒孫。衰年我亦頹唐甚，能否扁舟一款門？」「騷雅中誰識苦辛，正難物色向風塵。豈期白首新知己，翻在紅顏絕代人。繡出弓衣傳唱遠，拂來羅袖愛才真。拙詩背誦如流水，多恐汙君點絳唇。」（《甌北集》卷四七）

《自遣》：「熊魚兼取本天慳，老去塵緣已盡刪。名或可傳聽日後，詩留不盡與人間。身隨甌窶豚蹄祝，夢斷周陔豹尾班。獨惜退休三十載，不曾絲髮濟時艱。」（《甌北集》卷四七）

《無聊》：「天以無聊困此翁，轉尋生活寂寥中。一聯未穩何關係，竟費推敲半日功。」（《甌北集》卷四七）

莊印山宇逵以所為詩投贈，甌北為其「稽古功深」、「醇儒學行」稱道不置。

《莊映山徵君枉詩投贈，次韻奉答》：「稽古功深筆代耕，傳經戶屨滿諸生。鄉評已共尊三老，薦牘交推到九卿。高允最榮徵士頌，正倫不愧秀才名。醇儒學行師資在，我欲相從拾落英。」「居如參廟士衡東，相訪無煩典謁通。雨點合流分院水，花香暗度過牆風。出應逐隊雙飛蝶，歸好聯吟百吉蟲。斗酒肯來相就飲，恰餘三百老青銅。」（《甌北集》卷四七）

另有《插秧》、《生事》（《甌北集》卷四七）二詩。

【按】映山，當為印山，以音相近而訛。據《江蘇藝文志・常州卷》，莊宇逵（1755～1812），「原名永曾。字達甫，號印山。清武進人。好學砥行，少有大志。屬友張惠言篆書『牝牡飲食，禽獸之識；官爵祿利，僕隸之志』四語，榜諸座右以自勵。嘉慶元年（1796），詔舉孝廉方正，有司上報，賜六品頂戴。教授經學於鄉里，一時名士如洪飴孫等多出其門」。甌北詩所述，與此相合。宇逵著述頗豐，有《群經輯詁》、《桑梓潛德錄》、《春覺軒隨筆》、《春覺軒詩草》等多種。《毗陵莊氏族譜》有其傳。方履籛有《祭莊印山夫子文》，見《萬善花室文稿》卷三。

又屆學使歲試之期，新進諸生爭請甌北重遊泮宮，其欣然從之。時隔六十載，故地重遊，浮想聯翩，激動不已。

《舊譜》：「先是乾隆十年，先生補府學弟子員，今相距恰六十年矣。適學使者歲試之期，新進諸生爭請重遊泮宮，先生欣然赴之，有詩紀事。」

《余年十九補弟子員，今七十有九，又屆乙丑院試之期，作重遊泮宮詩記事》：「佳話爭傳泮水塘，一周花甲又芹香。阿婆回憶新婚夕，老將重經舊戰場。殘墨尚留題字柱，鉛鋒早脫處錐囊。耆年不獨迂儒幸，彌見昇平景運長。」「黌門裙屐記前遊，又見詵詵出俊流。便合膝行觀壁上，漫勞足曳趿壺頭。舊痕久掃離巢燕，陳蹟難追踏磨牛。惟有秀才餘習在，一編仍守夜窗幽。」「一彈指頃盛衰殊，曾記初程便棄襦。犢是新生寧畏虎，馬今漸老反為駒。

房公入寺疑前世，波匦觀河認故吾。爲語少年諸髫髦，故須及早奮修途。」「先後同年例可循，一般蘭譜誼相親。舉場應喚新先輩，鄉飲漸叨舊大賓。坡老才如一場夢，劉郎眞是再來人。也虧頑健能堅耐，初地重遊六十春。」（《甌北集》卷四七）

《夢醒》：「夢醒書窗霽景開，黑甜餘味美於回。老來貪睡慵朝起，只有詩成枕上催。」（《甌北集》卷四七）

暑夜，熱氣蒸騰，難以入睡，納涼於庭。有孫七、八人，簇擁於後，紛紛爲捶背、或學作按摩，甌北盡享天倫，樂不可支。

《暑夜納涼，孫男女七八人爲我敲背，眾手並舉，雜遝無序，亦一樂事也，戲書》：「暑夜坐納涼，月陰度簾幕。七八孫男女，憐我太寂寞。如蕨小兒拳，都向鮐背拍。雞肋不足當，幸非李陽惡。爭先試技癢，不禁喜躍躍。也無先後序，竟似叢毆虐。或累如貫珠，或碎如飛雹。重輕紛不齊，疎密相間作。就中有點者，新意擘筋絡。按摩到脊腰，爬搔及股腳。陋彼吐納方，元牝竊秘鑰。禽戲尚矯揉，熊經亦隔膜。茲獨暢肢體，導引勝良藥。欲勞以含飴，口眾難遍嚼。慰之好言詞，私心實懷怍。一笑兒女累，向恐塵鞅縛。爲祖二十年，始識有孫樂。」（《甌北集》卷四七）

另有《燕窩》（《甌北集》卷四七）一詩。

今夏，月餘無雨，天大旱，百姓忍饑戽水抗旱，汗流浹背。甌北爲其生計擔憂。

《憂旱》：「今年天作奇文章，大開大合爲弛張。一雨輒經數十日，一晴又歷匝月長。可憐麥收已大歉，萬命只托新栽秧。雖有長河足灌溉，踏車先要飽糇糧。轆轤饑腸桔橰腿，枵戰醉盡白汗漿。田高於河僅尺咫，餓不能戽成陵岡。黃梅至今兩月耳，憂潦忽改憂旱傷。乃知天公好奇奇不得，乾啼濕哭俱爲殃。不如手筆仍故常，無恒雨亦無恒暘。」（《甌北集》卷四七）

另有《登太平寺塔》、《劉瀛坡總戎別構精舍於聽事之東，落成奉賀》、《西瓜》、《出郊》、《論文》、《舟夜》（《甌北集》卷四七）諸詩。

汪承霈於去年九月下旬以二品頂戴致仕。今夏返故里，途經陽谷，病歿於舟次。承霈爲官清正，待人真誠，溘然長逝，令甌北倍覺傷感。

《哭時齋侍郎病歿陽谷舟次》：「兩世師生六十年，南歸正好共流連。豈期半路將逢候，翻隔終身一晤緣。旅櫬料無題湊美，夷盤安得伐冰堅。只應恤典哀榮備，猶荷恩光賁九泉。」「書堂燈火最情親，回首鴻泥蹟已陳。我忝

先生翻後死，君雖大貴卻長貧。支來官俸惟償債，典去朝衣尚宴賓。今日翟公門巷冷，指囷高誼屬何人？」（《甌北集》卷四七）

《夜泛》、《孫母許太恭人挽詩》（《甌北集》卷四七），亦寫於此時。

淮揚水災慘重，饑民攜兒帶女逃來吳地以謀生路。當地官府不予賑災，反下令驅逐，甌北賦詩以紀其事。

《逃荒歎》：「男拖棒，女挈筐，過江南下逃災荒。云是淮揚稽天浸，幸脫魚腹餘羸尪。百十為群踵相接，暮宿野寺朝城坊。初猶倚門可憐色，結隊漸眾勢漸彊。麾之不去似吠犬，取非其有或攘羊。死法死饑等死耳，垂死寧復顧禁防。遂令市闌白晝閉，餓氣翻作兇焰張。黔敖縱欲具路食，口眾我寡恐召殃。側聞有司下令逐，具舟押送歸故鄉。卻望故鄉在何所？洪流降割方湯湯。」（《甌北集》卷四七）

《暮景》：「重重妄念未全蠲，大耋嗟來始憬然。但積黃金何處用，縱登青史幾人傳？漫期子弟牛騂角，剩有頭顱馬白顛。俯仰無成惟自愧，敢誇老健地行仙。」（《甌北集》卷四七）

另有《題劉芶齋州牧一葦渡江小照》（《甌北集》卷四七）一詩。

十二月初十，孫申憲生，廷俊所出。

《舊譜》：「是冬廷俊又舉一子。」

【按】《西蓋趙氏宗譜》：「申憲，行四，初名鴻文，字受之。嘉慶十年乙丑十二月初十日丑時生，道光十五年乙未五月二十四日卒。配蔣氏，直隸候補從九純健女，嘉慶十一年丙寅七月二十一日申時生，道光十六年丙申二月二十四日卒。」

除夕，翻檢舊詩稿，感慨頗多。

《除夕檢閱詩稿戲作》：「心花怒發記從前，湧地真如萬斛泉。誰料老來才頓盡，半年詩只兩三篇。」（《甌北集》卷四七）

嘉慶十一年丙寅（1806）　八十歲

【時事】　正月，蔡牽船隊佔領臺灣鹿耳門，以鎮海王自號。先是，於去夏蔡牽由臺入浙，李長庚擊之於青龍港。阮元奏浙江提督孫廷璧不諳水師，奉旨復調李長庚為浙江提督。本年二月，「詔德楞泰督川兵往剿。德楞泰未至，而李長庚已以浙師三千渡臺，水陸並進，五戰皆捷。至鹿耳門，不得入，諜知南北

汕、大港門可通小舟，長庚扼南、北汕，遣總兵許松年、協鎮印得方乘澎船進攻，焚三十餘艘。得方夜率銳師，趺海水，登州仔尾，焚其寮。牽反救，長庚出南汕，自後焚其舟，得方進迫，牽大敗。遂登陸，燔其小舟。牽棄洲仔尾，困守北汕，以鹿耳門沈舟自塞去路也。長庚分兵包圍牽於鹿耳門，且夕奏凱。而牽散錢四百餘萬賂閩兵。越二日，潮驟漲，沈舟漂起，得以殘艦三十餘奪門出海。庚擊追之，奪餘船十餘。卒以閩師不能助扼各港，竟遁去，詔褫長庚翎頂。是役也，許松年、印得方為前鋒，前後殲敵數萬，屍橫數十里，臺灣獲全。長庚所將止三千人耳。嗣長庚復擊牽於定海漁山，牽舟額身皆受創。詔復長庚翎頂，而罷德楞泰之行。」（《清鑒》卷九）三月，臺灣總兵愛新泰克復鳳山縣。四月，以吳璥為河東河道總督。本月，續編《皇清文穎》啟動。五月，閩浙總督玉德以患肝氣病，著革職調理，以湖南巡撫阿林保為閩浙總督。六月，調姜晟為工部尚書，秦承恩為刑部尚書。慶成以奏對失實削職，戍黑龍江。以特清額為成都將軍。以戴均元為江南河道總督，徐端為副總河。命德楞泰管理兵部。（《清史稿》卷一六《仁宗紀》）本月，管理茶膳房大臣蘇楞額等，竟將阿哥之「飯房」徑稱「膳房」，為帝嚴斥，曰：「定制，惟承應御膳之處稱為膳房，豈可率意書寫？朕從前在藩邸時，即稱飯房，蘇楞額容或不知，阿明阿在藩邸隨從多年，素所深悉，乃任令該章京等如此書寫，不行更正，非尋常疎忽可比。蘇楞額著罰俸半年，阿明阿著罰俸一年。其擬稿之內務府護軍統領兼尚茶膳正李鏞，革去護軍統領尚茶膳正，降為膳房二等侍衛。繕寫之筆帖式嵩林，著革去筆帖式，作為拜唐阿，仍令在膳房行走。此係朕從寬薄罰，若加深究，罪在不赦矣。」（《國朝宮史續編》卷六）七月，寧陝鎮新兵陳逢順糾黨戕官，陷洋縣，擾及寧羌。命德楞泰統巴圖魯侍衛索倫兵剿之。（《清史稿》卷一六《仁宗紀》）八月，嘉慶帝等赴木蘭行圍。九月，「免侵吞庫項書吏陳錫鈺等死。奉諭：上年直隸省州縣勾串司書侵吞庫項一案，當經降旨，以各犯侵盜之多寡定罪名之輕重，將侵銀二萬兩以上者立置重典，侵銀一萬兩以上者亦於上年秋審予以句決。尚有侵銀在一萬兩以下之陳錫鈺等五犯，亦俱問擬斬候，入於本年秋審情實辦理。各該犯串通書吏肆意侵吞，其蒙蔽分肥情節，均屬罪無可逭。特以朕上年定讞此案，悉遵照從前皇考高宗純皇帝辦理甘肅捏災冒賑之例，分別問擬。查前此捏冒案內侵銀不及一萬兩之各官犯四十餘名，亦經刑部問擬情實，均蒙皇考法外施仁，免死發遣。茲陳錫鈺等情罪與前案相類，亦尚可寬以一線。所有直隸省侵帑案內各官犯，除徐承勳一名業經病故外，陳錫鈺、馬河、戴書

培、魏廷鑒四犯，著加恩免其句決，發往黑龍江充當苦差。此乃朕祇遵前謨於無可寬貸之中曲為貰宥，嗣後各省州縣等益當激發天良，奉公守法，毋謂寬典之可屢邀也。」（《清朝續文獻通考》卷二四二《刑一》）十月，以全保為陝甘總督，汪志伊為湖廣總督，曹振鏞為工部尚書。以溫承惠為直隸總督。起阮元署福建巡撫，以病辭。調張師誠為福建巡撫，金光悌為江西巡撫。以和寧為烏魯木齊都統。（《清史稿》卷一六《仁宗紀》）十一月，申飭上書房師傅不得隨意退直，諭曰：「向例，上書房師傅春分以後於申正退直，秋分以後於申初退直，本有一定時刻，所以專課程也。近來上書房師傅竟不按向來例定時刻，退直甚早，意涉疏懈。且從前師傅等於散直時，必將係某時刻散去告知管門太監登記，以備稽核。而現在師傅等並不照舊日章程告知太監，太監等亦置不問，均屬不合。所有上書房師傅萬承風、桂芳、戴殿泗俱著罰俸半年。此因積久因循，初次查出，姑示薄懲。嗣後上書房師傅遵照向例，春分後於申正散直，秋分後於申初散直，並將散直時刻告知管門太監，按日登記。其管理部院在上書房行走大臣，如遇有部院應辦事務及奉旨特派事件應早散直者，亦著將因何早散緣由，管門太監隨時登記，以備查核。倘經此次申諭之後，仍有任意疏懈情事，一經查出，必行嚴懲不貸。」（《國朝宮史續編》卷六）十二月，大學士朱珪卒。

本年，興化此數年中苦湖災，里人顧仙根輯所作述災詩為《紀荒詩略》。

東臺袁承福（嘯竹）合所作《流民歎》、《老翁賣牛行》等詩為《澤鴻吟》一卷。

福建伊秉綬官揚州，議編《揚州圖經》與《揚州文粹》，延甘泉江藩、江都焦循、武進趙懷玉、臧庸、丹徒王豫等共任編纂，未竣事散。

淮揚災重，民就食江南，被官府具舟楫迫還，吳縣范來宗作《逃荒民》詩。

湖南唐仲冕作《袁浦水》、《鹽瀆水》等詩記淮災。

武進湯貽汾作《下河行》記災，謂：「昨聞有詔援民蘇，籲嗟乎，饑民卻畏鞭箠麤。」

陽湖孫星衍次所著為《平津館文集》二卷。

安徽俞正燮館孫星衍德州署中，與同撰《古天文說》；考訂木蘭史實，作《亳州志木蘭事實書後》。

浙江吳錫麒復旅揚州，掌教安定書院，作《燈戲行》。

浙江王曇遊天台、雁宕後還杭州，舒位作《題仲瞿落第朱卷》詩。

青浦王昶死，年八十三。

武進錢維喬死，年六十八。

武進錢孟鈿死，年六十八。

嘉定錢坫死，年六十三。

寧國守魯銓聘洪亮吉修《寧國府志》，設志局於城北戚氏故居。亮吉《涇縣志》將就，命長子飴孫往編校，自留寧國府訂定條例。（《洪北江先生年譜》）

趙懷玉年六十，為《六十初度自述》詩，張雲璈、洪梧、左輔、歐陽炘、蔣承曾諸人，均有和詩。（《亦有生齋集》詩卷二二）

凌廷堪應聘為宣城敬亭書院講席。（《凌次仲先生年譜》）

四月，阮元重修《皇清碑版錄》。冬十月，纂刊《十三經校勘記》二百四十三卷成。（《雷塘菴主弟子記》卷二）

【本事】元旦，甌北年登八十，為有詩名可傳，身體尚健，心情暢然。

《丙寅元日》：「生長昇平八十年，一堂四代列長筵。向來夢想何曾到，況有詩名或可傳。手顫略嫌提筆重，眼昏猶愛看花妍。梅鬚柳眼東風軟，又滿春光拄杖前。」（《甌北集》卷四八）

初春，大雨。閉門不出，擁爐吟詩，為《八十自壽》。

《舊譜》：「先生年八十。有自壽詩八首。京華故人宗室公裕瑞、大學士費筠浦及大江南北諸名流無不寄詩文稱祝。錦軸牙籤，兩廳事屏幃皆滿。先生彙而付梓，真大觀也。」

《八十自壽》（八首）之二：「早登仕籍早歸田，正值重熙極樂天。才短愧無經世用，時清惟有作詩傳。綠簑泛雨船雙槳，紫陌看花杖百錢。如此太平寧易遇？四千年內不千年。」之八：「束髮耽書誦夜闌，得登館閣附鵷鸞。當時擬藉文章進，臨事方知幹濟難。官去僅餘風兩袖，老來聊臥日三竿。遍翻史傳無尋處，或有人從藝苑看。」（《甌北集》卷四八）

另有《新正初五日大雪》（《甌北集》卷四八）一詩。

閒居無事，回憶平生宦遊之迹，心有所感，發而為詩。

《追憶宦遊陳蹟，雜記以詩》（二十四首）之一：「歷歷前塵尚眼前，流光忽已到華顛。追思敭歷官中外，八十年中十八年。」之三：「放翁落筆中書省，自覺榮光豔薦紳。那識樞曹清切地，朝朝染翰寫絲綸。」之六：「棘闈三度校文工，摸索由來在暗中。六個翰林雙總督，先生頭腦不冬烘。」之十九：

「陸跨征鞍水泛船，郵簽又到夜郎天。建牙不是投荒客，天要黔詩補謫仙。」
之二十一：「南戎遊蹤未到閩，故人邀我去參軍。多情只把官相誘，誰識人間
誓墓文。」（《甌北集》卷四八）

　　【按】上引詩第一首末句後註曰：「余官中書舍人六年，翰林六年，出守
　　鎮安、廣州及從軍滇南、擢貴西道又共六年。」第六首「六個翰林」後
　　註曰：「董潮、祝德麟、龔驤文、祥慶、李鐸、沈世煒。」「雙總督」後
　　注曰：「費芸浦、蔣時南。」第廿一首詩末註曰：「使相李欽齋以軍事邀
　　余入閩，屢欲奏余補官，余堅辭乃止。」藉此可知其為官之情狀。

二月二日，洪亮吉約請孫振學、趙翼、吳騏等老人，共聚於更生齋。

　　【按】洪亮吉《今歲，孫上舍振學九十，趙兵備翼八十，吳上舍騏七十，
　　其弟上舍彪五十，趙司馬懷玉六十，汪上舍熹、吳大令階並五十，將以
　　二月二日合宴於更生齋，並招將及八十之孫封翁勳、楊刺史奮、吾封翁
　　端彝、劉總戎烜，將及七十之陳大令賓、金太守棨，將及六十之楊兵備
　　煒、方大令寶昌同集，十四客合計千年，亦里中盛事也。率賦此章，並
　　邀座客同作》：「社公生日茅筵開，相約北巷南鄰來。大年期頤次亦叟，
　　一一同傾社公酒，更願人同社公壽。孫翁九十兩頰紅，八十趙傻顏如童。
　　吳家兄弟誰能及，弟已五十兄七十。街西短趙風格妍，六十與我相隨肩。
　　辛夷花開玉梅放，坐上高年氣仍壯。永嘉柑子支硯梅，螺蛤昨又來東臺。
　　更生齋接卷施閣，一石飲完愁不足。金楊兩守楊蠻州，入坐如虎元戎劉，
　　誰復善嘯誰工愁。孫、吳兩封翁。主人六一翁後身，今歲適開六一樽，坐上
　　客壽剛千春。一堂英英皆壽考，九老外仍餘五老，此會群仙亦應少。春
　　燈初然春燕來，明日主客帆皆開，吳大令及余皆以明日束裝。更約明歲傾春醅。
　　君不見，社公生日耆英會，此會年年願長在。社公醺醺亦微醉，屋外春
　　燈響如沸。」（《更生齋集》詩續集卷四）《甌北集》未載此事，據洪氏《更
　　生齋集》詩續集卷四補入。

侄、孫輩俱應童子試，甌北見書香一脈延續有望，甚為欣慰。

　　《從子廷鏞、從孫公蘭、孫作梅、阿發、阿科俱應童子試，喜賦》：「子
　　弟亦何與人事，卻愛蘭玉森階砌。老夫晚景百不營，只慮書香或中墜。今朝
　　童律課有司，乃有五男纍筆試。從子廷鏞孫作梅，兩皆孤兒稍成材。從孫公
　　蘭較年長，上樹不復嬉千回。就中二孫太莽魯，阿發阿科勇先貫。詩文僅可
　　免曳白，見獵心喜弗能阻。氣矜自覺目無難，初生之犢不畏虎。老夫亦頗興

飛揚，頭角先誇屋下郎。卻憶昔年曾此地，才拈一箭便穿楊。雲霄從此初翔步，游歷金扉白玉堂。」（《甌北集》卷四八）

【按】童子之縣試，開考日期一般在二月。十三、四歲兒童赴考，當爲縣試，故將此事繫於二月間。

從子廷鏞，見本譜嘉慶九年考述，時年二十二。

從孫公蘭，見本譜嘉慶九年考述，時年二十三。

孫作梅，見本譜乾隆五十四年考述。

阿發，即趙慶齡，時年十五，廷俊所出。《西蓋趙氏宗譜》：「慶齡，行一，初名發震，字孟符，國子監生。道光乙酉科副榜貢生，丙戌考取八旗官學教習。乾隆五十七年壬子七月初九日寅時生，道光九年己丑十一月二十日卯時卒於京邸，年三十八。」

阿科，廷俊次子，名申嘉，行二，時年十三歲。《西蓋趙氏宗譜》：「初名發科，字芸西，嘉慶丙子科舉人，截取引見，以教職用。乾隆五十九年甲寅二月初九日子時生，咸豐元年辛亥閏八月初五日申時卒於濟寧幕舍，年五十八。葬父塋。卒後選吳縣教諭，有行略。著有《芸西室詩文遺稿》各一卷。配蔣氏，縣學附生候選州同莘女。乾隆五十九年甲寅十月十二日未時生，同治三年甲子二月初一日寅時卒，壽七十一。葬華家村塋右。子一，曾潤。女三，長適金華潘宜桐；次適道光丙午科舉人、浙江候補知縣署開化縣知縣、奉旨從優議恤湯世銓；三適縣學附生盛久耀。」

晚明金正希抗清兵敗被俘，不屈而死。甌北慕其忠耿浩氣，為其遺像題詩。

《題忠節金正希先生遺像，爲其族孫素中太守作》：「昔從燈窗讀公文，浩氣上薄秋空雲。今從畫卷見公像，峨冠闊袖書生樣。書生何意好論兵，正值時危國步傾。陳濤斜痛戰車覆，高勾驪輓使節行。投劾歸來退閒久，南渡孱王又出走。故國招魂史憲之，新朝易帥洪亨九。黃山白嶽集鄉兵，一彈丸地爲誰守。包疙疸竟願裹瘡，毛葫蘆皆甘碎首。已聯眾志結成城，不藉印囊懸在肘。明知一旅事何成，猶欲挽天憑只手。蚍蜉蟻子絕援師，糠核草根充宿糇。五坡嶺遂執文山，生祭無煩炎午酒。事隔滄桑百六年，重蒙昭代易名傳。狄家能保梁公像，尤見清門有後賢。」（《甌北集》卷四八）

另有《秦望山》、《杜門》、《即景》（《甌北集》卷四八）諸詩。

【按】金正希，《明史》卷二七七《金聲傳》：「金聲字正希，休寧人。好學，工舉子業，名傾一時。崇禎元年成進士，授庶吉士」。二年十一月，清兵逼都城，聲慷慨乞面陳急務，帝即召對平臺。請破格起用申甫，募兵以抗清。帝允之，擢甫爲副總兵。未久，甫陣亡。聲以屢上疏不爲帝採納，遂乞歸。京師陷。「福王立於南京，超擢聲左僉都御史，聲堅不起。大清兵破南京，列郡望風迎降。聲糾集士民保績溪、黃山，分兵扼六嶺。寧國丘祖德、徽州溫璜、貴池吳應箕等多應之。乃遣使通表唐王，授聲右都御史兼兵部右侍郎，總督諸道軍。拔旌德、寧國諸縣」。九月下旬，清兵破南京，「聲被執至江寧，語門人江天一曰：『子有老母，不可死。』對曰：『天一同公起兵，可不同公殉義乎！』遂偕死。」洪亮吉題有《金忠節公聲畫像爲其六世族孫太守棨賦》，詩曰：「早歲讀公文，中年讀公傳。公才公志皆不凡，欲以書生平世亂。君不見熊廷弼、趙光抃，孫承宗、袁崇煥，或死讒，或死戰，餘者紛紛盡奔竄。有明之季不乏才，用才皆與才相違。小朝枉有史閣部，末路獨支劉念臺。烏乎勝國諸君子，先後爭爲故君死。迂疎不必爲公諱，百世知公苦心耳。君不見楊家四十萬眾侵興京，一戰皆已埋郊坰。何況枯僧將此不習兵，七百羸卒欲與萬眾爭輸贏。蘆溝橋外偏師出，腹背交攻勢先屈。韜鈐既愧劉秉忠，車戰欲追房次律。魯陽事去難揮戈，國事如此身如何。杜松已殞薩爾滸，劉秩豈當曳落河。諒公之心敬公節，畫像猶疑眼流血。舊友池州吳應箕，門生歙縣江天一。我於公行文，已卜公爲人，豈徒文筆雄，未愧社稷臣。君不見，三天子障招公魂，松花茫茫落鬼門。鬼門關在績溪界，即公起兵處。」（《更生齋集》詩續集卷五）

金素中，金棨，《兩浙輶軒續錄》卷二五：「金棨，字丹采，號素中，仁和人。官山東濟南知府，著《清暉閣集》。楊振鎬曰：素中原籍休寧，詩見王柳村《群雅集》。與吳錫麒、吳省欽、黃景仁有交，見《有正味齋集》駢體文卷一五、《白華後稿》卷三五、《兩當軒全集》卷一三。

當時詩壇，宋調、唐音之爭紛然，甌北爲詩以斥之。

《論詩》：「宋調唐音百戰場，紛紛唇舌互雌黃。此於世道何關係，竟似儒家鬭老莊。」（《甌北集》卷四八）

【按】《昭昧詹言》卷一四謂：「學於杜者，須知其言高旨遠，一也；奇警而出之自然，流吐不費力，二也；隨意噴薄，不裝點做勢安排，三也；

沈著往來，不拘一定而自然中律，四也。此唯蘇、黃之才，能嗣彷彿。他人卑離凡近，義淺詞碎，一也；略有一二警句，必費力流汗赤面，二也；安排起結，無不貫足，三也；非不合律則爲律詩，四也。此雖深造如義山，尙不能全美。……所謂章法，大約亦不過虛實順逆、開闔大小、賓主人我情景，與古文之法相似。有一定之律，而無一定之死法，變化恣肆，奇警在人。自俗人爲之，非意緒復遝而顛倒不通，即不得明豁。但杜公雄直揮斥，一氣奔放中，井井有律，不同野戰儯俗，又不爲律縛而軟弱不起。」

《石洲詩話》卷四曰：「唐詩妙境在虛處，宋詩妙境在實處。初唐之高者，如陳射洪、張曲江，皆開啓盛唐者也。中、晚之高者，如韋蘇州、柳柳州、韓文公、白香山、杜樊川，皆接武盛唐、變化盛唐者也。是有唐之作者，總歸盛唐。而盛唐諸公，全在境象超詣，所以司空表聖《二十四品》及嚴儀卿以禪喻詩之說，誠爲後人讀唐詩之準的。若夫宋詩，則遲更二三百年，天地之精英，風月之態度，山川之氣象，物類之神致，俱已爲唐賢占盡，即有能者，不過次第翻新，無中生有，而其精詣，則固別有在者。宋人之學，全在研理日精，觀書日富，因而論事日密。如熙寧、元祐一切用人行政，往往有史傳所不及載，而於諸公贈答議論之章，略見其概。至如茶馬、鹽法、河渠、市貨，一一皆可推析。南渡而後，如武林之遺事，汴土之舊聞，故老名臣之言行、學術，師承之緒論、淵源，莫不借詩以資考據。而其言之是非得失，與其聲之貞淫正變，亦從可互按焉。今論者不察，而或以鋪寫實境者爲唐詩，吟詠性靈、掉弄虛機者爲宋詩。所以吳孟舉之《宋詩鈔》，舍其知人論世、闡幽表微之處，略不加省，而惟是早起晚坐、風花雪月、懷人對景之作，陳陳相因。如是以爲讀宋賢之詩，宋賢之精神其有存焉者乎？」

二者可互爲參看。

六月，天旱，甌北或漫步市井，或居住於鄉村，亦不時爲詩。

《望雨》：「六月恒暘已旱乾，腐儒生事怕貧難。也如閣閣蝦蟆叫，半爲私憂半爲官。」（《甌北集》卷四八）

《憂旱》：「才欣麥熟遍江鄉，旱象俄憂朝晚涼。萬里無雲天正碧，四旬無雨稻將黃。桔橰河縮增梯級，蓑笠風乾掛屋梁。只有盆荷需水少，曉來依舊發清香。」（《甌北集》卷四八）

另有《麥大熟》、《禪心》、《坐月》、《麥羊》、《兒童敲背》、《建蘭》、《盆蘭大開，適近余臥榻，戲作》、《村居詩》（《甌北集》卷四八）諸詩。

六月初，老友王昶病歿，故人漸去，同調難覓，甌北甚感孤獨。

《哭王述菴侍郎》：「前年遇公劍池石，正值懸弧慶八秩。喜公鳳具壽者相，齶骨距頤長一尺。方冀泛舟結近遊，豈期哭寢成長別。憶昔同官京國時，僦舍寄園各半宅。聯吟聲每應隔牆，照讀光常分鑿壁。醉書不惜墨濡頭，白戰互以筆爲舌。蒲褐山房綠樹陰，中有兩人屐齒蹟。無端滇徼有兵事，共作征南幕下客。晨炊苗米漸矛頭，夜草軍書磨盾鼻。書生履險雖阽危，好友偕遊亦酣適。我旋按部粵江清，公又從戎蜀山僻。矢石叢中過六年，身最艱劬名最赫。下臨絕壑萬丈深，上劈危碉一線窄。馬蹄雪踏人頭紅，鹿角岩浮磷火碧。鬼門關上幾度經，僥倖屓軀脫死籍。遂佐犂庭掃穴功，豿子貆孫盡俘獲。奏凱歸來大策勳，屢擢崇班到槐棘。是時我久臥菰蒲，公亦繼歸勤著述。立功才了又立言，壇坫東南來占席。春江花月常往還，邂近一尊話疇昔。江天落落幾作家，袁蔣王錢皆巨擘。同是千秋有數人，缺一可憐難再得。十餘年乃盡凋謝，剩我與公兩頭白。晨星碩果倍覺珍，百里相望雙突兀。殘年有伴差自壯，相倚爲彊作耆碩。何當公又騎箕去，天不慭遺催召亟。後生雄駿豈不多，非我素交終膜隔。宵來或可通夢魂，月落猶疑照顏色。從此人間無故人，獨立蒼茫悲影只。」（《甌北集》卷四八）

《盆荷一朵稍矮，恰有綠葉障之，戲作》、《驟雨》（《甌北集》卷四八），亦寫於此時。

【按】阮元《誥授光祿大夫刑部右侍郎王公昶神道碑》：嘉慶十一年，「年八十有三，五月病瘰，六月初六日病甚，口授謝恩表，自定喪禮，屬元撰神道碑文。初七日雞初鳴，公曰：『時至矣。』遂卒。」（《碑傳集》卷三七）據此可知，甌北此詩或寫於本月中旬。洪亮吉《哭王司寇昶》：「傳世心期累病魔，一編金石尙摩挲。君病中刊《金石萃編》未就。釣鱸江上休居早，下馬林邊枉拜多。君著錄弟子最盛。掛劍久愆良友諾，斷碑誰爲謫官磨。前訪君病中，蒙以志墓文見委，並口占相贈云：『一語望君須記取，好爲有道撰新碑。』然君子恐未知也。年來老輩銷沈盡，獨向西風感逝波。」（《更生齋集》詩續集卷五）趙懷玉《挽王侍郎昶》詩曰：「海內耆英少，靈光忽又頹。傳寧文苑止，勳自戰場來。中外同增悼，孤寒孰愛才。今年秋氣早，惡耗更先催。晚謝貂蟬貴，飄然換綠蓑。秋卿仙位業，春水帝恩波。知足儕疏

傳，忘機狎志和。漁莊三畝宅，天遣著書多。已衰視聽後，猶不廢丹鉛。欲就藏山業，因虛負郭田。鼎盤勞著錄，湖海仗流傳。先生輯《金石萃編》及《湖海詩傳》、《文傳》。名壽難兼得，公乎受福全。」「父執復前輩，交情比眾深。異時頻接袂，片語獨銘心。往歲謁於里第，語懷玉曰：『君已年近六旬，宜保嗇精力，早訂所爲文字。』寂莫元亭酒，悲涼華屋吟。平生知己淚，重爲一沾襟。」（《亦有生齋集》詩卷二二）

淮揚水災，饑荒驟起，波及蘇、常。甌北睹之，憂心忡忡。

《逃荒》：「淮揚漸欲作洪流，眼見饑荒起眾咻。被髮纓冠非我事，舐糠及米亦吾憂。無依競托沿門缽，有力將移負壑舟。安得尾閭籌泄水，盡收歸海出平疇。」（《甌北集》卷四八）

另有《詠物四首》、《詠物四題，又五律四首》、《又鷥鶴一首》（《甌北集》卷四八）諸詩。

糧價上漲，市面百物隨之而漲價，連市間所賣飯碗，規制亦漸小。

《年來市間飯碗漸小，蓋窯戶工料增貴，暗爲收減也，感賦》（四首）之四：「自因範土費增加，埏埴雖工器漸差。此事隱憂殊不細，五材長價到泥沙。」（《甌北集》卷四八）

另有《雨望》（《甌北集》卷四八）一詩。

六、七月間，閒讀史書，亦乘舟出行，尋覓詩料。

《無詩》：「風行水上白生波，偶值無風可奈何。今日不知明日句，枯腸偏要預支多。」「消閒惟有擘吟箋，頗覺衰年尚湧泉。才說江淹才思盡，朝來又得兩三篇。」（《甌北集》卷四八）

《七夕》：「纖纖新月晚妝催，烏鵲填橋又一回。天上定知無贅婿，年年織女渡河來。」（《甌北集》卷四八）

《讀史》：「姓名愁不掛青編，及掛青編也未傳。君看一朝國史上，幾人烜赫百千年。」（《甌北集》卷四八）

另有《遣愁》、《一蚊避撲逃入耳中，戲作》、《懷清橋》、《桂孫南回，籠一馴鵲，朝出暮歸，驅之不去，乃知物生得食皆可馴也，感賦》（《甌北集》卷四八）諸詩。

【按】顧日新此時作有《題甌北詩鈔》：「神驚鬼泣天公笑，都到先生下筆時。八面難當才子氣，千秋不朽翰林詩。奇懷應手冰雷造，成案翻空鐵石移。那怪群兒爭撼樹，蚍蜉原未許輕知。」「真逸豈知皇甫湜，庭筠曾

法玉溪生。一時未必皆千古，新曲應能勝舊聲。孝子南陔還著作，詩人東壁更科名。渡河香象方才力，心服隨園四字評。」（《甌北集》卷四八附）

顧日新，字劍峰，著有《寸心樓詩集》三十七卷。（《（同治）蘇州府志》卷一三八）《（同治）蘇州府志》卷一〇七引朱春生墓誌曰：「顧日新，字劍峰，補長洲諸生。才情橫厲，為文千言立就。讀史，好議論成敗，頗以經濟自負。歷遊幕府不遇，客粵東時識陳殿撰沆於逆旅。陳時困諸生，一見即目為國士。主講嘉定，愛毛岳生才，招使就學。二事人特稱之。」同卷又謂：「朱春生，字伯韶，諸生。工古文，意主發揚幽隱，性惡矯飾。與人悃款，歷久不變。顧日新恃才傲物，與春生不相能。晚歲顧益貧困，春生為言於嚴河帥烺，贈以金，及卒，賻葬之。且志其墓，人謂長者。」事又見《國朝耆獻類徵初編》卷四四二。

《三借廬贅譚》卷四《倡隨豔福》條謂：「吳縣才女沈蕙孫纏善吹簫，手定簫譜一冊，調宮按羽，音節入微。間亦吟詠，有所作，輒自焚去，不肯留片紙，近時傳誦者祇『聽殘紅雨到清明』七字而已。後聯姻顧劍峰秀才。劍峰本工吟，夫婦倡和，甚相得。嘗於月夜登園中瞭遠樓，蕙孫吹簫，劍峰曼唱，聞之疑為弄玉、王喬遙空遊戲也。劍峰有《無題詩》云：『幽期要有福能消，芳訊頻通轉寂寥。憐煞秋波才一寸，為儂傳怨又傳嬌。』『芭蕉葉展動新涼，吹遞幽蘭一鬢香。情思太多言太少，泥人偏是十分莊。』『自揭簾衣落翠鈿，拾來嬌插鬢微偏。回身暗把郎襟袖，笑指花稍蛺蝶眠。』」

顧日新與曾燠、陳沆交厚，見《賞雨茅屋詩集》卷九、卷一〇、卷一七、外集，《簡學齋詩》詩存卷一、詩刪卷二。陳沆《讀寸心樓詩題贈顧劍峰》詩曰：「忽然春風扇陽和，忽然朔雪生懍栗。忽然白雨�陰寒，忽然青天行杲日。萬變都從筆頭出，世間那有如此筆。唐之李太白，宋之蘇東坡，並兩才人窮探力索不到處，劍峰居士乃能一筆挽起萬古不竭滔滔波。古人拘拘繩墨守，劍峰詩膽大如斗。天難為巧地不奇，一氣驅將日月走。有時心細如遊絲，春雲一縷出岫時。少焉變幻無端倪，卷之舒之靡不宜。江城落葉山滿屋，把君詩向秋林讀。恍如坐我匡廬峰，吸取屏風九面綠。恍如載我南海船，手抱明星波底浴。恍如醉我洞庭酒，水仙歌罷山鬼哭。讀君詩，為君吟，君有源頭我替尋。非仙亦非鬼，非

古亦非今，從來傳眞不傳僞。區區恃此冰，不能寒火不能熬。一片詩中心，賤子爲詩頗不少。南披衡雲北海島，興來氣欲吞庾鮑。今見先生行若遺，精神飛出八極表。眼中但有天之青，高視翻嫌五嶽小。又聞劍峰劍入神，一條紫氣長繞身。何時爲我迴旋舞，劍耶詩耶兩莫分。」（《簡學齋詩》詩刪卷二）

桂孫，即甌北長孫公桂，乃廷英之子。見本譜乾隆四十七年考述。里下河一帶災民，成群結隊，渡江南來，逃荒至蘇、常，地方官卻不予接納，押送出疆。而當地官府並不收留，仍押送回。甌北得知此事，淒然難平。

《逃荒歎》：「下河流民如飛蝗，過江陣陣來逃荒。此荒不是天降割，請爲澤國縷述詳。淮黃交彙濟漕運，關楗專在楊家莊。上游洪湖瀦淮水，向藉淮清刷濁黃。黃之尾閭不暢泄，乃反倒灌湖中央。湖積河沙漸淤淺，豈能兼受二水疆。高堰長堤懼漲裂，舊有石壩救急方。何當五壩悉放溜，保堤弗顧民命傷。下游雖有氾光及覽社，建瓴勢下何能當。稽天浴日湧白浪，南關車邏盡潰防。遂令下河十州縣，尺田寸宅皆重洋。災民即在此中住，大半已葬魚腹僵。幸得脫者始到此，焦皮裹骨頹尾魴。其來漸多膽漸壯，十百結隊擔籮筐。先瞰高閎金屈戍，次及市闤木倉琅。就中豈無良家子，亦復相逐爲披猖。索米不勞書帖乞，求錢似責左券償。居人被擾竟罷市，大街可射箭穿楊。有司不敢下令逐，稍給資斧遣出疆。問官使我何處去，紇干山雀空迴翔。我聞青州富彥國，流民來輒大發倉。兼行勸分各出粟，五十萬命盡起殭。鳴呼此事難再見，徒誇鄰壑策較長。雖然此事即再見，亦只可暫不可常。青州賑荒數月耳，明年麥熟各返鄉。下河今無鄉可返，陸沈家已入混茫。明年高堰恐復瀉，萬手莫障狂瀾狂。他鄉故鄉總無路，惟有待斃祈早亡。河干露坐默無語，岸土盡濕涕泗滂。」（《甌北集》卷四八）

《活移屍》：「攜筐曳棒鎭相隨，人臘紛紛滿路岐。殘喘暫延終作莩，可憐道上總行屍。」（《甌北集》卷四八）

《押蝗回歌》：人如蝗，陣陣來，人蝗不比天蝗災。索錢乞米聲喧豗，大家小户門不開。有司欲以鄰爲壑，具舟押送向前推，謂可拔眼中釘、息耳邊雷。豈知前途善用倒戈法，出爾返爾何難哉？舟才出疆有攔截，明朝仍泊城牆隈。人之蝗，良可哀，朝東暮西將安歸？米芾押蝗只讕語，如今眞見押蝗回。」（《甌北集》卷四八）

另有《題方慕雲小照》、《白露節連日陰雨》(《甌北集》卷四八)二詩。

【按】《押蝗回歌》小序曰:「宋人小說:米芾知某縣,其鄰縣有蝗起,縣令諉為芾所驅來,芾判其牘曰:『蝗蟲生本是天災,人力如何可挽回?敝縣若能驅使去,即煩貴縣押回來。』爛語可發一笑。今下河逃荒之民不減飛蝗,地方官具舟給錢,押送出疆,謂可以鄰為壑矣。而下游諸縣亦不許入境,仍押送回,此真所謂押蝗回也。爰為作歌。」

趙翼所本,或為宋周紫芝《竹坡詩話》。據是書記載,「米元章少時作邑,會歲大旱,遣吏捕蝗甚急,有鄰邑宰忽移文責之,謂吏驅蝗入境。元章取公牒作一絕句書其背而遣之云:『蝗蟲本是天災,不由人力擠排。若是敝邑遣去,卻煩貴縣發來。』見者大笑。」押蝗回,一說乃錢穆甫事。據宋葉夢得《避暑錄話》卷下:「錢穆甫為如皋令,會歲旱蝗發,而泰興令獨給郡將云『縣界無蝗』。已而蝗大起,郡將詰之。令辭窮,乃言縣本無蝗,蓋自如皋飛來。仍檄如皋,請嚴捕蝗,無使侵鄰境。穆甫得檄,輒書其紙尾報之曰:『蝗蟲本是天災,即非縣令不才。既自敝邑飛去,卻請貴縣押來。』未幾傳至郡下,無不絕倒。」於此亦可見甌北詩歌取材之廣泛,小說家言亦可入詩。

洪亮吉《揚州頻年水災,伊太守秉綬作哀雁詩三章見示,率寄一篇》:「淮海維揚屢告災,晴天白日浪如雷。居民僅免為魚苦,長吏能歌旅雁哀。積貯幾年隨水盡,流亡分日渡江來。舂陵詩與監門畫,忍為遺黎讀百回。」(《更生齋集》詩續集卷五)趙懷玉《澤國》:「澤國人何辜,年年困水災。兩岐方報秀,五壩忽聞開。誰奠淮揚策,空煩汲鄭才。分憂慚局外,曾作廡公來。」「漸看湖底凸,莫恃堰身高。天助蛟龍虐,民哀鴻鴈嗷。轉輪猶幸速,宵旰已添勞。經國思劉晏,端居首重搔。」(《亦有生齋集》詩卷二二)《流民行》:「流民來,自淮揚,民貧亦有富,民弱亦有彊。貧者赤兩手,富者頗有貲充囊。弱者泣路隅,彊者橫索殊披猖。轟然什百成群至,小戶愁開大戶閉。孰肥孰瘠能指名,無藉鄉人助其勢。彼民誠足憫,此土良可虞。太守委僚屬,縣官乃延邑士夫。朝來蕭寺集眾議,爭納白鏹輸青蚨。君不見,西鄰煮糜民不住,東鄰給錢民不去。捉船點役督出城,邨落又恐民潛行。」(《亦有生齋集》詩卷二二)可與甌北《逃荒歎》等詩互為參看。

八月二日,常州古剎天寧寺遭大火,甌北賦詩記其事。

《八月二日天寧寺旁巽宮樓火》：「常州城外古巽宮，宮樓歸過佛殿崇。殿高九丈樓十丈，忽然火光照城中。是時八月旁死魄，麗譙更鼓才鼕鼕。午驚朝暘何太早，又疑晚霞豈在東。趨觀乃知此樓燬，剎竿突兀招祝融。邐迤片火倏透頂，卻又倒熱重簷重。遂成洪爐輠熾炭，躍冶靡不歸銷鎔。千層瓴甋落遍地，萬株榱櫨飛滿空。家家暖思涼露坐，處處熱逼熏籠烘。地高焰烈遠有耀，十里以內皆鮮紅。四十三龍救不得，挈水五丈力已窮。下方猶疑照天燭，其勢竟欲燒蒼穹。幸而直上不旁及，招提得保五百弓。不然諸佛眾菩薩，頭焦額爛逃何從。樓鐘大於五石瓴，火中色似赤堇銅。拉然一墮成死鐵，啞無聲不震耳聾。最可惜者四楠柱，被焚香瀚毘嵐風。大五十圍長百尺，何論漢栢秦時松。此是盤古以前樹，生於混沌長洪蒙。當年永樂神木廠，得一已誇神運功。海幢寺中亦一幹，獨木難以作棟隆。可知奇材世所罕，章亥亦恐尋無蹤。擎天拄地乃有四，薄海內外何由逢。茲寶吾鄉一大寶，虞管夏璜價敢同。層樓一炬細事耳，豈知中有太古桐。萬千年物一朝爐，想是劫數應告終。長成何艱摧何易，使我憑弔心忡忡。」（《甌北集》卷四八）

另有《題緘齋仟撫松遺照》、《余與族孫奕之比鄰，其家高梧陰及我屋，戲贈》（《甌北集》卷四八）二詩。

【按】天寧寺大火，趙懷玉亦有詩記載此事。《天寧寺鐘樓災紀事》曰：「通吳門外多古剎，金碧無過天寧崇。旁有鐘樓高並塔，地居巽位方南東。建樓曾費大匠巧，懸鐘並托僊人蹤。今年歲在攝提格，八月二日宵將中。帝遣六丁鼓爐輠，陰取傑構歸蒼穹。初看一線倏然起，旋訝叢鏑環而攻。恒星不見日返舍，滿城但覺熏天紅。鳴鉦氣已奪官府，拍手喧更驚兒童。梗枏千尺杉合抱，須臾摧拉隨炎風。蒲牢絕吼追蠡斷，警晨一任清霜濃。陸渾直爲自燔具，祝融忽作飛來峰。天火曰災人火火，此殆天意非人功。或云下元不利巽，障蔽去則邦亨通。又云巽主文明象，科名運會將毋窮。我聞至正寺曾毀，茲樓歸與靈光同。土妖木怪久必劫，神焦鬼爛逃無從。物之成敗各前定，造化豈有私心容。不然離巽實耳目，天戒司土宜明聰。」（《亦有生齋集》詩卷二二）

八月間，錢維喬以腹疾病逝，年六十八，甌北復爲詩以哭。

《錢竹初挽詩》：「西河哭子甫經年，豈意哀翁又逝川。食不老饕偏暴下，功深禪坐竟長眠。一區丘壑憑誰賞，廿卷詩文尚未鐫。差幸桂花香正滿，送君一路去昇天。」「看君出仕看君還，薄有田園可養閒。身後名猶他日待，生

前業已近年艱。腰圍月減頻量帶，目疾宵昏只掩關。如此清修亦何咎，不教年到耄期班。」（《甌北集》卷四八）

另有《靜觀》、《破船》（《甌北集》卷四八）二詩。

【按】陸萼庭《錢維喬年譜》，僅謂：「維喬卒。（彭蘊璨《畫史彙傳》卷十八引《懷舊集》謂：「嘉慶丙寅卒，年六十有八。」）月日無考。崔龍見序《竹初詩鈔》謂：「先生及浣青亦相次下世。」是維喬先錢孟鈿卒，考孟鈿歿於本年十月，其時維喬固已下世矣」（《清代戲曲家叢考》）並未云維喬下世確切月份。據甌北詩「差幸桂花香正滿」之句意，桂子飄香在八月中旬，故錢維喬當病歿於八月間。錢維喬與趙翼有姻親，竹初孫女爲甌北之孫中彌（字作梅）妻。（《西蓋趙氏宗譜》）

九月，與同好聚飲、賞菊，悠閒度日，無意與後生爭名。

《菊飲同人小集》：「籬葩紅紫正敷榮，近局相招小合併。不暖不寒天九月，有花有酒夜三更。清談弗禁藏鬮戲，白戰猶能擊缽成。此是暮年消受處，可知無意獵時名。」（《甌北集》卷四八）

另有《耳聾》（《甌北集》卷四八）詩。

【按】趙懷玉《城西看菊歌》：「吾鄉好菊風頗盛，每到秋來各爭勝。灌畦不惜百日勞，購種寧辭數金贈。我別家園十四載，三徑雖存松菊改。籬下曾無酒送人，城西聞有花如海。攜朋踏徧城之西，品類不一紛標題。巧羅鈃盎叠屏幛，分配顏色排高低。家家主人都好客，客至烹泉拂瑤席。別有元亭怕再過，秋容寂寞人非昔。上洋花事眾所傳，自慚雅與花無緣。積雨既摧桃灼灼，颶風旋敗荷田田。法華縱及鼠姑放，過時只帶三分妍。歸來飽看金英吐，始信不如爲老圃。平生萬事總乖違，好乞香留晚節補。」（《亦有生齋集》詩卷二一）可以參看。

十月二十二日，甌北壽辰。先是，吳門范來宗爲作八十壽詩。他如宗室裕瑞、大學士費淳以及洪亮吉、趙懷玉、舒位等名流，均有詩相賀，兒輩請伶工演戲三日，以示祝賀。而甌北以八旬老翁，卻督促僮僕醃白菜，以爲過冬之計。

《吳門范洽園編修來宗爲余作八十壽詩，君今歲亦稱七十之觴，謹賦三律酬賀》：「白首相望兩日程，今年同舉壽筵觥。古稀對我猶稱弟，老學如君孰敢兄。鎖闈摛毫慳接武，銀瓶索酒未通名。江天落落占星象，一似長庚一啓明。」「曾過天平萬笏山，故知代有濟時艱。義田已自增千畝，廣廈猶思庇

萬間。壇坫名高輕仕宦，江湖身遠念痀癃。九重方啓天章閣，會見蒲輪促召還。」「同此懸弧遞舉觴，瑤函先枉祝鰲章。千秋豈論科前後，兩敵終分力弱彊。暮景飛騰君尚壯，阿婆塗抹我徒傷。香山倘許聯吟社，徑欲相從履道坊。」（《甌北集》卷四八）

《安老》：「敢以中乾飾外彊，頹唐漸少興飛揚。詩篇腐有時文氣，塵念昏無醒酒湯。退院蛾眉皆嚼蠟，殘編雞肋尚搬姜。似知宿世原詞客，又爲他生積學忙。」（《甌北集》卷四八）

《十月二十二日爲余八十懸弧之辰，前一日兒輩爲余演劇暖壽，是時正白菜上市，老夫方謀旨蓄禦冬，督奴婢醃菜，書此一笑》：「鄉風暖壽本無稽，兒輩尋歡欲借題。珠翠滿堂簫鼓沸，先生正製菜根虀。」（《甌北集》卷四八）

《兒輩既爲余暖壽，遂演劇連三日，即事志感》：「今朝兒輩大合樂，饗我八十懸弧辰。兒童歡笑婦女喜，爲有焰段百戲陳。瓊筵排日列樽俎，先宴官長次縉紳。下逮里巷眾交舊，敢以韋布嫌非倫。居然歡場大富貴，滿堂羅綺爭鮮新。豈知儒家作豪舉，半出假貸東西鄰。屏風借得錦步幛，地衣賃來紫茸茵。濁醪恐露牆過酒，精饎謬詡蠟代薪。終非出諸宮中物，捉襟輒復肘見痕。東堂合射本不易，乃妄欲以富飾貧。腐儒積貲有幾許，幸獲溫飽已多人。譬如奔馬宜稍勒，勿使力盡蹶絕塵。胡爲拼竭數年蓄，博此數日快意晨。獨不見陽陶轉喉肖歌哭，幡綽弄舌假笑嚬。攀掌臨風胡旋舞，反腰貼地倒剌身。正當歡娛忘夜永，恨不窟室酣連旬。紅袍一出戲鼓歇，霎時過眼如颺輪。吳歌楚舞復何在，依然篝燈一穗寒相親。」（《甌北集》卷四八）

《夢張瘦銅》、《虛名》（《甌北集》卷四八）詩亦寫於此時。

【按】洪亮吉《趙兵備翼八十索詩，率成二律》詩曰：「雲龍追逐願寧虛，一巷迢迢共卜居。同里又兼同館晚，大名剛稱大年初。年來老輩零落殆盡，惟公靈光巋然，於是益享大名。齊聲久愧荀鳴鶴，爲尾眞輸華子魚。絲竹滿堂賓滿坐，興闌我亦夢華胥。」「春華秋實久分途，公獨能兼錢少詹大昕蔣編修士銓盧學士文弨。傳世才仍工應世，裏儒識本遜通儒。平心論斷追收約，快意詩篇到陸蘇。青史他年要專傳，一編文苑定難拘。」（《更生齋集》詩續集卷五）

趙懷玉《家觀察翼八十》四首謂：「懸車猶在艾耆前，家衖棲遲過卅年。東海太公天下老，西清舊史地行仙。枌榆福要追攀少，松柏姿原稟受全。恰好小春娛大耋，嶺梅香裏泛觥船。」「早直楓庭視草勤，旋看五

色現罏雲。一時館閣推前輩，萬里蠻荒頌使君。但得鶴琴堪作宦，偶攜書劍便從軍。去思碑在邊民口，何止銘山侈戰勳。」「幾穿木榻歷冬春，結習叢殘晚更親。談到古今胸有竹，拈來風月筆無塵。行辭鳩杖爭誇健，著敝狐裘豈爲貧。占盡名山垂不朽，只論詩已是傳人。」「肯因駐景覓神方，炳燭還同日出光。視聽不衰仁者壽，子孫逢吉世其昌。閒中話舊餘豪氣，老去憐才尙熱腸。公到九旬吾七十，好援陳例祝如岡。」（《亦有生齋集》詩卷二二）

舒位《奉和趙甌北先生八十自壽詩原韻八首》謂：「量徧瀛洲萬斛塵，大千世界小陽春。國中故事徵三老，林下新詩見一人。自養生機仙暗合，能參活句佛同因。管絃未散搖鞭去，不負看花是此身。」「封侯何必面如田，骨相來從酸棗天。春向百花開處早，詩當萬卷破時傳。囊邊青錦懷芳草，壁上黃河貰酒錢。誰識三千風月外，胸中別有四千年。先生著《二十二史劄記》。」「絕代軺軒孰短長，風雲嶫岘海天荒。消磨千古文章事，開拓無邊瘴癘鄉。百雉書城嚴寶鑰，一波宦海仗慈航。梅花本是高寒格，肯自輪材作棟梁。」「筆如風雨劍如虹，夕奏飛書曉掛弓。不獨一身都是膽，只須半部已成功。閒來拊髀心猶壯，妙處撚髭手更工。贏得家家畫團扇，功臣閣外歲星中。」「東南耆舊悵星稀，到此欣逢榮啓期。一殿靈光猶突兀，三生慧業與驅馳。音塵寥落當官苦，几杖追陪隔歲遲。釀取芙蓉湖裏水，稻香酒熟介春時。」「枝上禽聲亦朋友，山頭雷響似嬰孩。等身著作皆能壽，絕頂聰明不患才。繞膝芝蘭芳氣味，及肩桃李鬱栽培。詩人自古多逢吉，九十賓筵尙酒杯。」「回首登堂歲幾闌，白駒影裏感青鸞。吹簫市上逢人易，托鉢城中拜佛難。松柏蒼分盤鶴徑，珊瑚紅拂釣魚竿。陽春一曲惟愁和，重把先生險韻看。」「手自丹黃鬢自皤，細論遭際不虛過。門生衣鉢都爲相，謂錢塘費筠浦先生，今爲體仁閣大學士，先生癸未本房中式進士也。新婦羹湯已作婆。文苑傳中循吏少，武夷君下遠孫多。香名清福兼消受，陋說征蠻馬伏波。」（《瓶水齋詩集》卷一二）

可互爲參看，餘不錄。

十一月十五日，長孫公桂（廷英出，字馥軒）妻查氏患癆病歿。甌北悲傷不已。

《查氏病歿》：「于歸六載慣釵荊，恰稱儒門氣味清。但問舉家千食指，不曾聽過勃溪聲。」「病入膏肓可奈何，自知不起欷歔病。可憐爲我稱觴慶，

忍死延挨半月多。」「經年床第一燈青，痛楚聲無一刻停。聽到自家祈死切，教人不忍進參苓。」「老人星正映祥暉，樂極生悲事可知。家慶正當圓滿候，月痕先兆一分虧。」（《甌北集》卷四八）

【按】本詩「忍死延挨半月多」句後注曰：「余生辰十月廿二日，氏以十一月十五日歿。」據《西蓋趙氏宗譜》，查氏乃候選同知查懋仁女，生於乾隆五十年（1785）三月十八日，卒於本月十四日，年二十二。與甌北所記稍有出入。此據甌北自述。

年紀高邁，長夜難眠，時而回思人生經歷，情有所不甘。

《有暇》：「有暇誰曾覺，無成始自驚。身團磨牛蹟，書亦野狐精。濟物終虛願，稱詩浪得名。不官仍不學，可惜此聰明。」（《甌北集》卷四八）

《獨夜》：「麗譙椒鼓打三更，露冷天高夜氣清。缺月半規藏有魄，繁星萬點沸無聲。壯心久罷聞雞舞，生事惟催叱犢耕。嘹亮誰家長笛起，似教成我倚樓名。」（《甌北集》卷四八）

晚明瞿式耜頑彊抗清，退守桂林，城破身死，其族孫瞿頡所作《鶴歸來》一劇，即敘其事。甌北為該劇題詩。

《題鶴歸來戲本》：「化鶴歸從瘴海濱，興亡如夢愴前塵。河山戰敗無殘壘，文武逃空剩隻身。青史一編留押卷，朱衣雙引去成神。覆巢之下猶完卵，想見興朝祝網仁。」「江陵孫子亦英風，來共殘棋一局終。不死則降無兩法，倡予和汝有雙忠。青山何處呼鼻復，白首同歸作鬼雄。楊震自能招大鳥，豈須鎩羽比遼東。」「風洞山前土尚香，從容就義耿剛腸。久拚白刃為歸路，肯乞黃冠返故鄉。宗澤心期河速渡，福興身殉國垂亡。易名真荷如天度，偏為殷頑特表彰。」（《甌北集》卷四八）

【按】瞿式耜，陳文述《桂林留守行》詩前小序曰：「為瞿忠宣公作也。公諱式耜，字稼軒，常熟人。宏光中官廣西巡撫。永明王立，留守桂林。何騰蛟死，代為督師。中涓柄政，藩鎮離潰，城破，被執不屈死之。墓在虞山拂水巖下，招真治左，有祠。」末句「朱鳥招魂歌楚些，何年華表鶴歸來」句下注曰：「公死後有雙鶴飛翔會元坊上，相傳是公去婦化鶴歸來。夫人同在桂林，先期病卒。公族孫菊亭孝廉作《鶴歸來》院本。」（《頤道堂集》詩選卷一〇）

瞿頡（1743～？），字孚若，一字菊亭，江蘇常熟人。《（同治）蘇州府志》卷一〇三引楊氏《藝文志》曰：「瞿頡，字孚若，乾隆三十三年舉

人，官酆都知縣。撰《酆都縣志》。性通敏，以四書注疏有與朱注異者，標出，參以己見。著《四書質疑》四卷。喜爲詩古文，兼善詞曲。子毓秀，亦工詩詞。」《（同治）蘇州府志》卷一三八謂其著有「《四書質疑》四卷、《酆都志》、《崇寧志》、《秋水閣古文》二卷、《秋水吟》二卷、《鶴歸來》二卷」。

《聽雨樓隨筆》卷七：「蔣礪堂先生攸銛，在蜀作監臨，闈中詩題工部草堂，後與學使聶蓉峰遊草堂，即相與賦此題，爭巧鬥捷。在都瞿頡以詩文進質，即題扇作七律二首送其謁選，後二人皆官於蜀，亦佳話也。詩云：『天設名場困此人，文章磊落性情眞。遊經關塞詩兼史，曲譜忠徽妙入神。著有《鶴歸來》傳奇。一片宮商含鐵石，半生琴酒雜風塵。詞壇久擅扶輪手，富貴何須早致身。』『銅章忽現宰官身，老驥知途定絕塵。繡隴雉來春有腳，訟庭花落聽如神。飽諳草澤煙霞癖，留得詩書面目眞。自古親民先善俗，弦歌不乏采風人。』礪堂先生道光乙酉入贊綸扉，於故麓中檢得浮籤一紙，乾隆戊戌初應童試物也。是時年十二歲，即於是歲入泮，已五十年矣，及典會試，重入貢院，見坐號宛然。爲餘字三號，因囑順天府教官，將滿洲、蒙古漢軍取進原案各生，注明籍貫，裝爲一冊，而揭此浮籤於前，一時歌詠成帙。其不忘舊如是。知先生之深於情矣。」

同書卷八：「攝篆酆都，登平都觀，閣上懸聯云：『以邀以遊，得僊人之舊館；一觴一詠，極天下之大觀。』深愛其詞。視歟，題瞿頡，退考縣志，則所修也。瞿號菊亭，明季大學士忠宣公式耜之後。忠宣殉節廣西，國朝以其盡忠於明，全其家室。菊亭譜《鶴歸》詞，表揚先烈，以孝廉謁選宰酆都及仁壽。著有《宣南坊草》、《秋水吟詩集》。《秋夜即事》云：『四壁留孤影，蕭然似老僧。濕螢時入戶，饑鼠屢窺鐙。不作還鄉夢，空思耐久朋。明朝青鏡裏，千點雪應增。』《落葉》云：『一夕霜風起，蕭蕭木葉輕。打窗疑雪片，卷地作秋聲。竈冷添薪富，庭空放月明。此時感搖落，不獨長年驚。』《沔縣謁諸葛丞相祠》：『定軍鐙火燭天紅，駭賊依然討賊忠。教匪至沔見定軍山鐙火無數，疑是官兵，遁去。事聞，賜帑金修祠，並賜扁額。人品獨高三代後，表文堪置六經中。石琴一曲吟梁甫，奎藻千秋耀閟宮。五丈原前經故壘，英雄揮涕古今同。』《曉發鳳縣》云：『曉跨征鞍出鳳城，絮袍還怯早涼生。哀猿叫月如三峽，秋蟀吟風恰五

更。路入陳倉從古險，人來雲棧只宜晴。馬蹄得得岨嶇甚，但聽西風振策聲。』《春柳》：『東風一夜到江濱，抽遍長條一色新。小逗風流牽別恨，未堪攀折贈行人。畫橋瘦影憐初月，灞岸輕寒怯早春。何處愁來情脈脈，傍簷臨檻總長鬖。』《花影》：『總是瑤臺幻裏身，好憑月姊爲傳神。過牆依約離魂女，映水分明對鏡人。幾度呼童常誤掃，便教貼地不成茵。賺他癡蝶情無限，樹底渾疑別有春。』《制藝英聲》選菊亭文，亦能手。」

《海虞詩話》卷七：「瞿大令頡，字孚若，號菊亭，居五渠。乾隆三十三年舉人，本名顥，後避仁宗諱，改今名。知鄞都縣，有政績。精於音律，著有《鶴歸來》、《鴈門秋》等院本，並《巴蜀見聞錄》、《四書質疑》數種。嘗得錢蒙叟秋水閣舊額懸之渠上草堂，因即以名其集。《書朱買臣傳後》云：『男兒宦達蚤有譽，五十富貴妻已去。故鄉典郡亦足豪，邸吏惝惶胥失措。朱幡五馬會稽來，此是當年負薪處。可憐覆水竟難收，自經溝瀆莫肯顧。嗚呼！買臣妻，世無數，祇今邑子誰嚴助。』君少年鄉舉，十一試禮部不售。己酉春試，《出院》云：『那堪後進推先輩，漸覺同來少故人。』又云：『身隨九陌春俱老，心逐三條燭並灰。』蓋感慨深矣。解組後，予猶及見之，語及春明，仍鬱鬱云。」

《一斑錄》卷五《身體變常》條謂：「我虞菊亭瞿君，嘉慶時曾任鄞都縣，回籍。一日晨起，手攜煙筒欲吃，餘火於地，而不能蹲下，方自慮筋骨有故，不日疽發於背，延醫無效而歿。又余小功兄蕙，副貢生也。嘉慶二十年冬，年六十一歲，並不老邁，偶欲反手自搔其背，而竟不能，疑肩受風濕，商於眾，屑附桂末以膏藥貼之，無效，易川烏、草烏末貼，不料遂受其毒。越日，肩生大癤，未愈，又生腦後。憊甚，又生太陽。委頓不能堪而歿。」

梁廷枬《曲話》卷三：「琴川瞿頡《鶴歸來》曲首折發端、末折收場，似仿《桃花扇》爲之。不特從來院本所未有，亦院本所不必有也。」

石韞玉有《菊亭譜曲圖爲瞿明府題》二首，謂：「閒拈紅豆記新聲，自古才人善賦情。曾向平都山下過，路人常說長官清。」「功名無分到燕然，收拾豪情付酒邊。但有井華堪汲處，人人解唱柳屯田。」（《獨學廬稿》四稿卷一）

法式善《贈瞿菊亭頡》詩謂：「竹橋死兩年，邂逅交菊亭。和我采菊詩，逸響秋泠泠。梅花一卷樓，竹橋所居。殘墨多飄零。君肎搜佚亡，老

成存典型。襆被來長安，問訊賤子名。未見風雨思，既見肝膽傾。十年讀古書，不克通一經。提挈三寸管，坐老槐花廳。髮禿餘會撮，手顫羞娉婷。孤鴻抱遠志，焉肯眠沙汀。淒涼白雲白，瀟灑青袍青。斷續樓上鐘，晨暮敲人醒。」（《存素堂詩初集錄存》卷二一）

孫原湘《戲題瞿菊亭孝廉頡紫雲回樂府》詩曰：「撲朔迷離久亂眞，還他本色轉釂新。特爲菊部開生面，卻遣黎園自見身。叔寶羊車香入市，鄂君翠被煥生春。憐君脫盡陳窠臼，纔有當場動目人。菊亭自題《落卷》云：『慚無牛鬼蛇神筆，那得當場動目來。』戲用其語。」（《天眞閣集》卷一七）孫原湘《菊亭譜曲圖》詩謂：「眼前餘子徒碌碌，獨背西風自製曲。六十四歲老孝廉，三十八年舊科目。不能玉堂作神仙，不得銅符受民牧。青鞵日踏軟紅塵，往往逢場戲竿木。淺斟低唱宋子京，鐵板銅琵蘇玉局。元百種外種別傳，湯四夢閒夢可續。人言折齒謝生歌，我道吞聲阮郎哭。賣賦年來充橐金，煥老公然置燕玉。菊亭新置籛。但令紅嵌畫烏絲，焉用宮袍製章服。吹簫自付雪兒歌，按拍還教雷氏讀。纖手玲瓏記紅豆，老眼摩挲對黃菊。多少金龜賦蚤朝，輸與先生此清福。」（《天眞閣集》卷一八）

詹應甲【金縷曲】〈題瞿菊亭孝廉鶴歸來傳奇〉：「老淚眞堪惜，悔年來、花前燭底，無端偷滴。力掃風華標至性，寫出一腔血赤。方不負、才人之筆。難得忠魂邀曠典。許白頭，孫子傳奇蹟。千載下，皎如日。　軟紅塵裏持鞭揖，譜新聲，行間密字，穿雲裂石。聽說鴈門秋色老，吹向關山長篴。想到處、旗亭畫壁。菊亭新制《鴈門秋》尚未脫稿。此曲雙鬟休付與。怕臨風、飛去寥天一。鶴能語，也淒惻。」（《賜綺堂集》卷二五《弦秋詞二》）詹應甲【沁園春】〈題菊亭錦衣樹傳奇〉：「投筆書生，功名壯哉，事吳越王。問將軍衣錦，談何容易；秀才脫白，夢也荒唐。青眼憐才，黃金散士，除卻英雄只女郎。難尋處，是茫茫海內，紅淚雙行。　司衡妙解文章，竟遭卻明珠照乘光。笑暗中摸索，本無關說；風前太息，頗費評量。壁上籠紗，行間勒帛，一例相看也不妨。悲歌壯，借潮頭萬馬，譜出宮商。」（《賜綺堂集》卷二五《弦秋詞二》）詹應甲【邁陂塘】〈竹西用余題，照原韻譜秦淮舊遊二闋，仍依韻奉答〉「秋風冷到桐涇月」句後注曰：「瞿菊亭有《桐涇月》傳奇，記罄兒事。」（《賜綺堂集》卷二七《弦秋詞四》）寧熙朝（雙梧）《客窗值雨讀賜綺堂集》

詩「紅牙畫鼓譜新弦，生情一片桐涇月」句後注曰：「瞿菊亭爲師譜《桐涇月》傳奇。」（詹應甲《賜綺堂集》卷一四附）

又，潘奕雋有《瞿菊亭桐閒露落柳下風來行看子》，見《三松堂集》續集卷四；石韞玉有《題瞿菊亭明府家藏范忠貞公畫壁詩草》，見《獨學廬稿》四稿卷一；孫原湘有《瞿菊亭孝廉頡投筆圖》，見《天眞閣集》卷七；《書范忠貞畫壁詩卷後，藏瞿菊亭孝廉家》，見《天眞閣集》卷一八；《贈瞿菊亭丈，即書其桐閒露落柳下風來行看子》，見《天眞閣集》卷二二。

莊一拂《古典戲曲存目彙考》（卷一二）著錄較簡，鄧長風有《瞿頡和他的〈鶴歸來〉傳奇》（《明清戲曲家考略全編》上冊）一文，可參看。

門生費淳奉寄俄羅斯所產海虎珍裘南來。其身居高位，仍不忘師生之誼，令甌北感動不已。

《費筠浦相公遠寄海虎珍裘，值冬暖，幾至閣束，戲題四絕》：「故人念我冷探梅，遠贈烏茸妙翦裁。可惜溫溫無所試，寄裘不帶雪霜來。」「漠北牲牷厚氄多，偏逢冬暖氣暄和。回思塞外曾從獵，僅借微溫兩橐駝。」「鄒律曾回黍谷暄，區區軟氄豈同論。相公自有調元手，裘到江南候早溫。」「擬誇鄉里小兒曹，衒耀州來秦復陶。天不許更寒乞相，不如還贈舊絲袍。」（《甌北集》卷四八）

《夜醒作》、《僧了凡衣狐裘，大有衒耀寒儒之意，詩以調之》（《甌北集》卷四八）二詩，寫於此時。

【按】了凡，見本譜乾隆四十九年考述。

廷俊頗為孝順，每日供奉飯食精細，然其卻患有脾泄之疾，甌北勸兒服藥調理。

《俊兒供饌頗嘉，余以其有脾泄病，催令服藥》：「子舍能供酒饌精，乃翁卻勸藥爐烹。一甘一苦雖殊味，總是人間父子情。」（《甌北集》卷四八）

臘月十九，天降大雪，簷溜倒掛，天氣嚴寒，閉門不出，讀書飲酒。或點檢朝靴，以備元日望闕行禮之用。

《久不著靴，元旦須望闕行禮，而靴底黴黑，以粉塗之，戲作》：「粉應傅面美容華，何事朝靴底亦搽。塗抹鉛華到雙腳，先生毋乃太驕奢。」（《甌北集》卷四八）

另有《臘月十九日雪》、《除夕戲作》（《甌北集》卷四八）二詩。

嘉慶十二年丁卯（1807）　八十一歲

【時事】　正月，以費淳爲大學士，戴衢亨協辦大學士兼翰林院掌院學士。二月，禁史館官吏纂修書籍雇書手謄寫。三月，《高宗純皇帝實錄》、《高宗聖訓》編竣。五月，「以長齡爲陝甘總督，薩彬圖爲漕運總督」（《清史稿》卷一六《仁宗紀》）。六月，禁督撫幕友朦保入官。（《清史稿》卷一六《仁宗紀》）七月，帝於本月十八日由京啓程，秋獮木蘭，至九月中旬回至京師。九月，暹羅私招商人貿易，降敕訓止之。十月，令武鄉、會試內場罷策論，改爲默寫武經。十一月，河南勒休知府病瘋赴京控告豫省大小官員侵欺舞弊各款，令阮元赴河南查辦。十二月，「調清安泰爲河南巡撫，以阮元爲浙江巡撫」（《清史稿》卷一六《仁宗紀》）。

本年，江陰沈蓮作《饑年歎》、《不雨歎》、《種豆歎》、《拔豆歎》。

武進湯貽汾因案被召至清江浦聽勘，作《麥粥》詩，述淮南災重，農民多棄土出亡，麥粥一餐錢半百。

吳縣范來宗聽客談《十五貫》戲劇中情事，作《前明況太守軼事》詩。

元和顧廣圻爲孫星衍校刊《廣黃帝本行紀》、《軒轅黃帝傳記》。

陽湖孫星衍編《續古文苑》二十卷，有成稿。

丹徒王豫刻所輯《群雅集》三十九卷。

南匯馮金伯在句容縣學訓導任，此年刻所輯《海曲詩鈔》十六卷。

南匯吳省蘭刻所編《河源紀略承修稿》。

浙江龔自珍讀《四庫全書總目提要》，始治目錄學。

福建伊秉綬解揚州府知府職還閩。

洪亮吉作《里中謠》（三首），之二曰：「縣隸來，狗夜吠，一巷人家夜齊起。隸行欲殺雞，不管雞能啼。隸行欲索肉，不管母豬兒在腹。隸洶洶，捶阿公，阿婆旋轉門闌中。隸行飽餐錢飽橐，縣隸出門家夜哭。」（《更生齋集》詩續集卷六）

舒位往徐州，賦《黃樓》、《燕子樓》、《留侯故里懷古》、《歌風臺》諸詩。（《瓶水齋詩集》卷一三）

王念孫劾署濟寧知州黃炳任性濫刑酷以濟貪索取陋規，各行罷市。黃遂罷職。（《王石臞先生年譜》）

凌廷堪回歙，主講城南紫陽書院。（《凌次仲先生年譜》）

阮元進奉《四庫全書》未收經、史、子、集雜書六十種，得獎賞。（《雷

塘菴主弟子記》卷三）

【本事】正月初一，仍早起，循舊例，著朝衣望闕北拜，並慶幸己「年開九秩」。

《丁卯元日》：「朝衣北望拜天闇，剛卯眞符景運長。幸忝增年開九秩，曾初赴舉試三場。綠痕上柳猶無色，紅意催梅漸有香。預卜秋成仍大稔，立春才屆正農祥。」（《甌北集》卷四九）

年老邁，酒力不濟，然童心未泯，時與孫輩為拔河、拋垜之戲。

《春興》：「葛仙橋畔出迎禧，兒女青紅又一時。賭酒難勝長夜酒，看詩漸愛老人詩。湖山興發無同伴，花柳春來有定期。自笑童心除未盡，拔河拋垜尚能嬉。」（《甌北集》卷四九）

聞知朱石君珪病歿於京師，為詩以弔之。

《朱石君相公挽詩》：「調元正仰贊休明，揆席俄驚喪老成。生爲甘盤尊舊學，死同君實易嘉名。昇平相業無奇績，典雅文風有主盟。餘事何妨證仙佛，旁通原不損賢聲。」（《甌北集》卷四九）

【按】朱珪，字石君，順天大興人，《清史稿》卷三四〇有傳。

《嘯亭雜錄》卷四《朱文正》條謂：「今上親政之後，寬仁厚德，不嗜殺人，皆由朱文正公於藩邸時輔導之功良多。公諱珪，大興人。年八歲，即操觚爲文，文體倔聱蒼古，與兄竹君學士筠齊名。年十九登進士，爲乾隆戊辰科，時人雨連綿三日，蓋即爲公霖雨兆也。純皇帝深重其品。劉文正公復薦於朝，曰：『北直之士多椎魯少文，而珪、筠兄弟與紀昀、翁方綱等皆學問淵博，實應昌期而生者。』上曰：『紀、翁文士，未足與數，朱珪不惟文好，品亦端方。』數年外擢山西布政使。時撫軍爲黃檢，文襄公之孫也，少年紈袴，貪黷驕奢，公時匡正之。黃以公爲腐儒不足與談，因劾公爲迂滯，純皇帝優容之，改公以學士，入直上書房。時爲甲午春季，蓋已爲豫教今上計。公欣然就職，日導上以今古嘉猷，侍講幄十年餘，無一時趨之語，今上甚重之。後以孫文靖公薦，純皇帝曰：『朕故知朱珪通曉吏治事。』遂授安徽巡撫。公以清介持躬，自俸廉外，毫不沾取。余業師吳修圃駉爲公所取士，嘗謁見公，時夏日酷熱，公飼吳以瓜，亦必計價付縣隸，其不苟也如此。公經學醇粹，愛惜人才，所保薦如荊道乾、王秉韜等，其後皆爲名臣。掌己未、乙丑二春闈，所取張惠言、鮑桂星、陳超曾、湯金釗、孫原湘、孫爾準、謝崧等，皆一時知

名士。嘗於闈中子夜搜得吳山尊鼎卷，再三詠讀，大呼曰：『山尊在此！』因披衣叩阮中丞元扉，命其秉燭批點，曰：『其佳處在某處，老夫眼方倦，不能執筆，君可代為之書，此吳山尊文也。』榜發果然，其賞鑒也若此。故其薨日，上甚震悼，親臨奠醊，世共惜之，以為劉文正公後一人而已。然性純厚，易為人欺詐，有貪吏某知公嗜好，故為衣服藍縷狀以謁公，竟日談皆安貧之論，公深信之。其人以罪遣戍，及赦歸，公掌銓日，力為超雪，欲復其官。彭文勤公元瑞言其貪狀，公艴然曰：『若其人者，可謂忠於朝，友於家，為今世之閔、顏，安可辱之以貪名也。』又取文尚引據經典，故士子多為盜襲獺祭之學，文風為之一變。素嗜許氏《說文》，所著詩文，皆用古法書之，使人不復辨識。晚年酷嗜仙佛，嘗持齋茹素，學導引長生之術，以致疽發於背。時對空設位，談笑酬倡，作詭誕不經之語，有李鄴侯之風。余嘗與共宿郊壇，時鮑雙五病劇，余向公惋惜，公岸然曰：『彼祿命方長，安得驟死？』若實有先知者。然雙五果病癒，致位通顯，則公之仙伎亦未易窺測也。」

《竹葉亭雜記》卷五謂：「座師朱相國文正公晚年恒閉目養靜。門生故舊至，公倚桌坐，以杖支頤。杖頭置青絹一幅，蓋以拭目也。與客談，亦不睜目，語喜詼諧。翰林院土地相傳為昌黎文公，故有文公祠。公以為代文公者為吳殿撰鴻。一日丁祭畢，舁轎過文公祠，公自轎中回首作拱介，大聲曰：『老前輩有請矣。』乙丑除夕，余至公家，問公歲事如何，因舉胸前荷囊示曰：『可憐此中空空，押歲錢尚無一文也。』有頃，閽人以節儀呈報曰：『門生某爺某爺節儀若干封。』公因謂余曰：『此數人太呆，我從不識其面，乃以阿堵物付流水耶！』其諧謔如此。自以為前身為文昌宮之盤陀石，因號盤陀老人。有請乩者，謂公係文昌二世儲君，名淵石，故字石君。奏請加梓潼封號，行九拜禮。卒之日，臥處一布被、布褥而已。上親賜奠，駕至門即放聲哭，且賜以詩，有『半生唯獨宿，一世不談錢』。《傳》曰『知臣莫若君』，信哉。」

又，阮元《太傅體仁閣大學士大興朱文正公珪神道碑》謂珪於嘉慶十年正月，「宣拜體仁閣大學士，管理工部事。上以是命為遵先帝遺詔也。命詣裕陵謝。明年春，公感寒，多痰嗽，步遲蹇，右目微眚。上曰：『此火盛也，可以遊覽散之。』乃赴西山呂邨二老莊祭墓，過戒壇、潭柘諸寺。秋，復祭墓，遊西山。時公年七十六矣。九月，奏乞休，上曰：『待

八十當爲壽。』旋命戶部尚書戴公衢亨齎賜詩十韻及玉鳩杖。諭天寒，間二三日入直，且俟日出後至南書房候召對。每召對則預定召對後期。十一月庚午，寒甚，乾清宮召對畢，降階，忽痰壅，歸第，上遣侍衞領醫官來視疾。疾少差，賜假兩月。十二月乙亥，坐外軒，作芻獻詩，有云：『天道神難測，民心惟一中。知人可安眾，居所自持公。』上將親臨公第。丁卯，復命戶部尚書戴公來。夜逾子，痰盛氣微，遽薨，是五日戊寅也。」（《碑傳集》卷三八）知朱珪病逝於嘉慶十一年十二月初五。甌北至次年正月始聞知，爲詩以哭之。

謨、覽二孫始六歲，即相攜就讀於家塾。見後繼有人，喜而爲詩。

《謨覽二孫俱就塾識字喜賦》：「又見童孫兩，相攜就塾師。文須先識字，老正藉含飴。莫誤陳山可，休訛杜十姨。方名雖小學，九仞此初基。」（《甌北集》卷四九）

【按】覽，即趙申祐，廷俊三子。初名覽，嘉慶七年壬戌十二月二十七日辰時生。（《西蓋趙氏宗譜》）謨，即趙韓，廷英第三子，初名景謨，字義生。國子監生。嘉慶七年壬戌六月二十日辰時生。（《西蓋趙氏宗譜》）

欣聞門生費筠浦淳拜體仁閣大學士，爲詩以賀。

《筠浦策拜體仁閣大學士喜賦》：「中外宣猷宿望深，欣聞策拜冠朝簪。九天默運爲霖手，四海皆知似水心。泰宇澄清調玉燭，薰風解慍和瑤琴。早聞絳闕宣麻日，朝野同聲慰滿襟。」「臺省何人不駿雄，獨邀帝鑒亮大工。最高班位天常近，未老精神日正中。旋馬並無廳治事，圖麟應有閣銘功。江鄉野老分榮甚，座下門生作相公。」（《甌北集》卷四九）

另有《題石葉塘明府小照》、《西干故里》（《甌北集》卷四九）詩。

【按】《筠浦策拜體仁閣大學士喜賦》詩「旋馬並無廳治事」句後注曰：「公尚僦屋作邸舍。」可知費筠浦爲官清廉自律之狀況。又，《清史稿》卷三四三《費淳傳》：「十二年，拜體仁閣大學士，管理工部，兼管戶部三庫。」又據《清史稿》卷一七五《大學士年表》：「嘉慶十二年丁卯，費淳，正月遷。」體仁閣大學士朱珪，卒於嘉慶十一年十二月戊寅。至正月，費淳乃繼其任。此處所稱「遷」，當是指費淳拜體仁閣大學士之事。

時而出遊，尋覓詩材，亦與年輕人交往，性耽佳句，角逐詞場。

《論詩》：「結習耽吟老未忘，尚隨年少角詞場。只愁後世無新意，不敢多搜錦繡腸。」（《甌北集》卷四九）

另有《無聊》（《甌北集》卷四九）詩。

秀才葉保堂廷甲，以重金購得筠峪徐氏（徐鎮，字筠峪）所梓行《徐霞客遊記》之板，詳加校勘，且補其遺詩，一併刊行。甌北聞知，喜而賦詩以誌其事。

《題葉保堂秀才補刻徐霞客遊記》：「暨亥步紘埏，若士遊汗漫。尻車神爲馬，古語本荒幻。霞客乃好奇，足踏天下半。肩荷一襆被，手挾一油傘。南狎橫海鯨，北追出塞雁。水愕險灘千，陸跋危巘萬。曉寒風裂膚，暑雨泥沒骭。渴掬懸瀑流，饑拾墮樵爨。身沖魑魅過，膽不豺虎憚。非奔走衣食，非馳驅仕宦。問渠意何爲，曰欲窮壯觀。將成一家言，親歷異遙盼。註證酈桑精，經訂嶽瀆誕。以俟後子雲，南針指一線。果有葉保堂，曠世起驚歎。購得舊板完，兼搜逸篇散。方輿燦列眉，一一可覆按。惜哉醫巫閭，作者未識面。西土梁雍州，亦未度雲棧。想當明末造，遼瀋界久判。陝蜀荼盜區，更難結靱絆。今幸世昇平，萬里景清晏。保堂興既豪，意氣薄霄漢。曷弗繼遐蹤，探奇盡禹甸。歸補圖經全，供我臥遊遍。」（《甌北集》卷四九）

另有《報施》（《甌北集》卷四九）詩。

【按】葉廷甲，見本譜嘉慶九年考述。其嘉慶十三年四月所寫《徐霞客遊記序》曰：「嘉慶十一年冬，筠峪徐氏以所梓行《遊記》之板歸余。廷甲生平無他嗜好，見書之有益於學術治道者，每不惜重價得之，遂積至萬有餘卷，丹鉛甲乙，目不暇給。前既校刻《楊氏全書》，今復得徐氏《遊記》板，翻閱之，朽蠹頗多。乃借楊文定公手錄本暨陳君體靜所校本，與徐本悉心讎勘。其文之不同者以萬計，其字之舛誤者以千計。其文不同而義可通者仍其舊，其字之舛誤而文義不可通者不得不亟爲改正。抑徐刻分十冊，與進呈之楊本卷帙不同，此無從更正者。且楊、陳二本於《滇遊日記》卷首俱有提綱，楊本每記有總評，陳本每記有旁批，此又無從增補者。惟是霞客有遺詩數十首，石齋黃公歎爲詞意高妙，忍令其秘藏而弗彰乎？又一切名人巨公題贈諸作，俱足以考見霞客之素履，又安可不傳信於來茲乎？十三年春，延梓人於家，訛者削改，朽者重鑴，又增輯《補編》一卷附於後，庶幾霞客之精神面目，更可傳播於宇內也。」

「霞客此書，固千古不易之書也！士人束髮受書，在堂戶之上，而四海九州之大，無所不知，然後可以出而履天下之任。若僅以此書當臥遊勝具，豈廷甲補輯是書之志也耶？」

同年崔曼亭龍見歸里，白頭相見，格外親切。

《喜同年崔曼亭觀察歸賦贈》：「蘭譜交遊悵各天，白頭喜見老同年。去官未免思祠祿，健飯猶堪作地仙。炊白夢雖妝閣冷，過庭人早御屏遷。何期一榜都凋謝，獨剩吾曹耐久緣。」（《甌北集》卷四九）

此時另有《同鄉舉消暑會，余以齒序屢叨首座，戲簡諸公》、《題朱金山補讀書圖》、《余不喜茹素，自六歲隨先君子書館即無日不肉，然每食不過二兩，今年八十餘，約計已三千三四百斤，自惟庸姿薄植，毫無益於世，而享此口福，良可愧也》、《修行》、《題曼亭同年望岫息心圖》（《甌北集》卷四九）諸詩。

【按】崔曼亭，崔龍見（1741～1817），字翹英，號曼亭，山西永濟人。《國朝詞綜補》卷四：「崔龍見，字曼亭，永濟人。乾隆二十六年進士，官荊宜施道。」《吳興詩話》卷一六：「崔漫亭觀察龍見，辛巳進士，少隨外舅錢文敏公視學浙中，其和蘇法華山詩落句：『舊遊根觸立蒼茫，卅年慚負題詩債。』蓋隨侍輶車，未暇遊賞也。及癸卯通守杭州，因公至湖，次竹垞先生韻二首云：『已醉烏程釀，初遊碧浪湖。落梅風渚淡，斜日峴山孤。煙艇春歸早，窪尊興到無。驚心思舊賦，倍欲老蓴菰。碧浪湖。』『選勝菰城北，言尋白雀岩。忘機共鷗鷺，問道入松杉。天與湖光動，山將樹色銜。吾生倦行役，孤往任雲帆。白雀寺。』甲辰歲，福建徐兩松大中丞嗣曾來西湖行在所，時鄭觀察守杭州，與二公相遇，揖之曰：『今同時並見兩東坡矣。』相與軒渠。崔、徐皆予同年友。」

《梧門詩話》卷六：「《鳴秋合籟》一卷，崔曼亭龍見官頻陽時，與夫人錢浣青並浣青叔錢竹初倡和之作。浣青尊甫文敏公，乃錢璵沙方伯琦禮闈所得士，方伯題詩云：『驚看玉樹茁新芽，江左門才聚一家。差幸三更明月夜，當年老眼不曾花。』『吾家絕調數湘靈，落日清音滿庭（按：此句原文漏字）。那識數峰江上好，一痕分到小姑青。』卷中題者甚多，此最工切，與韻事相稱。」

趙懷玉《誥授中憲大夫分巡湖北荊宜施道崔府君墓誌銘》略謂：「君生五歲，能為儷語，作擘窠字。乾隆庚辰，年二十，中順天舉人，明年成進士。初選廣西武緣，引見，調陝西南鄭。庚寅充同考官，得解元王林等。南鄭有漢江壩，民以爭水訟。君適感疾，未即赴勘。群集數百人乞本道委勘。胥役以越控不納，民奪門入擊堂鼓碎之。道閉內廨，使人

踰垣，以民變告君。力疾馳往，收其愬詞，叱令散去。次日赴勘立界，杖奪門擊鼓者，械以示眾，民不敢嘩。辛卯充武鄉試同考官，攝三原縣事，革陋規，自買騾馬供支應，尤喜甄拔士類。旋攝興安州，地遼闊，視聽有所不及，君謂宜添設長吏。未幾，興安升府，增置首縣，其議自君發也。歷攝寶雞、長安，調補富平，時金川未寧，征調頗急，富平多協濟車馬，司其事者預致鄉民大戶爲需索計。君俟抵站期近，始行調集，點畢即行，民戶稱便。院司胥吏半富平人，每以賦役飛灑。君按籍攤辦，無能售其欺。遷乾州直隸州知州，攝鳳翔知府，眞授四川順慶知府。」以失察降調，選杭州通判，遷同知，又遷湖北荊州知府。「督部畢君沉寬於察吏而未能節用，君上詩云：『爲寬民力先崇儉，但儆官邪自返淳。』以寓規諷，督部亦深然之。」又權荊、宜、施道。因功，任以道員。未久，辭官。壬戌（嘉慶七年，1802）在「巴東軍營引疾調理。長子景儀旋任廣西平樂知府，迎養署中。會錢恭人卒，遂回常州。己巳就養廣東高州。景儀遷河南南汝光道，爲參議。舊治，君所生之地也。題『遊釣重來』四字，誌悲喜焉。乙亥九月，景儀卒官，君乃復還常州，時年七十五矣。」「君性恬淡，老而益恭，與人言若不能出諸口。及歷戎行，毅然弗避艱險，非素裕猷略能之哉。」「君生乾隆六年八月初八日，卒嘉慶二十二年十一月十四日，春秋七十有七。配錢氏封恭人，刑部侍郎贈尙書維城女。子六人：景儀，由翰林院侍讀學士改知府，歷官河南南汝光道，並先君卒。景儼，四川金堂縣知縣。景侃，候選布政司經歷。景俌，國子監生，爲從父後，先君卒。景僖，候選訓導。景群。女二人，壻曰戶部員外呂子班，曰錢瀚斯。孫七人：曾震，候選知縣。曾益、曾泰，並國子監生。曾晉、曾鼎，並永濟縣學生。曾頤、曾恒。孫女十二人。曾孫三人。以嘉慶二十四年正月壬子與錢恭人合葬於武進縣德澤鄉五魁橋之原。」（《亦有生齋集》文卷一九）

《望岫息心圖》，王文治《爲荊州太守崔五曼亭題望岫息心圖二首》曰：「訂交年共少，日見鬢皆秋。宦興隨雲出，煙巒入夢遊。清詞續淮海，崔爲錢文敏公佳壻。重望是荊州。畫裏披襟處，風光宛庾樓。」「君過揚子渡，就我話無生。我住潛江上，邀君飽荼蘡。老知禪味永，靜覺世途平。嶺外天紳掛，潺潺到耳鳴。」（《夢樓詩集》卷二二）
五月，因連日乾旱，經旬無雨，稻苗無計栽插，糧價暴漲，甌北為之憂

心如焚。

《憂旱》（四首）之一：「夏至年年插蒔齊，今交小暑未翻犁。換標日日糧加級，築壩層層水上梯。但見過河枯鮒泣，不聞呼雨野鳩嗁。老夫敢爲蒼生哭，自起看雲獨杖藜。」（《甌北集》卷四九）

《正屆插秧，經旬無雨，夜寐忽聞淅瀝聲，以爲甘澍也，起視仍月色滿庭，感賦》：「四更聞淅瀝，夢醒適然驚。百物有生意，多時無此聲。豈知膚寸合，仍是耳勞鳴。急起開窗看，依然皎月明。」（《甌北集》卷四九）

《夜起占星》：「月離于畢雨應來，翹首占星望眼開。天要殺人何與我，乃勞夜起兩三回。」（《甌北集》卷四九）

《贈朱虛舟藩伯》、《佳句》（《甌北集》卷四九）寫於此時。

【按】朱虛舟，即朱勳（？～1829），字晉階，號虛舟，江蘇靖江人，事見《國朝耆獻類徵初編》卷一九四。趙懷玉《劉贊善（按：諱種之，號檀橋）哀辭並序》記載曰：「戊辰之夏，同人多在里中，爲銷暑之會。時朱方伯勳方僑居郡城，孫觀察星衍適請假南下，風管雲歌，新聲遞奏，郇庖何箸，舊譜爭翻。炎忘六月之威，飲逾十日之久，過從之樂，稱極盛焉。」（《亦有生齋集》文卷二〇）據此，知朱勳此時僑居常州，故與當地賢達頗多交往。石韞玉《春中得朱晉階中丞陝中消息書以誌事》詩曰：「終南山色翠如屏，神寶能消殺氣腥。驛信到時梅蓝白，征夫行處柳條青。中丞畫戟新開府，諸將雲臺舊勒銘。軍政出來威兌愛，勿容鼠雀更逃刑。」（《獨學廬稿》三稿卷五）斌良《送朱虛舟中丞歸里》（三首）謂：「憶從分陝仰光榮，兩月爰書喜共評。善以長人僚寀服，寬能得眾庶黎傾。崢嶸太華峰原峻，浩蕩潼川浪總平。一宦秦中三十載，牙官走卒盡知名。」「都護安西舊築壇，橄磨盾鼻墨痕乾。酇侯轉漕軍儲富，充國籌邊保障寬。單騎獨沖蠻箐黑，短衣倒射雪峰寒。即今部曲猶精銳，曾隸平羌老范韓。」「才幸班行雁塔聯，玉壺忽漫悵離筵。灞橋梅信吟情透，嵩嶽歸雲別夢牽。饋鰪遠追行李後，訂交翻在識荊前。余官蘇松糧儲道時與公以書定交。元方兄弟裁成編，腰笏追隨亦夙緣。謂家松亭十弟暨柳橋、雲耕兩兄，皆中丞舊屬，並蒙擢薦。頭銜重錫荷龍光，天許懸車歲月長。中丞蒙恩賜三品頂帶。小市櫻桃探細雨，豐臺芍藥醉斜陽。驥馳千里應回轡，庖解全牛且善藏。膠漆雷陳來往熟，梁溪怕說理歸航。」（《抱沖齋詩集》卷一二）

六月十三日，普降大雨，旱情得解，秧苗補插，收成有望，喜而為詩。

　　《六月十三日大雨三四寸，旱田皆可補插秧苗，喜賦》：「五日喧競渡，城河灘已露。時方屆插秧，謂當有甘澍。孰知期竟愆，赤裂江鄉田。不雨四十日，土燥成石堅。有犁翻不得，閒煞老烏犍。塘濼本無蓄，溪港亦涓涓。只有運河猶未涸，彊有力者搶耕作。萬條桔橰如渴龍，一吸亦將罄杯杓。何況高原距水遠，眼看龜坼地不毛。官為斷屠民折柳，一步一拜敢憚勞。呼天禱地仍不應，束手相視惟哀號。豈知天無絕人路，六月十三雨大注。曉聞颯遝驚夢回，起看簷溜灑於柱。恨不將髮續雨絲，惟恐中斷戛然住。綿延乃竟二十刻，仰視彌空黑如霧。晚來解澤更淋漓，餘勇可賈尚鬱怒。從此家家補蒔秧，再過數日已無措。頃刻簑笠紛四郊，方罫布肘弓彎腰。爭趁田水滿，寧暇筋力懶。雷轟耳不聞，蚳嘬膚不管。有饁其餉攜筥筐，肉必大盤酒大碗。傭奴佃客當饗賓，日暮醉紅齊上臉。可憐豐嗇頓殊施，昨尚憂荒夫豈敢。老夫亦復度量增，向來寒儉今痛懲，爨婦柴勿論斤兩，饔子米豈計龠升。譬如旱成子遺盡，食雖有粟吾其能！」（《甌北集》卷四九）

　　此時另有《小北門城下看荷花》、《望雨》、《舟行忽得順風，戲作短歌》、《盧舟藩伯以余宵不能寐，蓋心血枯也，贈我烏斯藏紅花，謂可療此疾，半月以來服之果有效，賦謝》、《余以乾隆丁卯初赴江寧鄉試，今嘉慶丁卯又屆鄉試之期，六十年間有如昨日，而余已老而憊矣，感賦》、《喜雨》（《甌北集》卷四九）等詩。

時交大暑，致書大學士費淳，憂念大旱之後之民生，積極出謀劃策。

　　【按】《致費中堂書》謂：「去冬翼八旬賤降，遠蒙中堂大人寵賜錦屏，重以珍裘文綺，隨具蕪函布謝。嗣聞揆席即真，兼管工部，又有緘恭賀，諒俱達典籤。半年以來，有疏修候，實深歉仄。茲有啟者：今歲江南雨澤稀少，時交夏至，正屆插秧，惟運河未竭，兩岸稍有翻犁，其餘溝港皆乾，束手無措。再及小暑，民心皇皇。忽於六月十三日得雨三四寸，皆趕緊添戽插蒔。而雨過之後，仍復晴乾。今已交大暑，並不能補種矣。看來今歲旱荒較乾隆五十年更甚。五十年麥收大熟，民有半年之糧，且插蒔遍野，其中尚有一二分收成者。今麥已歉收，插秧不及十之三四，又因六月十三日之雨，竭力補種，轉將歉收之麥，盡費在田功，而雨信仍復杳然。已種之禾，又將枯萎，須待明年麥熟，始可得生。而此一年中，待哺嗷嗷，鹿不擇音，何事蔑有？昔人有云：「佛出世，救不

得，只有帝王救得。」聞四川、湖南、湖北、江西旱禾俱熟，且一水可通，非北省之艱於轉運。若蒙皇上敕該四省督撫，發藩庫銀，每省各糴一百萬石，轉運來江。其買價及水腳，由各省督撫核明，移咨江省，出示官糶，其價較之商販牟利居奇者，必大減省，則一舉而三善備焉。賣價即歸還，帑項不致虧損，一也。官糶之米價較減賤，民間買商米一斗，即可買官米一斗幾升，並可省賑荒之繁費，二也。地方有米可賣，奸宄自消，不至滋事，三也。恭逢皇上視民如傷，稍遇偏災，補救不遺餘力，所慮督撫大吏不肯直陳，九重之上無由洞悉。然地方有災荒，不能不辦，與其發賑而所費甚多，何如移糶而所費較少。況發賑但及下戶，而不復收回；移糶則惠既均霑，而仍堪歸本。俟明春即以賣價解還各該省，以歸帑項，此則不必損上，而自能益下，尤善之善者也。中堂倘於召對時，將此說從容陳奏，幸邀俯允，實於國計民生，兩有裨益，不特活百萬生靈，陰功莫大而已。翼老朽蹲伏，本不敢為出位之謀，而目擊災荒，不忍塞默，素叨雅愛，用敢陳其迂愚，伏祈鈞鑒。」（《西蓋趙氏宗譜・藝文內編》）

又，趙懷玉為《七月歎》（三首），謂：「六月旱猶可，七月旱殺人。火雲時照眼，涼風不上身。桔橰咿啞排兩岸，老農揮淚更揮汗。安得化雨飛天半，畟畟大䎘行屯邅。縣官晝夜巡河埦，明日又到津門船。」「六月高田蕪，七月低田枯。豈唯低田枯，種豆種棉皆可虞。今年估船來，稍喜米價賤。米賤人心安，聊圖目前便。無田良困有亦難，二麥已作邨氓餐，下忙要促丁糧完。」「處暑七月中，一溉猶望足。那知八月近，龍雷仍蟄伏。老人苦熱頻移席，朝看東南暮西北。俗占雨讖。笑無遠謀徒肉食，黃河之水欲斷流。七十萬漕今截留，天意或為災鄉籌。」（《亦有生齋集》詩卷二三）又作《述災三首》，曰：「春愁龍雷蟄，夏苦螟螣起。八月大霧作，殘禾根爛死。馴致成大無，赤地亙百里。九重念民瘼，緩徵自今始。官紳承德意，設賑互經理。以茲剝膚災，誰忍蒿目視。庶幾拯晨夕，敢謂澤桑梓。」「戶口日以繁，蓋藏日以虛。追維荒落歲，乾隆乙巳吾鄉設賑。情狀乃迥殊。豈無指困客，亦有多牛徒。哀彼而益此，那得欣然輸。國家重農民，端本以遝餘。老弱固堪憫，丁壯亦足虞。仁心盡人有，仁術尤相須。凡事豫則立，願言告當塗。」「子淵有負郭，聊為饘鬻謀。樂歲且長貧，凶年能不憂。上思烝嘗缺，下抱瓶罍羞。典衣既云

罄，叩戶將焉求。猶思勉承先，解推量力購。永念恒饑人，吾分已過優。」
（《亦有生齋集》詩卷二三）

孫子瀟原湘《天真閣集》刊成相贈，甌北讀之，對其詩能獨闢蹊徑讚歎
不已。

《題孫子瀟翰林詩冊》：「世間詩思已說盡，豈知尚有未開徑。子瀟太史
太好奇，要與千古人爭勝。康莊大道嫌共趨，別鑿凶門誇力勁。唾餘牙後盡
掃空，一縷心香獨盤硬。遂令維摩十笏中，五百由旬不能竟。檀溪奮躍三丈
闊，卭阪叱登九折蠆。始知蝸角有戰場，伏屍百萬地猶剩。古聞縮地壺公壺，
今乃闢途禁坑禁。貽我天真閣一編，不知幾費椎斧柄。海內詩人應第一，嘔
出心肝不辭病。卻笑名場值幾何，乃爲求工欲拼命！」（《甌北集》卷四九）

【按】孫原湘，見本譜嘉慶三年考述。

閒閱《三國志》，見《蜀志》中向朗之事與己多相類，賦詩以記之。

《閱三國志，蜀向朗仕諸葛丞相長史，免官後優游無事垂三十年，潛心
典籍，年逾八十猶手自校刊，開門接賓，誘納後進，但講古義，不干時事，
人皆重之。余出處蹤蹟頗似之，所不及者官職聲名耳。昔東坡慕香山，謂生
平似其爲人，故詩中屢及之，然晚途尚有不同者，不如余之與巨遠無一不相
肖也。爰作詩以誌景附之意》：「望古尋同伴，私心孰比倫？子雲期後世，向
朗是前身。時已千年隔，蹤如一轍循。葫蘆依樣畫，尚恐未傳眞。」（《甌北
集》卷四九）

【按】《三國志》卷四一《蜀志·向朗傳》：「朗少時雖涉獵文學，然不治
素檢，以吏能見稱。自去長史，優游無事垂三十年，乃更潛心典籍，孜
孜不倦。年逾八十，猶手自校書，刊定謬誤。積聚篇卷，於時最多。開
門接賓，誘納後進，但講論古義，不干時事，以是見稱。上自執政，下
及童冠，皆敬重焉。」甌北所稱，與向朗「出處蹤蹟頗似之」，蓋即此而
言。

八月，故知沈業富病歿。甌北憶及多年相交其過從甚密、「典衣治具」
熱情留賓之情景，悲不自勝。

《哭沈既堂前輩》：「哭盡知交剩此人，那堪今又委窮塵。廿年回首過從
蹟，兩地關心老病身。擘紙分題曾對敵，典衣治具記留賓。綠楊城外紅橋路，
一度追思一愴神。」「一江之隔水盈盈，書問雖疏意自傾。先我三科應論輩，
長公六歲敢稱兄？磨牛蹤蹟人皆老，弩狗文章世已輕。哭寢蒼茫何限感，到

頭誰駐蓋棺名？」（《甌北集》卷四九）

【按】阮元《翰林院編修河東鹽運使司沈公業富墓誌銘》稱其「公文在經，公學在性。忠厚其心，砥礪其行。拙於成宦，勤於從政。飽民之饑，療民之病。以史斷獄，以道出令。苦鹽既調，澹泊無競。以孝辭職，壹志溫清」，並謂：「公生於雍正十年五月二十二日，卒於嘉慶十二年八月十五日。」（《碑傳集》卷八六）

趙鑒堂由松江守擢常鎮道，有德政，甌北覽其小照，激勵其清廉為官，勤勉為政。

《題趙鑒堂觀察小照》：「九峰三泖不能留，管領江山到潤州。別後吳淞人尚戀，況教身被洛陽羺。」「鐵面威名鎮百城，吾家故事長官清。使君並不攜琴鶴，只聽松濤謖謖聲。」（《甌北集》卷四九）

【按】趙鑒堂，即趙宜喜，曾任江蘇按察使、河南按察使、廣東按察使、雲南布政使等職。吳省欽《敕賜雲峰寺重修碑記》曰：「趙公名宜喜，字鑒堂，江西南豐人。乾隆五十九年以陝西同知擢守松江。」（《白華後稿》卷六）王昶《予以乾隆辛酉年補博士弟子，迄今六十年矣，錢學使撫棠樾、趙太守鑒堂宜喜循例請重遊泮宮有作》：「輿騎喧呼雜管弦，重來釋菜久華顛。本無勳績叨嘉獎，前曾奉旨著有勞績。薄有詩文待續編。佳話多承當事意，異時定作舊聞傳。回思同伴何人在，振翮雲霄俟後賢。」（《春融堂集》卷二三）王芑孫《趙鑒堂太守宜喜集試松江七邑之士，拔其尤者宴餞賓興諸生，賦詩紀事，亦作五言四首書其冊》：「重華履初祚，鄉書獻賢能。詔恩徧行省，取解名數增。良秋告期會，多士行擔簦。先時下府帖，故事稽賓興。校讎從課試，茂異加寵矜。無雙士誰擅，拔十古所稱。同考既聖俞，以三縣尹校文皆當為房考者。主司必廬陵。士爭自磨濯，私揣才未勝。邃然邀品目，不啻龍門登。便如金花帖，破夢來葍騰。他時科名錄，佳話並可徵。一勝奚足云，講藝喜有憑。」「士囂吏武健，吏賢治淳簡。溫溫賢太守，鎮物以廉善。三年海東陬，嘉德熏閭閈。時從退食餘，課士手一卷。鑒別示精嚴，風勵兼褒勉。還期鳳羽翽，先為鹿鳴餞。料量問孤寒，借潤及偃蹇。庶幾文字祥，在此知言選。日者屢占云，步禱憫農畎。沛哉時雨化，快雨先到眼。愛士更勤民，穀玉覘豐產。諸生何武流，樂職詩可展。」「累朝科目書，傳者今有二。信國暨考亭，登名牓敻異。輝然古賢達，後先均職志。下第彼劉蕡，追稱書諫議。得失非所論，

遑暇區等次。紛紛一閧間，此外正有事。松江在東南，為古由拳地。氣節與文章，荼墨爛標幟。諸生蹈前修，奮起倘有意。欲副太守期，掇科諒如寄。欲酬太守心，登科未為至。郡治如吳公，秀才執賈誼。郡齋宴文士，流詠自左司。湖亭餞鄉舉，歐陽詹有辭。公如趙清獻，琴鶴載風儀。諸生幸努力，毋徒感恩私。願讀有用書，出而報昌時。」「利鈍皆偶然，自信則有之。何繇貫窮達，以報知者知。校官老場屋，十上良可嗤。譬諸支離疎，攘臂談兵師。上賴太守賢，激勸有所施。下期諸生厚，亦免譴訶隨。弗慚導穮秕，紀事為此詩。」（《淵雅堂全集》編年詩槀卷一五）藉此，可窺知趙氏為宦之政績。此外，祝德麟有《四月十六日宿雨初霽，趙鑒堂太守、王螽臺、張雪舫兩明府邀陪劉雲房學使遊佘山王氏園林二首》，見《悅親樓詩集》卷二九。

外甥張聖時，由新疆騎臺尉任滿還鄉，甌北為詩以贈。

《張甥聖時宦新疆之奇臺尉，三年俸滿，謝事告歸，喜而有作》：「玉門關外渺音塵，宦遠難期笑語親。豈意八旬垂老日，猶看萬里遠歸人。三間馬磨欣新築，百結鶉衣記舊貧。重話少年孤露處，喜心翻到淚沾巾。」「絕徼郵程萬二千，路遙職更重安邊。身經戊尉屯田地，時正丁零款塞年。疏勒泉清禾滿野，祁連山迴雪彌天。因君話到殊方景，我又雄心欲著鞭。」「少年艱窘我深知，今幸虀鹽略可支。寒士本無賒望處，微官也算宦成時。荻簾屋小圍爐火，葦席船輕理釣絲。終是出身貧苦慣，才尋樂又戒荒嬉。」（《甌北集》卷四九）

另有《即事》（《甌北集》卷四九）一詩。

【按】張聖時，當為甌北姊或妹所出。《西蓋趙氏宗譜》記載，惟寬有女三：長適楊楚雲，次適張公俊，三適顧祥麟。張聖時當為惟寬次女與張公俊所生子。其家境當很一般。由「百結鶉衣記舊貧」、「少年艱窘我深知」、「出身貧苦慣」諸詩句亦可知。甌北詩未見敘及公俊其人。

冬，大饑，百姓只能靠剝榆皮、掘蘆根度日，饑羸滿眼，炊煙幾斷，望之悽然。

《荒景》：「天將降割此方民，災沴連番過十旬。無米可炊徒巧婦，有墻能乞即良人。煮來菜甲連黃葉，剝盡榆皮剩赤身。待到明年新麥熟，不知幾個得嘗新！」（《甌北集》卷四九）

《剝榆皮》、《掘蘆根》、《四野》（《甌北集》卷四九）亦寫於此時。

【按】洪亮吉《憫災》：「三十四州內，奇荒只數州。今歲江浙三省皆旱荒，而淮、揚、常、鎮四府爲尤甚。此方當孔道，民氣獨含愁。靜覺萍蓬轉，貧無籽粒收。自慚難補救，空抱杞人憂。」（《更生齋集》詩續集卷七）《榆無皮歌》：「榆之皮兮，云以療饑。嗟榆之皮，不足以飽。烏乎！人饑難充木先槁，昨日嚴霜路旁倒。」（《更生齋集》詩續集卷七）《蘆無根歌》：「蘆之根兮，云以給殍。嗟蘆之根，不果人腹。烏乎！蘆花茫茫兮空滿目，明歲哀鴻欲何宿。」（《更生齋集》詩續集卷七）可知當時江蘇南部受災之狀況。

臘月，為孫中弼娶婦。

《羹孫娶婦》：「如此荒年舉大婚，勉成嘉禮費逾繁。滿堂官樣森冠帔，奕世儒風望子孫。恰好一雙聯似璧，居然百兩爛盈門。誰知乃祖完姻日，盛酒都無老瓦盆。」（《甌北集》卷四九）

《出遇》、《閱舊作感賦》（《甌北集》卷四九）寫於此時。

【按】此事，舊譜未載。甌北詩敍及。查《西蓋趙氏宗譜》，中弼，廷偉所出，「初名和羹，字作梅，國子監生，嘉慶戊寅科順天鄉試挑取謄錄國史館，議敍授安徽徽州府婺源縣知縣，加三級誥授奉直大夫，敕封文林郎，翰林院庶吉士，誥贈中議大夫，浙江金華府知府加二級。乾隆五十四年己酉十月初七日辰時生，咸豐六年丙辰十一月十六日酉時卒，壽六十八。」「聘劉氏，乾隆壬辰進士廣東鹽運司運同印全女。」據此，甌北詩所謂羹孫，當爲趙中弼。時年十九，正當婚娶之時。

歲杪，饑荒愈甚。甌北家庭生活亦受到嚴重威脅，但其仍心憂百姓，遂捐銀千兩，為輸捐者倡，以救饑民。

《舊譜》：「冬大饑，先生首捐銀千兩，以爲輸捐者倡。」

《歲暮荒景益甚，偕諸紳士設局勸賑，即事感賦》：「勸分鄉誼爲災黎，哀益先將戶籍稽。事大不同援嫂溺，惠微只恃乞鄰醯。身憂天下原非分，貲出他人豈自齎。從井救人堪一笑，兒孫方抱飯籮嗁。」（《甌北集》卷四九）

《冬暖》：「只救人寒不救饑，饑荒那可更寒威。想天刀下留情處，尚念民間未贖衣。」（《甌北集》卷四九）

【按】《洪北江先生年譜》：「是歲，常州大旱，秋霧復傷稼，禾苗不成，饑民皇皇，城邑尤甚。先生首請於蔣太守榮昌及武進、陽湖兩明府，設局營田廟，捐資施賑。先生總理局事，自捐三百金爲倡，餘按城鄉各商

賈殷戶，酌資勸捐，每日卯刻入局，漏下一二十刻始返，風雨無間。」
本年，為長孫公桂續娶湯氏。

【按】《西蓋趙氏宗譜》：「公桂，繼配汪氏，候選州同貽憲女，乾隆五十
二年丁未十月初二日申時生，道光二十七年丁未八月初二日子時卒，年
六十一。」公桂時年二十六，汪氏年二十一。

是年，「程恭人病膈噎，初不能飯，繼不能粥，最後並穀氣亦斷。金氏
女歸省母疾，又病歿於家。是歲先生心緒甚惡」（《舊譜》）。

嘉慶十三年戊辰（1808）　八十二歲

【時事】　正月，浙江提督李長庚追擊海盜卒於軍，賜伯爵，諡忠毅。先是，
去年十二月，長庚率福建水師提督張見升等追牽入粵海，廿五日質明，至黑水
外洋，牽僅存三舟，長庚以浙江親軍專擊牽一舟，斃賊甚夥。又自以火攻船掛
牽船，將成擒，忽賊發一小炮，適中長庚喉，長庚遂殞。閩帥張見升本庸懦，
又窺總督意，頗不受提挈。及是，遠見總帥船亂，遽率舟師退，牽乃遁入安南
夷海中。（阮元《壯烈伯李忠毅公傳》，《碑傳集》卷一二二）二月，原大學士
保寧卒。獎敘湖南辰沅永靖道傅鼐，加按察使銜。三月，以徐端為南河河道總
督。命長麟、戴衢亨勘察南河。（《清史稿》卷一六《仁宗紀》）四月，本科會
試，謝階樹、石承藻、賀長齡、錢儀吉、姚瑩、李毓昌、王服經等二百六十一
人進士及第，出身有差。王服經年八十五，被授為翰林院檢討。五月，整飭旗
人澆薄惡習，諭略曰：近年以來，旗人風氣日漸澆薄，居恒在家，率皆不務弓
馬，徒以遊惰驕奢，愈趨愈下。其不肖者動輒於歌場酒肆，恣意游蕩，並或設
局聚賭，稍有睚眥，即逞兇持刀相向，以致將國家養贍衣食之資，盡成蕩廢，
生計日形其艱，而輕蹈王章者愈見其眾。嗣後，八旗都統、副都統等務當督飭
所屬，實心訓導，俾旗人等革薄從忠，痛除積習。（《清通鑒》卷一六五）六月，
以吳璥為刑部尚書。秦承恩免。七月，詔禁聚賭、械鬥。「諭給事中周廷森奏
請嚴懲聚眾一折：據稱，近日之江南穎州府、亳州、徐州府，河南之歸德府，
山東之曹州府、沂州府、兗州府一帶地方，多有無賴棍徒，拽刀聚眾，設立順
刀會、虎尾鞭、義和團、八卦教名目，橫行鄉曲，欺壓良善。其滋事之由，先
由賭博而起。遇會場、墟市，公然搭設長棚，押寶聚賭。勾通書吏為之耳目。
請飭下三省督撫，認真捕緝，清查保甲，密訪為首棍徒姓名、聚賭械鬥之案，

拿獲盡法懲治，並責成地方官嚴定黜陟等語。江南、安徽、河南、山東毗連各州縣，既有此等匪徒，自應嚴行懲辦，以靖閭閻，不可養癰貽患。至清查保甲，雖屬緝匪良法，但地方官寄耳目於吏胥、保正，設里保之中皆其黨類，仍不肯據實舉報。總在府縣各官，平日留心察訪，隨案查拏，將首犯嚴辦，使脅從者知懼，不敢隨同為匪，自不至釀成巨案，株連多人。若吏胥等與在官人役，敢同包庇，尤應密拏重辦，剔除積蠹。著交江南、安徽、河南、山東各督撫，認真查辦所有潁、亳等處，各府、州、縣遴選練幹廉明二員，取其才堪治劇而又能寬猛得宜、通曉事體，並責令隨時整頓。如此內有舊係簡僻缺分，而地方今昔情形不同，初任之員難資事理者，不妨奏明更調。果能化俗宜民著有成效，加以獎勵；闒茸不職者，立予糾參」(《清朝續文獻通考》卷二四二《刑考一》)。八月，「英吉利兵船十三艘泊香山雞頸洋，其酋率兵三百擅入澳門，占踞砲臺，兵艦駛進黃埔。(吳)熊光以英人志在貿易，其兵費出於商稅，惟封關足以制其死命；若輕率用兵，彼船砲勝我數倍，戰必不敵，而東南沿海將受其害，意主持重。逾月始上聞，言已令停止開艙，俟退出澳門，方准貿易。上以熊光未即調兵，故示弱，嚴詔切責」(《清史稿》卷三五七《吳熊光傳》)。九月，帝就丁憂之官吏，稽留省城、夤緣大吏之事，諭略曰：此等人員遭父母喪事不思歸里，尚出入衙門干與公事，實屬忘本，且營私奔兢，其端斷不可開。嗣後各省官員丁憂，倘延捱不行回籍守制，該督撫即可驅逐出省城，若再不遵者，即行參奏。(《清史編年》第七卷)十一月，兩廣總督吳熊光被褫職，效力南河。未幾，又遣戍伊犁。以永保為兩廣總督。本月，江寧候補縣令李毓昌被毒死。《嘯亭雜錄》卷八載其事曰：「李縣令毓昌，山東即墨人。中嘉慶戊辰進士，揀發江蘇試用。淮安報水災，大吏遣公往查核。故事，凡委員往，漫不省察，惟收其陋規而已。山陽令王伸漢，貪吏也，有冒增戶口事，為公訪察，將欲舉發。伸漢懼，乞太守王某代為緩頰，公力拒之。伸漢乃遣其僕包祥，乞公從者李祥、顧祥、姚升等，私以賄進言。公正色曰：『今歲某赴科場，皇上所命題，即以德本財末為言。某雖不肖，敢欺君納賄耶？明日並以此稟諸制府可也。』李祥等赧顏退，告諸包祥。包祥懼，因以其賄贈顧祥、姚升等，命謀害公以滅口，顧祥等許諾。是晚公赴太守宴歸，明早即欲解纜。時公寓古寺中，寂闃無人，夜間，公獨酌自遣，僕等因以毒酒進。公飲覺之，遂停杯，血流於頤。僕等愈懼，因以帛勒死之，以自縊聞。王伸漢並賄通檢驗者，遂朦朧通稟。公柩歸家，公叔某於褻衣中睹血蹟，因上控都察院。上大怒，會緹帥緝獲姚升，盡得其實，

然後逮伸漢入，鞫供如前，因立置典刑，包祥、顧祥、李祥、姚升等皆正法。」十二月，帝論元旦內宮筵宴，皇后桌張羊、酒，不過備賞之需，均應削減。先是，乾隆帝曾爲《節儉論》，略曰：「蓋修己治人之道，無過於節儉。節儉則嗜欲不行，無聲色貨利之失德，所以爲善也。然天子之節儉與庶人不同矣。世道人心，日流日下，逢君之欲者多，引君以道者寡」。時顒琰在潛邸，亦曾爲《節儉論》，謂：「儉，美德也。古昔帝王莫不崇儉則治。然儉貴乎有節，而節用又以愛人爲本，非所謂聚斂掊克也。夫治國者理財爲要，足食足兵，非用財乎？是當用而不應節也。宮室服御，備物而已，若逞巧盈侈，耗國正用，是所當節也。而又必以勤政親賢之念主於中，得其當止之道，無過不及矣。治天下者，先言節儉。創業之君，茅茨土階，不期儉而自儉。守成之主，安富尊榮，易至於驕奢，而怠心生；敬念懈，政不綱矣。洪惟龍興東海，甲奮十三，混一海宇，敬瞻盛京故宮，不斲不雕，葛燈土壁，萬世景仰。欽惟帝政，裁汰冗費，於養民之實惠不惜帑金，普免天下錢糧，於用兵之賞勸又數千萬，內外臣民，涵泳聖德。而躬行節儉，法先啓後，垂念深遠。聖人執中建極，無所偏倚，以節儉爲政本，以祖宗之心爲心，斯可以開萬年之鴻規，用溥渥澤於無涯也夫。」（《國朝宮史續編》卷七一）

本年，蘇北五壩齊潰，水高八尺，浙江湯禮祥（點山）作《泰州勘災詩》，寫汪洋百里、墟落無煙的災況。

泰州災民被迫以船爲家，樓流無定，浙江湯禮祥作《饑民船》。

江都焦廷琥作《湖水大至》歌。

高郵王敬之此際作《流民以船爲家，無田可歸也》詩。

蘇省官員議改河道，安徽包世臣到淮陰訪查，筆所見爲《治河芻言》二卷。

婁縣欽善作《米價》詩四首，云「升米須錢四十三，買糠和米入筲籃」。

吳縣范來宗作《米貴》詩，反映吳中此年米價每石五千三百。

吳縣黃丕烈跋所得元刊散曲集《陽春白雪》；得述古堂舊物《宣和遺事》二冊。

江陰葉廷甲至常州，從莊氏訪所藏《徐霞客遊記》六十卷本未得；刊行《徐霞客遊記》第二版。

震澤楊復吉輯成《元文選》三十卷。

南匯馮金伯輯《海曲詩鈔二集》六卷成，年七十一。

金壇段玉裁作《記麥花》，釋司空圖「黃花入麥稀」及「細麥落輕花」句；以指摘顧廣圻所作《學制備忘之記》，發生筆訟，旬日間以七箚寄廣圻。

安徽姚鼐在南京，訪清涼山明耿定向舊講學處，作記。

儀徵阮元刻《天一閣書目》四卷。

武進莊逵吉官陝西咸寧，以酷治縣民得晉職。

洪亮吉於八月，送三子符孫赴江寧鄉試。（《洪北江先生年譜》）

王念孫為段玉裁作《說文解字讀序》。（《高郵王氏父子年譜》）

八月，凌廷堪至寧波，登范氏天一閣。范氏祖制，凡登閣閱書，必通知各房族長齊集，各帶鑰匙，或司總門，或司閣上諸廚，一同啓閉，故閱者甚難。又至杭州，入撫署，為阮元少子授課，每日課經之外，必以司馬氏《通鑑》授讀，謂熟讀此書，則千古以來成敗得失之故洞若觀火，而他日侍帷幄，備顧問，述往事以匡時，就陳編而悟主，無有過於此者。（《凌次仲先生年譜》）

【本事】元旦，循例望闕遙拜，以盡臣子之情。

《戊辰元日》：「履端晨慶斗杓回，遙叩天門訣蕩開。荒後人情皆望麥，臘前花信暗催梅。寥空雪少欣償雨，閏歲春遲未響雷。老去情懷惟祝國，籌車會見屢豐來。」（《甌北集》卷五○）

另有《應酬》（《甌北集》卷五○）一詩。

將立春，應布政使朱虛舟勳之約，與劉檀橋種之、洪稚存亮吉、趙味辛懷玉、崔雲客景儀、蔣瑩溪騏昌等同好讌集。

《立春前一日，朱虛舟藩伯招同劉檀橋中允、洪稚存編修、湯樸齋員外、瞿秩山觀察、崔雲客太守、陳樾齋、家味辛兩司馬、蔣瑩溪別駕、管道明州牧、崔禮卿明府讌集即事》：「嘉宴迎春雪未殘，聯翩裙屐赴辛盤。座多舊識無虛讓，肴是新翻各飽餐。花信探杯人射覆，酒兵沖陣將登壇。只嫌漸啓豪華習，可少迂儒一味酸。」（《甌北集》卷五○）

【按】朱虛舟勳，見本譜嘉慶十二年考述。

劉檀橋種之，見本譜嘉慶五年考述。

瞿秩山，即瞿曾輯，號秩山，清武進人。著有《策海》、《寒玉山房文集》、《寫風軒詩》等。（《江蘇藝文志·常州卷》）《國朝御史題名》：「（嘉慶七年）瞿曾輯，江蘇武進縣人，乾隆己酉進士。由工部員外郎考選山東道御史，升四川鹽茶道，降補知府。」鄧廷楨《贈瞿秩山觀察》詩曰：

「叱馭卬徠舊策勳，江南花落始逢君。歸裝衹有峨眉雪，卜築新鋤鍾阜雲。淮水梟鸇迎客慣，毘陵風雨隔江聞。方干唐介都招隱，謂茶山廉訪、陶山觀察。好與聯吟話夕曛。」（《雙硯齋詩鈔》卷七）惲敬《與瞿秋山》曰：「一別十三年，敬髮已華矣。如何，如何？聞大兄家居之時，始終不入州郡。此事吾鄉蓋難言之，得一、二有志者挽回，甚幸，甚幸！趙恭毅、劉文定去人，其間豈甚遠耶？曩者同赴禮闈，敬與仲甫皆好為議論，大兄退然、默然而已。然為部郎則辭賑差，為侍御則劾朝審，而家居又能如此，是躬行則常在前，口語則常在後，古人所尚，非大兄而誰？惜蜀中險遠，不得親見設施，然可信其必異乎人之為矣。瑞金多項凶案，敬前後六年，力反之，於是各案皆遲延。至銷去，加三級、紀錄七次、罰俸二千三百兩，若再回任，將何級何紀錄抵銷？真不可不慮。又舊日會匪未淨，私硝私礦充斥，雖屢次設法清理而根株難盡，望之如畏途。兩淮都轉廖復堂先生係敬舉主，如維陽有可休息之處，便當棄官而歸。然古人有言，僬人尚肯耶，否耶？以敬負累，欲望之都轉一人，亦非易易事也。」（《大雲山房文稿》言事卷一）藉此，可見其為人。瞿曾輯與湯貽汾、唐仲冕有交，見《琴隱園詩集》卷二〇、卷二二、卷二三、卷二六、卷三五，《陶山詩錄》卷二五、卷二六、卷二七。

崔雲客景儀，崔雲客，即崔景儀（1760～1815）。《清秘述聞》卷八：「編修崔景儀，字雲客，山西永濟人，甲辰進士。」湯貽汾丁未寫有《七十感舊》組詩，其中一首謂：「韓江蟻六篷，一聽軍門角。鱷徙水犀閒，馬肥年穀熟。觀察我親知，政簡無留牘。花飄舞袖風，月避歌臺燭。且盡今日歡，共道此間樂。湘橋仙躅迷，粉黛爭芳馥。讀殘鸚鵡碑，醉倒鴛鴦褥。」結末小注曰：「潮州謁鎮軍張公，邀同惠潮觀察崔雲客景儀夜宴觀劇。雲客為錢文敏公外孫，浣青夫人子。」（《琴隱園詩集》卷三二）曾燠《送崔雲客同年觀察汝南》詩曰：「卅載一相逢，半載又言別。人生作仕宦，真似鴻踏雪。仕宦非所貪，各有親白髮。殷勤三釜養，相戒采蘭潔。顧我無吏才，嗟君實邦傑。朝廷重其器，器大須晚達。此去愜人望，況君念貽厥。乃祖乾隆中，嘗持汝南節。碑存淚猶墮，樹在愛所茇。據石薛元超，拜像曹文烈。纘戎必無忝，豈但誇閥閱。吾知汝南人，父老相扶挈。迎來新使君，盛事喜傳說。安興有封翁，面貌記髥髯。生長在吾土，妙齡即英發。今越七十年，吾儕幸重謁。使君日趨庭，還似翁

少日。使君又多男，堂上足娛悅。籲嗟仕宦者，幾輩與君埒。臨岐贈君言，忠孝兩無缺。」（《賞雨茅屋詩集》卷一○）

趙懷玉《河南分巡南汝光道署河南按察使崔君墓誌銘》：「君姓崔氏，諱景儀，字雲客，號一士。祖諱琳，河南南汝光道布政使參議。父龍見，湖北荊宜施道。母錢恭人。自參議至君三世皆以進士起家，世居山西永濟縣，參議始居江南武進，而籍仍永濟焉。幼有才識，見器於外祖錢文敏公維城。年二十一，中乾隆庚子舉人，甲辰成進士，改庶吉士，以清書散館，授編修。己酉充廣西副考官。辛亥大考二等，擢贊善，遷中允，進充日講起居注官。前後以校書獻頌多蒙賞賚。乙卯充順天武鄉試副考官。嘉慶丙辰擢翰林院侍講學士轉侍讀學士，以六十年京察，用道府改授廣西思恩府知府。時西隆州冊亨苗叛，督部覺羅吉慶公檄赴百色營督餉，叛苗拒洪水江，兵不得進。巡檢崔鈞獻以苗攻苗策於大府，募得故土府奉祀生岑文淵所集瑤勇五百人。督部即命君督鈞，文淵為前隊渡江。君使瑤勇伐竹結筏壅溪上流，畜水放筏，乘夜渡，值大風雨，江中浪山立，君列炬江岸，多張疑軍，潛遣崔、岑自下流濟，出賊後。至所據山下，督瑤□攻，奪隘而入，遂破百扣，平八渡苗，焚其柵，追剿三十里。次日復督鈞等搜捕餘寇，撫慰窮苗。越日，大帥至，進攻半弚，君適感寒，扶病督戰，連破半街鴉口、新會塘等寨，遂復冊亨城，與雲貴總督勒保公會。初有旨，頒發花翎以俟有功者，總督將為君請。君辭曰：『同官多勞，何敢獨邀寵錫？』遂加軍功，隨帶一級、紀錄二次。思恩轄土州一、土分州一、土縣一，課常不及額。君至，土官以舊規獻君，斥曰：『汝虧國課而以私償我耶？』即以所饋償所虧。土官感服，終君任，課無虧。思恩人李亞明居陽萬八角山，龍川人方讓文挈兩姪亦往寓焉，彊王氏女為妾，貸亞明錢恐責償，與姪共殺之而誣以盜，久不決。君察其妾有怨色，似畏其暴而不敢言者，乃置讓文及姪他所，而謂其妾曰：『若不言，死於官；苟直言之，彼將就戮，無能暴若也。』妾吐實，讞遂定。五年，調泗城府。泗城故苗地，康熙間討吳逆土司岑某有功，其裔納土，時賜田一百壋，世為祀產。歲久，為豪猾侵佔，君為釐正，歸諸祠。署左江兵備道九年，以邊俸滿，內調平樂。遭母喪，去官。十四年，服闋，補廣東高州。有海舶水浸其裝，販民某某售以賤值，汛兵索賂於民，弗得，以通盜訴弁。弁與令執梏之，兩踝幾折，其家奔訴君，君白其誣於

上官，竟出之。時督部方剿撫粵海群盜，獲放雞洋盜，烏石二餘黨，檄君勘定，有無辜見掠拘留者即予省釋。婦女無歸者，置使得所。十五年，兼攝高廉兵備道。海水漂沒民居，君捐俸編筏援之，多所存活。又嘗攝惠潮嘉道。十七年，攝廣州地，濱海商賈輻湊，奸民錯出其間，椎埋剽刦無虛日。民饒沃，性又好勝，官每不撓法而致厚貲，且省會繁劇，簿書填委，吏易上下其手。君以正月蒞事，訊清遠盜曾亞四等五百餘人及順德縣結會匪徒嚴貴邱等二百餘人，以次剖斷。摘發遂溪民吳維德乘海盜肆掠，謀殺李吳氏及東莞民王朝棟，與方某爭禾械鬬傷兵匿犯情狀，群頌其神。旋奉部推擢河南南汝光道。督部以君廉明，奏留畢府試。蓋廣俗，以前列爲榮，不惜重金夤緣。君嚴其防，貧而才者多見甄拔。是冬，抵新任，初參議居是官，有惠政，君至率履攸行，父老以爲舊德復見。時兵荒之後，道殣相望，君倡捐督賑，民忘其災。又立義塚，收無主骸骨瘞之，立碑以識。十九年秋，攝河南按察使。明年復權按察，奉旨查拿南汝光三郡紅胡匪徒。巡撫以三郡界連安徽、湖北、陝西，幅員廣長，必得大員專司督緝始無慮此捕彼竄。乃奏君爲總巡督捕，檄到，君方病瘧，醫者謂君積勞，心力已弱，且當盛暑，勸緩行。君奮然曰：『吾承乏是官已三載，雖連年亦有捕獲，然不能早靖匪，徒致廑宸慮，方深媿憤，其敢以犬馬疾自懈耶？』剋日赴汝寧，與同官籌議督捕。甫兩旬，獲四十餘人。俄而下血不止，眾勸少休，弗聽，疾益劇，始回信陽。君知不起，告其父曰：『兒受兩朝厚恩，方冀竭駑駘以報萬一，不意一病至此，故里又無一椽一壠，以寧起居，重負君親，九原齎恨而已。』以嘉慶二十年九月十日卒，春秋五十有六。配恭人吳氏，山西布政使龍應孫女，候選縣丞祖健女。側室陳氏、湯氏。子二：曾泰，國子監生。曾鼎，永濟縣學生，爲君弟景侗後。女五，沈寶麟、莊成進、陳萃貞、雷某、呂元瑞，其壻也。孫一，善保。嘉慶二十三年某月日葬於某鄉之原。予與君爲庚子同歲，（按：此處當漏數字。據載，崔景儀中乾隆庚子（四十五年，1780）舉人。趙懷玉亦於是年獻賦行在，蒙召試賜官。當時，崔年二十一，趙則三十四歲。二人應爲同歲得功名，而非年齒相若。）又忝十三年之長，嘗以弟視君。君早登科名，旋歷侍從，謂可即躋卿貳。及出典外郡，人共惜之。而君不以爲屈，彌著賢勞。既遷監司，屢權陳臬，駸駸乎日起而遽以是止，傷哉！」（《亦有生齋集》文卷一九）

陳樾齋，即陳玉鄰，宿遷人，著有《秦晉詩存》二卷（《(同治) 徐州府志》卷一九）。《(同治) 徐州府志》卷二二下之下謂：「陳玉鄰，字樾齋，由舉人歷官至潞安知府，有治績，尤好詩、古文。」洪亮吉《花朝日偕陳司馬玉鄰自紅梅閣至檥舟亭訪花》：「五風十雨陰晴徧，如夢春郊綠成片。小紅樓外客吹簫，千點梅花雜飛霰。經時措意門前柳，一半關心梁上燕。迤東早詣梅花觀，斜北仍開水仙殿。東坡去後七百年，空有石池名洗研。無端寒暖分晴雨，天外明霞飛□電。江梅花後放山桃，樓閣亭亭變成□。多緣客意忙如許，激得春波去如箭。粉紅牆垛露鴉巢，糝綠窗紗出人面。無嫌卅載光陰促。與司馬別卅年矣。難得百花生日讌。桃花米比球琳貴，柳葉魚同蔬素賤。出門烏舅景將斜，入饌龍孫津欲咽。花前百匝猶難舍，桑下三周恐生戀。須臾未變僧驚詫，要腳轉輕人健羨。明朝準擬文杏開，快意先為塞鴻餞。」（《更生齋集》詩續集卷八） 又，《初八夜偕朱方伯勳、陳司馬玉鄰步月，至元豐橋聽歌，久憩，有懷莊州守炘暨令子司馬逵吉》（二首）詩下小注曰：「時適得州守箚。」詩謂：「趁涼行百步，卻復倚危橋。古巷冥蒙月，高樓宛轉簫。最憐吾郇彥，誰似阿龍超。莊司馬小字洵龍。欲寄相思意，更闌數麗譙。」「絕塞烏頭白，陽關柳眼舒。我行三萬里，君寄兩番書。閭巷推張陸，心期比范朱。雲溪溪畔水，待子意何如。余在伊犁三月，凡兩得州守書。」（《更生齋集》詩續集卷八）

蔣塋溪騏昌，見本譜乾隆四十六年考述。

管道明學洛，見本譜嘉慶八年考述。

崔禮卿，字景儼，與洪亮吉交往密切。洪有《送崔二景儼南歸讀書並就婚》：「憶昨同醉長安之酒樓，少年十輩君不浮。憶昨同跨郊坰之駿馬，偕遊七人君最雅。君才豈比凡少年，我意雅欲追前賢。長安城中與君友，五度碧月聯吟肩。我交於世皆蒼老，朱賈淪亡益悲悼。謂全椒朱訓導沛、高郵賈文學田祖。吾曹緩急須託身，詎敢相輕此年少。我感古人志行超，雖未絕交能寡交。身今縱賤有殊稟，冀與一世回輕趫。十年此志不暫忘，世人不知謂我狂。鄉閭益復盛嘲毀，並以餘論加孫郎。畏讒一室居疑蟄，昨者孫郎有書及。我謀於眾謝不敏，君獨不辭乎燥濕。亦知人生饒緩急，難爾少年尤獨立。朱門紈綺豔障天，獨出英英矯餘習。吾儕快意得一朋，如入玉陛升金門。急持一書報遠人，謂此年少非常倫。離

風昨日吹原野，花葉紛披已成夏。交君未久別念侵，獨持一杯與論心。酒樓花開三面陰，馬蹄浮紅尺五深。燕秦十年遊，近始抵鄉土。晏公祠外簫鼓喧，競渡來看日端午。離程關隴復數千，時余擬遊秦中。南瞻無家有墓田。桑根草堂富經史，舉半贈子窮雕鐫。識君不嫌遲，別君不嫌早。讀書溪南柳陰好，新婦窗前月痕皎。人生聚散殊草草，君不見，百回相思令人老。」（《卷施閣集》詩卷二）

又有《秋夜有懷崔二禮卿》（《卷施閣集》詩卷三）、《寄丁二履端二首並柬崔二景儼》（《卷施閣集》詩卷六）、《客歲在請室中，崔大令景儼頻入問訊，就道時又送我獨遠。今歲余奉恩命釋回，大令適官蘭州，先飛箚道中，急待把晤，因率占一律以寄》（《更生齋集》詩卷二）、《與崔禮卿書》（《卷施閣集》文乙集卷四）等多篇。

此外，陸繼輅有《黃壚感舊詩四十首並序》組詩，其中一首謂：「長筵第一卷施閣，盛饌無如寶讓堂。今日令嚴瞋不得，雙攏翠袖坐廚娘。」結末小注曰：「吳次升家庖最精，小不合意即怒，終席數十起。崔禮卿爲酒糾，首申此禁，違者大釂。」（《崇百藥齋續集》卷二）又，其《先太孺人年譜》謂：「十三年戊辰，七十四歲。是年禮部試，不孝以頻年家食，無力遠行，友人湯貽相雲村、崔景儼禮卿、徐準宜仲平相與醵貲爲行李費，而吳階次升、莊逵吉伯鴻、完顏廷鑗曙墀、魏襄曾容、趙學彭子述復以時饋問不絕。」（《崇百藥齋文集》卷二〇）

景儼妻莊素馨，著有《蒙楚閣遺草》（《（同治）蘇州府志》卷一三九）。《隨園詩話》卷七：「吳中多閨秀。崔夫人之子景儼娶婦莊素馨，能詩，早卒。夫人爲梓其《蒙楚閣遺草》。詠《蟬》云：『吟風雙翅薄，飲露一身輕。』《新月》云：『簾卷西風小院門，玉階涼動近黃昏。蛾眉一曲橫天半，疑是嫦娥指爪痕。』洪稚存爲志墓云：『景儼感逝既殷，傷心屢賦。十二時之內，欲廢黃昏；《三百篇》之間，竟刪《蒙楚》。』彭希涑孝廉之妻顧韞玉，亦能詩，早卒。詠《白燕》云：『銀翦輕風送曉寒，穿來飛絮訝春殘。那知暫向林間宿，猶作枝頭霽雪看。』《舟行》云：『鳥啼知月上，犬吠報村來。』」

與舒鐵雲位論詩，並贈以新刷印之續詩鈔。

【按】此事《甌北集》未載。舒位《瓶水齋詩集》卷一三「著雍執徐」（戊辰，即嘉慶十三年，1808）收有《與甌北先生論詩並奉題見貽續詩鈔後》

一詩，凡三首。其一曰：「天地有生氣，終古不能死。人受天地中，同此一氣耳。發而爲詩歌，亦是氣所使。如塗塗附非，活潑潑地是。然非讀書多，不能鞭入裏。又非作詩久，不能跳出底。不入不知苦，不出不知旨。君不禁其臣，父不傳之子。臭腐化神奇，或自妙悟始。絢爛歸平淡，必臻險絕止。經以三百篇，緯以十七史。縱以五千年，衡以九萬里。鑄出眞性情，鑿成大道理。其氣從空生，生則烏可已。」其二曰：「忽然興會至，蠶食如有神。俄頃再眠之，一字不可存。作詩如釀酒，滋味熟則醇。改詩如煎茶，火候過難匀。豬肝累一片，雞肋戀三軍。覓得針線蹟，修出斧鑿痕。不如摧燒之，當風揚其塵。餘燼合不得，死灰然無因。詩法如兵法，外陣而內屯。當知楚有材，勿謂秦無人。面具雖狡獪，即羽扇綸巾。背水固奇險，非霸上棘門。折屐者八千，有棋局酒樽。超乘者三百，無匹馬只輪。」其三曰：「初讀甌北詩，其詩豔於雪。再讀甌北詩，其詩鑄如鐵。久讀甌北詩，大叫乃奇絕。不待鍾嶸評，先遣匡鼎說。胸中千萬卷，始得一兩篇。腳根千萬里，始得一兩言。目中千萬世，始得一兩年。佞之可稱佛，謫亦不失仙。其詩自可傳，其詩有可刪。其詩不能學，其詩必須讀。讀詩悅我口，鈔詩脫我手。壯悔堂中無，老學菴中有。是謂讀書多，是謂作詩久。曰梅子熟矣，聞木犀香否？」據此可知，本年，甌北與舒鐵雲當有過交往。又據舒位《依韻奉和甌北先生重宴鹿鳴詩四首》之二「家住江南黃業邨，敢將凡鳥字題門」詩句下小注：「上春，曾謁公於里第。」（《瓶水齋詩集》卷一四）知甌北與舒位的此次相會，是在本年初的常州家中。舒位所寫《與甌北先生論詩並奉題見貽續詩鈔後》，對程恭人之病歿，竟無一句提及，對甌北亦絕無安慰語。由此可見，舒位此次拜訪甌北，當在剛過春節之後，程恭人病逝之前。

正月十九日，程恭人（即高氏）以膈噎症病歿。甌北老來失伴，甚為悲傷。

《悼亡》：「已分今生不服縗，誰知暮景鼓盆悲。生甘荊布無交謫，歿剩虀鹽有去思。得死夫前原是福，相逢地下料非遲。只憐老伴相依久，忍對空幃不淚垂？」「在官日少在家多，辛苦持門鬢漸皤。薄產不嫌洲種橘，散居常理屋牽蘿。內言出梱先申警，側室生兒倍撫摩。家政如今更誰倚，只應獨問夜如何。」「椒觴隨例拜新年，病不能興黯獨眠。兒女滿前那忍舍，參苓無效竟難延。向隅暗淚潛流枕，營奠遺言戒費錢。最是傷心鳩祝噎，翻疑辟穀去

登仙。」（《甌北集》卷五〇）

【按】《舊譜》：「程恭人以正月十九日病歿，先生有悼亡詩，悲痛甚。」趙翼有《繼室程恭人行略》，見本譜乾隆二十四年引述。

春仲，為《徐霞客遊記》手書題辭。

【按】據清光緒辛巳瘦影山房版《徐霞客遊記》趙翼手蹟，題辭謂：「承示《徐霞客遊記》並欲補刻其遺詩，具見表彰前輩盛意，謹賦五古一首，奉呈。……（按：五古一首即《題葉保堂秀才補刻徐霞客遊記》，見本譜上年引述，此處從略）嘉慶戊辰春仲，甌北趙翼。時年八十有二。」《甌北集》卷四九編年爲丁卯（嘉慶十二年，1807），所收《題葉保堂秀才補刻徐霞客遊記》一詩，即此題辭，唯字句略有不同。當是作爲題辭贈送時，趙翼對原作又進行了改動。

孤獨憂傷，讀袁枚《小倉山房詩》以遣悶懷。

《偶閱小倉山房詩再題》：「不拘格律破空行，絕世奇才語必驚。愛宿花爲蝴蝶夢，惹銷魂亦野狐精。么弦欲奪霓裳曲，赤手能摧武庫兵。老我自知輸一著，只因不敢恃聰明。」（《甌北集》卷五〇）

另有《戲題項用和小照》（《甌北集》卷五〇）一詩。

節婦江氏持家苦辛，操勞過度，病歿。甌北為詩以弔之。

《江節婦挽詩》：「未亡人竟健持門，手撫諸孤劇苦辛。老屋數椽貧不賣，爲夫家作一功臣。」「湖塘橋下我頻經，閒采鄉閭月旦評。見說江家有賢母，五更猶聽紡車聲。」（《甌北集》卷五〇）

另有《孫掄元封翁唁我悼亡，即事感賦》、《題呂繼菴州牧梧竹雙清圖》（《甌北集》卷五〇）二詩，寫於此時。

【按】趙懷玉有《孝女篇並序》一詩，詩前小序曰：「孝女江氏，如皋人。年十七，父楫病危，孝女割左臂肉入藥以進，旋得瘳。又三月而死，臨終占詩授女，有『憂傷無補泉臺下，好自扶持現在娘』及『料得閨中貧賤女，教人爭說勝男兒』之句。爲同里諸生薑槐妻，歿年四十九。」詩謂：「如皋有孝女，濟陽族望垂。少小稟至性，婉娩無諐儀。上承雙親歡，下與同氣怡。生年甫十七，父病不可爲。焚香夜禱天，願以身代之。抽刀割左臂，血肉何淋漓。暗投湯藥進，此意通神祇。父果病良巳，復得三月支。彌留顧孝女，口授臨終詩。含悲事寡母，弟妹常肩隨。二十三于歸，雍雍家室宜。中饋習漿酒，素風安縞綦。移孝以事舅，旨甘佐養

顧。多孝以事姑，痼疾資扶持。籌燈伴夫讀，斷織戒子嬉。云伴天不弔，奄忽喪女師。人□□令名，修短造物司。有子況□□，顯揚會及時。或云刲股事，毀傷於孝虧。豈知屬毛裏，身本父母遺。雄也既沈水，娥乎亦抱屍。當其中情迫，遑恤膚與肌。所難在弱質，乃復同鬒眉。我作孝女篇，用告諸男兒。」（《亦有生齋集》詩卷二三）二詩所寫，或非爲一人。趙懷玉所表彰多爲該女割臂療疾事，而甌北所稱許，則重在江女撫孤持家。

五月下旬，因情懷抑鬱，悲情無計排遣，遂由廷俊陪侍，往江陰楊舍寓所小住。

《楊舍寓齋作》：「寓齋岑寂似禪房，靜裏觀空接混茫。雞卵中函小天地，蟻柯下歷幾滄桑。倦來股腳無箕踞，枯到鬚髯不戟張。預擬胡床曲池上，荷花香處夜乘涼。」「虛名徒滿大江東，已是衰頹八十翁。有幾光陰駒過隙，本無痕蹟鳥飛空。漸收敗着完殘局，誰豎降旗拜下風。始歎塵緣難擺脫，出家眞是大英雄。」（《甌北集》卷五〇）

【按】《舊譜》稱：「七終後，即往江陰之楊舍遣悶。」若依此，甌北往楊舍當在三月上旬。程恭人歿於正月十九，七終之日，當在三月十日之前，然《甌北集》卷五〇《楊舍寓齋平池一畝跨以石橋，橋左右向有紅白荷花，余今歲來遊適交夏至，荷蕊已滿池面。忽一夕大雨如注，水長二尺，眾蕊皆淹，感賦》一詩，則明言來楊舍時間爲「適交夏至」。夏至，一般在農曆五月下旬。甌北《即事》（《甌北集》卷五〇）詩「五月扁舟到暨陽」，與此相符，姑依其詩。

葉保堂廷甲購得晚明抄本異書如馮夢龍《甲申紀聞》等多種，與《明史》可互為參訂。甌北與葉氏時相往來，居楊舍無事，借其書而閱之。

《贈保堂》：「百里江城棹溯洄，喜逢知己好懷開。舊書容我巾箱借，今雨何人步屐來。便擬結盟鷗伴侶，相攜望海蜃樓臺。寓齋稍待荷花放，可少臨流一舉杯。」（《甌北集》卷五〇）

另有《葉保堂明經多購抄本異書，內有馮夢龍〈甲申紀聞〉、陳濟生〈再生紀略〉、王世德〈崇禎遺錄〉、程源〈孤臣紀哭〉等書，皆明末說部中所記時事，可與明史互相參訂者也。楊舍寓齋無事，藉以遣日，偶有感觸輒韻之》（《甌北集》卷五〇）一詩。

甌北見吸煙者吞雲吐霧，戲而為詩。

《吃煙戲詠》：「淡芭味不入鹹酸，偏惹相思欲斷難。豈學仙能吸雲霧，幾令人變黑心肝。噴浮銀管香驅穢，暖入丹田氣辟寒。贏得先生誇老健，鼻尖出火駭旁觀。」（《甌北集》卷五○）

另有《丹徒戴紳有二女，張之燦有二子葆元、受培，遂締姻以姊妹為娣姒，姊嫁葆元生一子而寡，不數年受培又卒，妹方待年，亦奔喪與姊相依，人稱雙節》（《甌北集》卷五○）一詩。

此期間，狂風驟起，大雨傾盆，湖塘橋質庫圍牆倒塌，客房壓壞。

《湖塘橋質庫繚垣十餘丈為大風雨摧倒，壓壞棧屋九間，俗傳為龍陣過也，詩以誌異》：「風怒號，雨亂澆，甍甍擎不住地動搖。忽然硿礲一聲響，摧我五丈岩牆高。牆南九廈盡壓倒，災過杜甫三重茅。傳是半空龍陣過，玄黃血戰酣聲囂。龍之為靈故昭昭，雲騰泥蟄馴不驕。江鄉千里地遼闊，何處不可皋蘭鑣。乃憑我屋作行陣，張牙舞爪恣驛騷。憶我少年氣方壯，擬鬥霹靂斬鱷鮫。目炬如電光四射，百神不敢紛喧呶。今竟欺我老無力，想因衰運招孽妖。獨惜此屋占墟市，什一取息免腹枵。相如並無四壁立，饑來驅我將焉逃。」（《甌北集》卷五○）

《荷花》（《甌北集》卷五○）詩亦寫於這一時段。

楊舍寓所，齋前池塘植有藕，上跨石橋。夏日，紅、白荷花盛開，風光宜人。然今年因風雨驟至，荷為水淹。

《舊譜》：「寓齋前有池長十餘丈，跨以石橋。橋東西故有紅白荷花。池上隙地半畝，雜植草花，藉以永日。九月初始歸，凡得詩七十餘首。」

《楊舍寓齋平池一畝跨以石橋，橋左右向有紅白荷花，余今歲來遊適交夏至，荷蕊已滿池面。忽一夕大雨如注，水長二尺，眾蕊皆淹，感賦》略謂：「寓齋何所戀，為有池荷芳。池長三十步，石橋跨中央。兩邊紅白花，年年開滿塘。」（《甌北集》卷五○）

吟朋詩侶，時有詩寄贈，甌北以詩相酬。

《次韻寄答陳蘭江同年金華教授》：「千里書來自浙東，無窮別緒寸函中。為詩我恐如高叟，通德君應號鄭公。五斗早看辭折阪，一甌聊當隱高嵩。初平叱石仙蹤在，安得相尋醉碧筒。」（《甌北集》卷五○）

《次韻答徐芝堂孝廉見贈之作》：「西山朝爽颯英姿，正喜披襟潙暑時。城北徐公原有貌，渭南趙蝦肯無詩？耽吟本是同功繭，衰老應憐獨足夔。不覺對君慚謿劣，又思補下董生帷。」（《甌北集》卷五○）

此時另有《余來楊舍避暑，適黃仲郇明府以梅花初月圖索題，走筆即正》、《即事》、《縶花》、《向日葵》、《蓮花開只兩日，至第三日敗矣，感賦》、《草花》（《甌北集》卷五○）諸詩。

【按】陳鳳舉，見本譜乾隆四十四年考述。其原詩謂：「江雲蒼莽各西東，風範時親卷帙中。不獨十年先長我，要無一事得如公。天邊勳略留滇粵，海內文章仰華嵩。才福雖殊情自合，敢將衰劣報詩筒。」（《甌北集》卷五○附）

徐彰（芝堂）原詩謂：「參天高榦歲寒姿，大雅扶輪獨貫時。四海遍傳甌北集，千秋重睹劍南詩。專家著述稽三豕，報國勳名薦一夔。何幸居東頻信宿，侯芭親傍子雲帷。」子廷俊亦次韻二首，曰：「上苑原棲鸞鳳姿，羽儀暉吉正逢時。科名已捷三條燭，著作欣披一卷詩。此日文章驚虎豹，他年事業卜龍夔。客途何幸朋簪集，問字頻過勝下帷。」「我本生成讚劣姿，流光虛擲過庭時。恐招李嶠無兒誚，愧讀淵明責子詩。前路敢期蠅附驥，遊蹤忝荷蚿憐夔。得邀雅愛同蘭契，親炙行當就講帷。」（《甌北集》卷五○附）

黃仲郇，黃鶴。謝元淮有《舟過虞山追悼陳月墀茂才增，兼感黃仲郇大令鶴》詩二首，曰：「遙望虞山擁翠微，西風回首淚沾衣。才人一去悲朝露，酒客重來弔落暉。玉樹凋零春易散，瓊樓寂寞夢全非。分明記得當時別，小艇搖波送我歸。」「叔度豐標迥出塵，與君夙昔最相親。孔融好客終非福，潘岳多才竟殞身。萬里黔山歸夢遠，一棺蕭寺旅魂新。秋來灑盡胥江淚，潦倒何時報故人。」（《養默山房詩稿》卷七）又，《琴川重悼黃仲郇》：「九皋有仙禽，遠舉隨飄風。遨遊霄漢表，棲止惟長松。垂翼一蹭蹬，毛羽何毿氄。孤鳴子不和，竟死虞羅中。傷哉華亭唳，月明霜滿空。」（《養默山房詩稿》卷七）《貴築黃仲郇大尹鶴》：「廉吏於今不可為，當時空羨後空悲。黃郎已為黃金死，只博清名載口碑。」（《養默山房詩稿》卷九）《清秘述聞》卷八：「解元黃鶴，字鳴皋，清鎮人，辛酉進士。」清鎮，屬貴州安順府，距貴陽較近，與甌北該詩小註「先生亦黔人」相符，當即此人。《江蘇藝文志‧蘇州卷》收有黃鶴（1694～1737），字漢升，號紫霞，江蘇常熟人。或為另一人。甌北詩所述黃鶴，據其詩自注所稱：「先生亦黔人，而風雅過之」，乃貴築（即今貴陽）人，與謝元淮詩之描述相合。

居住楊舍，多有餘暇，蒔草賞花，亦時有感悟。

《自戲》：「莫嗤氣味秀才酸。三十餘年不服官。入世更無同輩語，聞名都作古人看。眼昏屢爲塵揩鏡，頭禿惟憑帶繫冠。姑妄言之供一笑，幾時謁選到長安。」（《甌北集》卷五〇）

《即目》：「百草皆蕃廡，緣知暑已深。荷花高出岸，葵葉蔚成林。閒處驗生趣，靜中生道心。向來嫌理學，此亦舞雩吟。」（《甌北集》卷五〇）

《草花略澆灌輒欣欣向榮，乃知賤種尤易滋長也》：「草花誰灌汲泉清，偶荷滋培倍發榮。始悟六朝中正品，用寒人轉奮功名。」（《甌北集》卷五〇）

《靜觀》：「古而無死復何哀，悔不機檣早自摧。老樹尚誇霜後勁，名花可惜雨中開。耐閒還藉書消遣，謝病兼辭客往來。莫怪蓬蒿滿三徑，久無屐齒印蒼苔。」「靜中觀物見天眞，小闢庭齋景色新。枯木有藤青借葉，流螢無火碧成磷。笻枝懶拄唯呼僕，紈扇將捐尚戀人。自笑生平置何等，老來剩作臥雲身。」（《甌北集》卷五〇）

另有《換衣》、《盤龍草蔓生，葉細如針，花亦如粟粒，深紅色，奴輩初縶小屏，使盤旋其間，已而蔓愈長，再作七層塔以引之，而勢猶未已，走筆戲賦》、《東籬》、《秋葵》、《寓舍有二犬，余飯時只一犬來，詢知乃母犬讓其子得殘炙也，感賦》（《甌北集》卷五〇）諸詩。

所著《甌北詩鈔》、《陔餘叢考》、《廿二史劄記》、《十家詩話》諸書，市場銷售甚好。書賈施朝英，每年皆來求刷印。

《書賈施朝英每年就我刷印拙刻〈甌北詩鈔〉、〈陔餘叢考〉、〈廿二史劄記〉、十家詩話等各數百部，書以一笑》：「和凝板本早雕鏤，卻被屠沽索價酬。鼠璞料無三倍獲，雞林可有百金求？奇分宛委藏書穴，氣壓麻沙販客舟。我是爲名他爲利，大家不免達人羞。」「青丘漫說斲元精，妄念終貪後世名。湖海豪猶千里臨，坫壇高已一官輕。枕中或有珍鴻寶，帳裏知誰祕論衡。心力所慚徒誤用，縱傳亦只一書生。」（《甌北集》卷五〇）

老友蔣立菴業晉病歿，噩耗傳來，甌北愈覺孤獨。

《哭蔣立崖之訃》：「噩耗傳來夢亦驚，寢門爲位淚泉傾。斯文謬荷推先達，知己方將托後生。詩有未招魂旅蹟，感深不見面交情。可憐繡谷齋前酒，猶記清談到五更。」（《甌北集》卷五〇）

【按】本詩「感深不見面交情」句後自注曰：「君緣事遣戍烏魯木齊，從奎林將軍處得拙詩，歸遂謁我定交。」蔣業晉，見本譜乾隆五十八年考

述。《清代人物生卒年表》僅著錄其生於雍正六年（1728），字紹祖，號立厓，江蘇長洲人。所依據的是蔣氏《立厓詩鈔》卷七《自題天遠歸雲圖序》，其卒年不詳。據甌北《哭蔣立厓之訃》詩，立厓乃卒於嘉慶十三年（1808），得年八十一歲。《清人別集總目》（下卷）著錄其卒於嘉慶九年（1804），疑失考。

暮年易感，念舊情重，每思及已故諸友，傷感不已，然讀書、賦詩仍不輟。

《閱竹葉菴遺集》：「三年京邸共挑燈，遺集差欣入剗藤。走觸醋瓶原是癖，覆來醬瓿有誰拯。詩文須到重翻板，名姓焉能久繫縋。放眼藝林聊一笑，才人何限氣飛騰。」（《甌北集》卷五〇）

《追悼杭杏川、白峰、廷宣、潘震峰諸友，皆少時同學》：「忽忽前塵六十年，書窗課藝共加鞭。忍饑尚別孤燈火，支冷群依一片氈。有友五人惟我在，閱他三世望孫賢。東干故舊今誰是，每到徒增淚泫然。」（《甌北集》卷五〇）

另有《忽夢重守鎮安感賦》、《白荷未殘，黃葵又綻，戲詠》、《浮榮》、《即事》、《觀噶都閫校獵》、《暨陽野望》、《自嘲》、《獨夜》（《甌北集》卷五〇）諸詩。

子廷俊隨侍數月，學為詩，且大有長進。甌北見家學得傳，後繼有人，甚為欣慰，然仍誡其勿染紈綺之習。

《俊兒隨侍久，詩學日進，喜賦》：「客邸相隨久，詩功喜日新。老年無樂事，家學有傳人。何必金籯富，惟愁腹笥貧。滿門紈綺習，吾更與誰親？」（《甌北集》卷五〇）

《六言》：「孝先任嘲便腹，坡老爭讓出頭。光焰不能萬丈，聲名那得千秋。」（《甌北集》卷五〇）

另有《向日葵應隨日移向，而幹老頸齷，難於旋轉，戲題》、《金風》（《甌北集》卷五〇）二詩。

秋，赴蘇州，與范洽園來宗、馮實菴培、潘榕皋奕雋、蔣于野莘等友朋面晤。

《吳門晤范洽園編修、馮實菴侍御、潘榕皋員外暨蔣于野兄弟》：「訪舊重來七里塘，經年不見倍情長。何當老態三遺矢，還附名流一瓣香。相戒不談朝市事，得閒已淡利名場。暮年正要飛騰景，同看紅霞絢夕陽。」（《甌北

集》卷五○）

【按】范洽園，范來宗（1737～1817）。《（同治）蘇州府志》卷八三：「范來宗，字翰尊，文正公二十三世孫。舉乾隆庚寅鄉試，壬辰以中正榜授內閣中書，乙未成進士，官編修。十餘年乞養歸，為文正義莊主奉二十餘年，百廢具舉，增置義田一千八百畝。嘉慶十九年重遊泮宮。卒年八十一。子華，字開衡，廩貢生，能詩。」

《清秘述聞》卷一六：「編修范來宗，字翰尊，江南吳縣人，乙未進士。」

《國朝詞綜補》卷一五：「范來宗，字芝岩，吳縣人。乾隆四十年進士，官編修。」

《歷代畫史彙傳》卷五一：「范來宗，字翰尊，號芝岩，一號支山，吳縣人。文正公二十四世孫。乾隆乙未進士，官翰林院編修。花卉得指授於榕，風格自超，別具秀骨，善行楷，工詩，自終養歸里三十餘年，杜門卻埽，詩文自怡，不幹外事。整治文正義莊，士林重之。嘉慶甲戌重遊泮宮，乾隆丁巳生，嘉慶丁丑卒，年八十有一，有《洽園詩稿》。」

《履園叢話》卷六《芝岩太史》條謂：「吳縣范芝岩太史名來宗，字翰尊，為宋文正公後。中乾隆己未進士，入翰林，告歸時年五十餘矣。范氏故有義莊，積逋累累，不能資，族中咸推先生為主奉，清釐整頓，一秉至公，不三十年，增置良田一千八百餘畝，市廛百餘所，每歲可息萬金。文正公墓故在河南洛陽縣之萬安山，文正祖墓在蘇州之天平山，俱煥然一新。而子孫之窮困者，例給錢米，一切喪葬、助恤、考試之費俱倍加。自此義莊又復振興，皆先生力也。年八十一卒。著有《洽園詩藁》十八卷。」

王芑孫《范芝岩編修來宗》詩曰：「翰林所苦地清寒，君有田園足養安。馴雅文章見生趣，世家門閥渾如故。我懶無書閱歲時，太公卒葬遠難知。嗟君惜我身潦倒，我有虀鹽便投老。」（《淵雅堂全集》編年詩稿卷一四）

馮實菴，即馮培。《國朝御史題名》：「（乾隆五十五年）馮培，字仁寓，號玉圃，江蘇元和人。乾隆戊戌進士，由刑部郎中考選福建道御史，升戶科掌印給事中。」

《（同治）蘇州府志》卷二五：「馮培，字實菴，元和人，乾隆戊戌

科進士。」同書卷九○：「馮培，字仁寓，先世居錫山，乾隆壬辰選舉作庚寅舉人，內閣中書，軍機處行走。戊戌成進士，選庶吉士，改吏部主事。歷刑部郎中，擢御史，轉給事中。爲人篤內行，務切近之學。與人交和而介，非義與之弗受也。服官三十年，歸無一椽。歷主浙江崇文、江蘇紫陽書院，門下士多所造就，年七十二卒。」著有《經學記纂》四卷、《實菴文概》四卷、《詞垣剩稿》二卷、《鶴半巢前、後集》二十卷。（《（同治）蘇州府志》卷一三七）

《蒲褐山房詩話》：「馮培，字玉圃，號寔菴，無錫人。乾隆四十三年進士，官戶科給事中，有《鶴半巢詩鈔》。」

鄒炳泰有《送馮實菴給諫請假歸里》詩二首，曰：「我別家山記上春，君今秋盡到湖濆。心馳南浦依清月，夢說東華數軟塵。青草送行三館舊，黃門歸老六旬人。鄉耆述典成佳話，圖畫他年一寫眞。」「卅載京居是素交，歸來曾約結菴茅。新廬未卜草三徑，佳詠已傳鶴半巢。秋水野航朝問渡，雪畦叢韭晚充庖。倚門伯子頻占訊，計得燈花細細敲。」（《午風堂集》卷六）又有《題馮實菴竹齋圖卷》，見《午風堂集》卷四。

翁方綱《送馮實菴侍御假歸蘇州二首》謂：「星臺夛繡五雲邊，東觀西清二十年。舊竹影分坡老植，實菴有《種竹圖》。新巢詩續放翁編。實菴齋名鶴半巢，取陸放翁『托宿新分鶴半巢句』也。露濃壓卷君恩重，月澹橫窗客夢牽。不獨紅燈飛綠筜，潞河老柳照吳船。」「吳郎別後憶揚州，謂穀人。屈指胥臺接勝流。幾見迪功才紹古，相依北地氣橫秋。久無竹葉題荓苇，謂瘦同。近有青蓮倚柁樓。謂青儕。江海蒼然霜露積，篆煙何減對茶甌。」（《復初齋詩集》卷五三）又有《馮實菴侍御種竹圖用蘇詩韻二首》，見《復初齋詩集》卷四二。

馮培又與吳錫麒、王昶有交，見《有正味齋集》詩集卷一○、卷一六，《春融堂集》卷一八、卷二一、卷二三、卷二四。

潘榕皋，即潘奕雋（1740～1830），字守愚，號榕皋，又號水雲漫士，晚號三松老人，吳縣人。《（同治）蘇州府志》卷八三：「潘奕雋，字守愚，乾隆己丑進士，授內閣中書。丙午典試貴州，旋升戶部貴州司主事。假歸，不復出。嗜吟詠，尤擅書法，自少至老，日習數百字以爲常。歸田後名日益高，求者得片紙輒藏弄之。論詩原本風雅，得於性靈爲多。道光壬午重宴鹿鳴，欽加員外郎銜。己丑重宴恩榮，欽加四品卿銜。先以

子世璜官封朝議大夫、戶部浙江司主事，後以侄世恩官封光祿大夫、禮部尙書、都察院左都御史。卒於道光十年，壽九十有一。」

《履園叢話》卷六《榕皋先生》謂：「吳縣潘榕皋先生，名奕雋，字守愚。少聰穎，年十六以商籍補仁和縣學生，中乾隆壬午鄉榜，己丑成進士。及殿試，名列第七，以引見不到，降附三甲末。迨御試保和殿，欽定第十名，以內閣中書用。補官十餘年，除戶部主事，遂拂衣歸，自此林居四十餘年，讀畫評詩，遊心物外，怡然樂也。道光壬午歲重赴鹿鳴，己丑歲又將重赴瓊林，時年已九十矣。以兩江總督大學士蔣公攸銛奏陳奉旨加四品卿銜，著加恩免其進京以示體恤耆儒之至意。是年適遇覃恩，胞侄世恩以所得一品封典，貤封光祿大夫。先生生一子，名世璜，中己卯探花，亦授戶部主事。兩孫俱補博士弟子員。嘗賦《紀恩詩》十首，海內名公卿和者甚眾，莫不榮之。所著有《三松堂詩文集》若干卷行於世。泳自束髮遊吳門，與先生爲忘年交，往還最密，相知亦最深。嗚呼！若先生者，可謂五福兼備者矣。」

《歷代畫史彙傳》卷一七引《耕硯田齋筆記》曰：「潘奕雋，字榕皋，又號水雲漫士，吳人。乾隆己丑進士，爲戶部主事。道光壬午重與鹿鳴宴，晉員外郎。己丑重與瓊林宴，又晉四品京堂。以從子世恩官封光祿大夫、都察院左都御史。梅蘭水仙，信手揮灑，盎然天趣。書宗顏、柳，篆、隸入秦、漢人之室。喜吟詠，至九旬外精神矍鑠。詩文書畫之外別無他嗜。仙風道骨，得林下眞趣。著《三松堂集》。乾隆庚申生，道光庚寅卒，年九十有一。」

《桐陰論畫三編》上卷將潘奕雋列爲「逸品」，並曰：「潘榕皋奕雋，梅、蘭、水仙，信手揮灑，頗有生趣。所見筆墨雜作，最富詩情，畫筆均有意致。梅蘭小幀，隨意點染，另饒清逸氣味。知先生淡於榮利，故能享林泉樂趣。」

《蒲褐山房詩話》：「潘奕雋，字守愚，號榕皋，吳縣人。乾隆三十四年進士，官戶部主事，有《三松堂集》。」「榕皋家門鼎盛，科第聯綿，通籍後即膺館職，兼奉皇華而遽辭簪紱，歸臥山林。鄉閭重以黑頭，士類藉其青眼。琴樽帢屐，望影趨風，僉以爲洛社之耆英、玉山之佳會也。年甫六十，卜勝地於綠畝山，林泉窈礥，生壙附之，其標格尤不減司空表聖矣。詩溫厚和平，而清遠開放之致自在。餘句，五言如：『青簾煙外

舫，紅樹畫中山。』『風將殘磬遠，鳥與暮雲歸。』『澗聲疑過雨，嵐影欲沈煙。』『涼波沈鳥影，高樹落蟬聲。』『花影移吟几，湖光上客衣。』七言如：『移來密竹篩蟾影，種得甘蕉送雨聲。』『舊遊殘夢尋無緒，同輩晨星看漸希。』『秋士風情宜對菊，老年世味剩銜杯。』『新圖屏幛青圍座，舊種簷蕉綠上衣。』『香浮古鼎間臨帖，花倚晴窗伴校書。』『過雨紅蓮纔破蕚，沖煙白鷺自分行。』『古寺煙消梅放蕚，小橋水暖柳抽芽。』『簾前巒翠疑排闥，檻外湖光欲上樓。』皆令人攬擷無盡。」

《靜娛亭筆記》卷六《福壽雙全》條謂：「吳縣潘三松先生奕雋，乾隆己丑進士，內閣中書，升戶部主事。丙午典試貴州，告歸，家居四十餘年。擅山水文字之樂。嘉慶丙子重遊泮宮。道光壬午重赴鹿鳴，賞員外郎銜。己丑重宴瓊林，賞四品銜。其姪芝軒相國具折陳謝有云：『臣伯父重登蕋榜，百五人之選，尚有一存。我聖朝再宴瓊林，二百年以來於斯六見，吳下耆英，傳爲盛事。』子理齋太史世璜侍養，在籍宣壽九十一歲。孫遵祁，道光乙巳進士，由翰林院編修官侍講，亦告歸享清福，登上壽。」

潘奕雋與張問陶、張塤、趙懷玉、王芑孫有交，見《船山詩草》卷二〇、《竹葉菴文集》卷九、《亦有生齋集》詩卷一一、《淵雅堂全集》編年詩槀卷十六、編年詩續稿。

廷俊慮及其父年邁，每進昂貴參劑以調養之。甌北勸止之。

《俊兒以我年邁，彊進參劑，其價四百八十換，此豈吾輩所宜》：「鯉庭奉我養生方，一擲千金付藥囊。少日已甘三韭菜，晚年翻飲獨參湯。固知毛裏關心切，直藉刀圭買命長。氣散則歸原順事，老夫心早契蒙莊。」（《甌北集》卷五〇）

另有《柳色》、《近日作詩多用金玉字，書以一笑》、《活計》、《葛屨》、《暖足用溫水貯錫盂入被中，可達旦不冷。昔黃山谷名之曰「腳婆」，今俗呼爲「湯婆」，戲詠》、《肩輿拜客憫輿夫勞瘁，適食盒中有炙糕，各賞三條，書以一笑》、《高麗紙》、《秋分》、《行圍》、《花留客》（《甌北集》卷五〇）諸詩。

仍居楊舍，或坐或臥，與詩爲伴，流連光景，亦不廢吟詠。

《年高》：「年高多閱歷，貴獨重儒門。士要窮能固，人非爵始尊。讀耕原祖訓，飽暖總君恩。何物留貽久，田家老瓦盆。」（《甌北集》卷五〇）

另有《枕上》、《雜感》、《詩壽》、《靜觀》、《無詩》、《東籬》（《甌北集》

卷五〇）諸詩。

九月初，由楊舍回常州，途經杭白峰墓，為詩以弔之。

《歸舟》：「楊舍城南一葉舟，滿途黃葉已深秋。西風自是無情物，催我遄歸不少留。」（《甌北集》卷五〇）

《即事》之一：「五月扁舟到暨陽，茶瓜清坐但迎涼。蕭齋不覺居停久，見了秧黃又稻黃。」之二：「閒庭半畝水之涯，雜卉羣芳總麗華。來是將開去將謝，此行端似為看花。」（《甌北集》卷五〇）

《過杭白峰之墓》：「少年同學最關情，重過荒郊宿草塋。死已無知何麥飯，生雖有食只藜羹。書窗共硯論文夕，蕭寺聯床聽雨聲。他日九原相見處，可能還作舊嚶鳴？」（《甌北集》卷五〇）

另有《山塘》、《歸途》、《饒口》（《甌北集》卷五〇）諸詩。

年邁氣衰，耳朵變聾，以「少聞殊省事」自我寬解。

《耳聾》：「我昔耳最聰，萬籟攝呼吸。審音師曠傳，奏曲周郎識。食葉聞蠶聲，揩床數龜息。有人語隔垣，往往防聽竊。如何近年來，若有物壅塞。初投石硿碨，旋閉關隔閡。對面語不知，惝恍以意測。但見遠梁塵，豈解霏玉屑。偶然話不投，輒欲摑其頰。古有王晉卿，壯年患此疾。東坡為發怒，向耳大嗔喝。勒限三日瘥，過期便當割。果然翊日瘳，不煩社酒力。我耳獨不然，五官遂缺一。由來氣盛衰，默有司嶰律。少壯扃易開，枯槁窒難豁。只好作難陀，返聽叩虛寂。世務紛蜩螗，聆之本何益。少聞殊省事，放翁言破的。從此長杜門，一概謝喧聒。」（《甌北集》卷五〇）

子孫漸多，無意再操持家計，為子孫析產，囑其勤儉持家、衛守祖業。

《舊譜》：「是歲為子孫析爨，廷英、廷偉、廷俊、廷彥，凡四房。廷偉已故，其子忠弼、鳴盛亦已成立。先生共有十孫：廷英出者三，廷偉出者二，廷俊出者五。曾孫一人，公桂出。家既分產，凡少賤時有德於先生者，既屢酬之。嘗曰：『財債當償，心債尤不可負也。』至是親弗又各有贈遺，而於杭應龍先生子孫尤篤。」

《分產》：「九帶廳房六頃田，兒孫各自起炊煙。多慚我已無家計，猶問街頭米價錢。」「腹不愁饑體已溫，出身誰復記寒門。他年不把青氈賣，便是吾家好子孫。」（《甌北集》卷五〇）

《少睡》、《和保堂甘露寺詠李德裕之作》、《見賣衣者戲賦》、《黃雨歌》（《甌北集》卷五〇）諸詩，均寫於這一時段。

觀世間物理變化，時有所感。

《觀化》：「注釋蟲魚愧大家，豈知天咫驗萌芽。鐵鞦踏破春難覓，葭管吹來物自華。水力不濡鼻鴨髭，人工能變鳳雞花。眼前何一非新意，猶只恒河裏一沙。」(《甌北集》卷五〇)

患痢疾，年邁無法夜起，無奈墊以灰袋，苦甚。

《患痢不能夜起，仿小兒灰袋，襯入被窩以防泄瀉，戲詠》：「納汙不藉廁牏功，一袋寒灰襯被中。此是孩提需用物，我今真返老還童。」(《甌北集》卷五〇)

此後，另有《五更》(《甌北集》卷五〇)詩。

門生費芸浦淳年登七十，賦詩以賀。

《寄祝費筠浦相公七十壽》：「黃扉添報海籌長，移築沙堤禁苑旁。萬里封疆膏雨澤，九層霄漢福星光。壯猷識遠綜軍國，宿望年深重廟堂。轉眼新春開八秩，會看廿四考汾陽。」「帝優耆輔湛恩波，十賚榮光爛絳河。鸞輅出巡頻掌綸，鯉庭接武又鳴珂。漢司空本三公貴，文太師曾九十多。眷注愈深肩益巨，遙知難謝鬢絲皤。」(《甌北集》卷五〇)

另有《重九前一日管公祠看菊》(《甌北集》卷五〇)詩。

冬，身體欠佳，極少為詩。

《舊譜》：「是年，長孫公桂進京候選縣丞。」

嘉慶十四年己巳（1809）　八十三歲

【時事】　正月，以山東巡撫百齡為兩廣總督。原內務府大臣廣興有罪，處斬。顒琰諭曰：「廣興前在束、豫兩省審辦控案，任意威嚇，婪索贓銀數至累萬。朕親加廷訊，已降旨將廣興處絞。廣興種種藐法營私，伊雖已身罹重典，尚覺罪浮於法。廣興之子蘊秀，見係通政司學習經歷，並著革職發往吉林充當苦差，以示懲戒。」(《清朝續文獻通考》卷二四二《刑考一》)二月，帝製《崇儉詩》、《義例辯》頒示廷臣，並就廣興之事訓飭廷臣。三月，西安將軍德楞泰卒，伊犁將軍松筠，以濫殺奪職。四月，巡漕御史英綸正法。諭曰：「國家設立巡漕御史四員，自瓜儀以至通州，分段巡查，原以稽察弊竇，催趲遲延，從前積有陋規，節經裁革，添給養廉，以資辦公。膺斯任者，理應潔己自愛，勤慎奉職。上年都察院請簡漕差，朕於科道各員，就引見時派出四人，英綸適在其內。朕

素未識其爲人，及伊請訓召見，即覺其人頗平常，當經嚴加訓誡。嗣伊到任未久，旋奏請患病開缺，朕以其年力正彊，疑有捏病情弊，另派趙佩湘前往，於其赴任時諭旨密查。趙佩湘一至東省，即查其聲名狼藉，據實密奏，而英綸迎遇趙佩湘並告以病已漸痊，其爲欺飾，已屬顯然，因密飭馬慧裕、吉綸將英綸劣款再行詳查。節據覆奏，贓證確鑿，實屬目無法紀。巡漕御史職在催查，今英綸於每幫船入境時，藉詞恐嚇，勒索幫銀。該弁丁輾轉攢湊，自必耽延時日。且銀不入手，不予收文，及告病後，仍有印柄在手、斷難越過之語，是以催漕之官，爲阻漕之事，並查勘泉源，呵斥挑剔，婪索多贓，其挾勢求索所部財物，於法實有所枉。至御史職司風紀，奉命巡查，設地方官有不公不法之事，尚應列之彈章，其該管弁丁夫役人等如沿途有飲博宿娼等事，藉端逗留者，該御史即行查禁懲處。乃英綸於行館喚妓住宿，以執法之人，躬爲此無恥之事，尤屬卑鄙不堪。英綸係溫福之孫、勒保之姪，舊家大族，世受國恩，乃貪污縱恣一至於此，實屬法無可宥。英綸著即處絞。至英綸於巡漕時，每以捆打恐嚇運弁，是以朝廷之刑法爲詐財之具，應即令其身受責處，用示懲創，著派御前大臣軍機大臣會同刑部堂官，將英綸監提重責二十板，派御前侍衛富翰、刑部侍郎景祿，押赴市曹，監視處決，以爲奉差官員不念職守、敗檢貪婪、罔顧廉恥者戒。」（《清朝續文獻通考》卷二四二《刑考一》）五月，兩廣總督吳熊光謫戍伊犁。六月，詔責廷臣「以建言爲梯榮之具，甚或邀名聽囑，潛遂己私」。「心有所冀，則矯訐以潔名；竟無所圖，則緘默以保位」。（《清通鑑》卷一六六）七月，江蘇查賑知縣李毓昌爲山陽知縣王伸漢毒斃，下部鞫實，王伸漢立斬，知府王轂立絞，家丁李祥等均極刑，總督鐵保奪職遣戍，巡撫汪日章奪職。（《清史稿》卷一六《仁宗紀》）調阿林保爲兩江總督。諭：「前因山東即墨縣武生李泰清來京呈控伊姪李毓昌在山陽縣查賑、身死不明一案，當將全案人犯提京審訊，今案情已鞫訊明確，除另行按律辦理外，李毓昌於上年中式進士後，朕於引見時以知縣分發江蘇即用，經該省上司委赴山陽縣查勘水災，不肯捏報戶口，侵冒賑銀，居心實爲清正。乃山陽令王伸漢，因李毓昌不肯扶同捏飾侵賑，膽敢起意與長隨包祥串同李毓昌家人李祥、顧祥、馬連升等，將李毓昌始則用信末毒傷，繼復勒斃懸掛，似此慘遭奇冤，實從來所未有，允宜渥沛恩施，以示褒慰。故員李毓昌前已有旨令吉綸即委妥員將其屍棺加槨送回，交伊家屬安葬，著施恩賞加知府銜，即照知府例賜恤。」（《清朝續文獻通考》卷二四二《刑考一》）八月，浙江學政、侍郎劉鳳誥以監臨舞弊褫職，戍黑龍江。巡撫阮元以徇隱奪

職。(《清史稿》卷一六《仁宗紀》)帝斥阮元「有心狥隱，不但不參奏於先，而於降旨密詢之時，猶欲摭拾浮詞、巧爲搪塞，明係袒庇同年。阮元止知友誼，罔顧君恩，輕重倒置，不可不嚴行懲處，即著照部議革職」(《雷塘菴主弟子記》卷三)。十月六日，嘉慶帝五十壽辰，御太和殿受賀。十一月，以松筠爲兩江總督，那彥成爲陝甘總督。十二月，以失察工部書吏冒領戶部、內務府官銀，祿康、費淳以次降黜。(《清史稿》卷一六《仁宗紀》)

本年，顒琰命纂《全唐文》，金匱楊芳燦致書當事，勸廣收唐人小說。

直隸舒位南還，被聘校文，客溧陽、金壇。

吳門上演全本《長生殿》，刪私祭，范來宗作紀事詩；上演金兆燕《旗亭記》傳奇，增燈戲，范來宗作紀事詩。

蘇州俞正峰所編《珍珠塔》彈詞二十回刊行。

蘇州書坊刻《義妖傳》彈詞二十八卷五十四回。

吳江徐達源編《澗上草堂紀略》十六卷。

陽湖孫星衍重刊宋本《說文》。

丹徒王豫攜《江蘇詩徵》稿至杭州訪阮元，顧宗泰與會。

元和顧宗泰、奉賢陳廷慶、吳縣石韞玉、儀徵阮元、吳江郭麐等會靈隱寺，議設館置書，元作《杭州靈隱書藏記》。

吳縣黃丕烈勤訪故書，此年先後得《太平樂府》、《南峰樂府》、《青樓集》，復又得《宣和遺事》、《陽春白雪》各一部。

浙江龔自珍在京見王曇，曇與訂忘年交。

浙江王曇佐河工幕，旋南還吳門，常熟孫原湘與會。

安徽姚鼐刻所著《九經說》。

五月十二日，洪亮吉卒於常州家中歲寒堂。(《洪北江先生年譜》)

王念孫在山東運河道任。御史趙佩湘奏參前任巡漕給事中英綸貪縱各款，傳問念孫，以爲實據。先是，英綸恐猲取財，官吏多應其求，念孫堅飭所屬拒之，後饋送者皆獲咎，而運河道屬官獨免。(《王石臞先生年譜》)

凌廷堪客杭州。阮元以其無子，贈一姬名韡芳。夏四月，攜歸歙，寓問政書塾。六月初二，病歿。(《凌次仲先生年譜》)

八月，阮元由浙江赴京師，焦循餞之於北湖相墩。(《焦理堂先生年譜》)

【本事】正月初一，晨起，仍望闕行禮。

《己巳元旦》:「東風吹送物華新，八十三翁拜紫宸。富貴場曾甘退步，

昇平時易作完人。添籌且喜增年歲，鼓缶惟當樂夕晨。回憶求名赴京國，一周花甲又逢春。」（《甌北集》卷五一）

　　另有《閱歐陽〈五代史〉多戰爭之事，夜遂夢身履行間，蓋神不守宅，有此迷離惝恍之境，尤屬衰至之徵也，詩以記之》（《甌北集》卷五一）一詩。

正月初七，天大雪，趙味辛懷玉治具於施有堂宴客，肴饌極精。

　　《是日味辛治具肴饌極精，座中衣貂狆猻裘者五人，余裘最敝而余年亦最老，或謂燕毛即所以序齒也，滿堂皆噴飯，而余以主人族誼不敢當首座之尊，詩以解嘲》：「酴酥送暖歲初更，鄉飲連朝遲治觥。數見不鮮人太熟，後來居上饌逾精。裘如劉帥隨年杖，酒閼王郎斫地聲。笑我已甘辭首座，漁樵席上不須爭。」（《甌北集》卷五一）

　　另有《人日大雪喜賦》、《食夢》（《甌北集》卷五一）二詩。

　　【按】趙懷玉《是日同人飲集施有堂家觀察翼有詩次韻》詩曰：「翦綵爲人節物更，介公眉壽特稱觥。春盤列設聊從俗，食譜鑱譜敢謂精。冒雪客多攜笠屐，消寒酒易盡盃鐺。齒尊座反甘居下，餘卻詩篇靡有爭。」（《亦有生齋集》詩卷二五）本詩後並附趙翼原詩，與《甌北集》中略有不同，曰：「酴酥送暖歲初更，鄉飲連朝遲治觥。數見不鮮人太熟，後來居上饌逾精。裘如史相隨年杖，酒罄陳暄折腳鐺。笑我已甘辭首座，以主人族誼，不敢當首席之尊。漁樵席上不須爭。」錄以備存。

崔雲客景儀持《冊亨從軍圖》求題，甌北欣然應諾。

　　《題崔雲客太守冊亨從軍圖》：「古來名將出山西，詞館人偏狎鼓鼙。自是幽并豪俠氣，要兼武績一丸泥。」「我亦從戎入瘴煙，短衣匹馬日南天。而今見獵心徒在，老矣俄驚四十年。」（《甌北集》卷五一）

　　【按】崔雲客景儀，見本譜嘉慶十三年考述。

　　　冊亨，清爲貴州貞豐州地，設州同駐此。在今貴州省西南部，距廣西較近。《冊亨從軍圖》，趙懷玉有《題同年崔太守景儀冊亨從軍圖》，見《亦有生齋集》詩卷二四；洪亮吉有《題崔學士景儀冊亨從軍圖》，見《更生齋集》詩續集卷一○。據洪亮吉詩題下小注，圖爲「崔出守泗城時作」。

正月十九日，程恭人忌辰，甌北追思不已，黯然神傷。

　　《正月十九日爲亡室程恭人忌辰，脫繐輟泣，老淚已枯，孑然顧影，轉覺神傷也》：「鸞鏡輝沈歲一期，悼亡騎省有餘思。別來形影空相弔，夢裏悲

歡只自知。漫有床前阿堵物，也多膝下寧馨兒。一家依舊團團景，脈脈鰥魚淚獨垂。」（《甌北集》卷五一）

與蒲快亭忭相識，並題其《出塞圖》。

《戲題蒲快亭出塞圖》：「我昔曾經扈木蘭，周陸跋馬踏青屛。那知五十餘年後，重見興桓塞上山。」「千詩百賦擅文章，儒雅何曾慣急裝。天與虯髯滿頤頜，不須袴褶已渾羌。」（《甌北集》卷五一）

另有《五九》（《甌北集》卷五一）一詩。

【按】蒲快亭，蒲忭（1751～1815），淮安府人，進士。嘉慶十三年二月十七日任蘇州府儒學教授。（《（同治）蘇州府志》卷五七）

屠倬（字孟昭，號琴塢，又號潛園，錢塘人。嘉慶戊辰進士，官江西袁州知府，著《是程堂集》）《出塞篇贈蒲快亭進士》詩曰：「君不見，曹景宗，笳鼓聲中拈競病，獨騎快馬如追風。高歌擊鐙氣豪逸，坐令沈約難爲工。丈夫慷慨負奇骨，那得不如廝養卒。讀書擊劍吾未成，眼看蒲髯亦豪傑。昔年詞賦誇長楊，親藩亦愛狂生狂。橐筆鄒枚成上客，講學沛獻皆賢王。聖朝不奏軍中樂，萬里雄邊盡甌脫。要將雅製頌昇平，木蘭先進迎鑾曲。龍旗畫卷風沙黃，短後忽改書生裝。洪流卻渡白河澗，一線直摩青石梁。金錢結口五花靮，整轡調鞍真儻佪。雙鞬壓臂挈皐雕，翻身箭入秋雲高。圍場立馬色不動，十萬羽林亦神聳。掀髯一笑弓擲地，筆硯前呼健兒捧。秋山木落風雲開，千騎萬騎關門回。搖鞭兀兀唱銅斗，公卿都說蒲髯來。」（《兩浙輶軒續錄》卷二五）

此外，潘奕雋有《蒲快亭拊教授出塞圖》二首：「修髯如戟氣如虹，橐筆枚皐筆陣雄。想見墨香行帳滿，白雲紅樹萬山中。」「豹尾晴穿紫塞煙，五人聯轡記齊肩。中關月色涼於水，鴻雪泥痕四十年。」詩末小注曰：「乾隆癸巳秋獮木蘭，余偕唐農部樂宇、慶雨林侍衛、傅春園森、崇東山泰兩舍人於八月十五夜趨赴中關，月中並轡行三十里，年壯氣盛，意甚樂之。後唐出守黔中，崇以御史罣誤，傅官至尙書，慶官至將軍，皆歸道山。今快亭教授出示是圖，回首舊遊，蓋四十一中秋矣。舊時月色不減，今宵感念今昔，能無振觸於懷耶？」（《三松堂集》續集卷三）又有《昔蒲快亭教授示我梁溪淸微道人小楷，今汪省吾秀才復以所書詩品石刻畫蘭見示，並索拙句，爲題一律》，見《三松堂集》續集卷四。

　　陳文述有《蒲髯出塞行贈蒲快亭忭》，見《頤道堂集》詩選卷八；樂鈞有《題蒲快亭進士出塞圖二首》，見《青芝山館詩集》卷一三；凌廷堪有《題蒲快亭同年出塞圖》、《蒲快亭施雪帆以小集北樓詩見示戲柬》，見《校禮堂詩集》卷一三；王文治有《曾都轉招門人蒲快亭下榻董公樓，快亭呈詩，都轉次韻答之，同人多屬和者，余亦有是作，和快亭兼柬都轉也》、《門人鄭新甫問字於都轉，蒲快亭再用前韻爲贈，因效義山體謔之。新甫、快亭，同年友也》，見《夢樓詩集》卷二三；張問陶有《蒲髯出塞圖》，見《船山詩草》卷一六；又有《乙卯會試，榜前穀人前輩約同亥白兄與吳退菴暄、蒲快亭忭、徐闓齋嵩、徐壽徵明理集有正味齋看芍藥，分得蒸韻》，見《船山詩草》補遺卷四。

年八十餘，飲食雖不如以往，然步履尚健，時而出遊。

　　《健閒》：「已交大耋滿頭霜，飯不能彊步履彊。我慕九旬胡壽愷，人稱四海魯靈光。僅留畫餅名何用，且喜炊梁夢尚長。天予健閒寧敢負，一筇一笠一輕航。」（《甌北集》卷五一）《殘骨》：「菜肚涪翁茹草菜，經旬素食偶葷開。無端殘骨拋於地，似要人知吃肉來。」（《甌北集》卷五一）

　　另有《行園》、《看花》（《甌北集》卷五一）詩。

聞本科會試，門人費淳得任正考官，喜而賦詩為賀。

　　《聞筠浦相公總裁會試喜寄》：「相臣主試朗文華，鎖院深嚴靜不嘩。四海久知心似水，九重兼倚眼無花。量才尺挽風騷古，大雅輪扶願力賒。四十年前辛苦地，今看親示指南車。」（《甌北集》卷五一）又，「喜聞黃閣主文衡，桃李新陰滿禁城。分得餘光到裴皡，又添一榜小門生。」（《甌北集》卷五一）

　　【按】據史載，本科會試，以內閣大學士費淳、禮部尚書王懿修爲正考官，吏部侍郎英和、內閣學士貴慶爲副考官。

五月十二日，洪亮吉病歿，年僅六十四歲。甌北念及交往情深，同調身殞，傷感不已。

　　《哭洪稚存編修》：「里閈征逐慣從遊，一病何期竟不瘳。生爲狂言投萬里，死猶遺稿待千秋。繁音不聽梨園調，健步堪當剡曲舟。胸次知君原灑落，古來何事不浮漚。」「賜環歸後脫征衫，十笏新營老學菴。花事巧分殷七七，風情亦狎董三三。高才失路宜無賴，妄語欺人固不慚。老我獨傷同調盡，共誰茗盌作清談。」「廿年以長合先亡，豈意翻爲作挽章。爲我前驅開覺路，比

君後死殿名場。作碑索謝非錢癖，斫地悲歌亦酒狂。終有未消奇氣在，重泉應尚吐光芒。」「本擬憑君作替人，豈知先我委窮塵。江淹誰與收殘錦，王翰空教卜近鄰。和韻詩常推勁敵，賣文錢尚賑饑民。更從何處論陰德，救得蒼生反殞身。」（《甌北集》卷五一）

另有《暗坐》、《晴雨》、《閱綏寇紀略感事》（《甌北集》卷五一）諸詩。

【按】《哭洪稚存編修》詩「繁音不聽梨園調」句後注曰：「生平不聽戲」，「重泉應尚吐光芒」句後注曰：「余長君二十年，嘗戲謂君，他日當爲吾作墓誌。君曰：『如此，則先生當早逝，待吾下筆。』余笑謂：『遲余死，正以延君壽，反相促耶？』一時戲笑之言，竟成語讖」，「王翰空教卜近鄰」句後注曰：「余與君共一條街」，「救得蒼生反殞身」句後注曰：「丁卯捐賑，君獨任其勞。」可知二人交往之狀況及亮吉爲人之態度。

趙懷玉賦有《哭洪大亮吉》詩，曰：「我之先王姑，實爲君大母。君才長一齡，肩隨少相狃。中間躇稍疎，訂交始己丑。過從鮮虛日，親串兼密友。泛舟雲溪濱，襃衣林屋口。同叩鄉曲譽，牽連數某某。君才日騰上，說項爭恐後。諸侯老賓客，經訓大淵藪。我慚通籍先，雞棲玷曹右。歲再歷上章，君策冠儕偶。史奏雲五色，學窮山二酉。初衡日下文，識璞得瓊玖。旋持牂柯節，辨蘭闢稂莠。還朝列承華，夙莫勤職守。去因令原喪，出爲鼎湖叩。今皇甫親政，狂言甘碎首。特寬東市刑，但令西荒走。曾納請室饡，追折都門柳。百日即賜環，恩慈倍高厚。無何我歸田，春秋翦菘韭。我既好盡言，君尤善使酒。盛氣兩弗下，趙瑟必秦缶。寧嫌歡讌數，常以直諒負。昨還自海隅，聞君臥病久。往訊語不祥，謂亦故態有。乃恃素稟彊，遂誤庸醫手。聲名寰寓重，著錄金石壽。修短各隨化，樹立斯難朽。獨悲卅年契，永從一朝剖。濡筆陳生平，靈其鑒之否。」（《亦有生齋集》詩卷二五）

七月，劉瀛坡烜又病故，暮年朋侶，逐漸凋零，近陪無人，尤覺孤獨。

《稚存歿後不及兩月，劉瀛坡總戎又病故，二公皆里社朋好也，感賦》：「老去將何遣性情，只憑里社幾忘形。那堪兩月城東路，哭了文星又將星。」（《甌北集》卷五一）《哭劉瀛坡總戎》：「如此相知忍棄捐，身騎箕尾竟登仙。精神老未三遺矢，仕宦歸惟二頃田。儒將風流鈴閣靜，郎君才藻笏床聯。知公脫屣應無憾，獨我憑誰伴暮年。」（《甌北集》卷五一）

另有《小雨》（《甌北集》卷五一）一詩。

【按】甌北詩稱「稚存歿後不及兩月，劉瀛坡總戎又病故」，知劉瀛坡烜
當亡於本年七月間。

晚年少伴，空庭獨坐，時有所思。

《自愧》：「求仙學佛兩難成，虛負書窗一短檠。年老慣爲人送死，才疎
敢與世爭名。興來未免回頭錯，數盡何妨撒手行。只愧東山但高臥，曾無絲
髮濟蒼生。」（《甌北集》卷五一）

《秋夕》：「獨坐空庭思悄然，更無人語晚涼天。爲貪月色清如水，直到
三更不忍眠。」又，「已涼天氣未寒時，浴罷憑欄待月遲。閒與孫曾設瓜果，
聽他雜坐講唐詩。」（《甌北集》卷五一）

蔣瑩溪騏昌，再三誦讀甌北詩作，傾倒至極，推崇有加。甌北為有此知
音，甚為欣慰。

《瑩溪閱拙詩，獎借過甚，愧不敢當，敬酬奉答》：「書生結習只雕蟲，
謬賞叨稱錦繡胸。不朽名須身自定，相知人每世難逢。居貧聊享千金帚，老
倦惟支九節筇。儒者當爲事何限，愧將寸管鬥詞宗。」（《甌北集》卷五一）

另有《感舊》（《甌北集》卷五一）一詩。

【按】《甌北集》卷五一附有蔣騏昌原作，謂：「旗鼓相當說兩家，蔣袁子
才、心餘。鼎立世爭誇。若非我肯百回讀，誰識君才十倍加。眼底群峰盡
培塿，筆尖若個走龍蛇。暮年但惜從師晚，繼起何人只自嗟。」

同鄉管午思學洛，頗具才思，然不為世用，甌北與其時相往來，並為其
詩稿題句。

《題管午思詩稿》：「風雅應推第一流，一枝才筆渺無儔。構思直欲撚髭
斷，使典能教繞指柔。可惜官班非館閣，由來家學有箕裘。衰年正少聯吟侶，
何幸潘張不遠求。」（《甌北集》卷五一）

另有《桂開》（《甌北集》卷五一）詩，寫於此時。

【按】管道明學洛，見本譜嘉慶八年考述。

同調日稀，欲與後輩結好，然終緣年齡懸殊，難得盡吐情懷，仍以讀書
為日課。

《戲調瑩溪》：「死盡交遊絕足音，更無朋舊與披襟。欲聯後輩爲同筆，
未必他心似我心。浮白百杯嫌費酒，呼盧五木怕輸金。不如還把殘書看，消
得分陰又寸陰。」（《甌北集》卷五一）

另有《偕曼亭、瑩溪艤舟亭看桂花》（《甌北集》卷五一）詩。

年紀高邁，視力不濟，然猶出遊尋詩，為詩追求自然之趣。

《目暗》：「安得空青點眼眶，糊塗過日意難降。近看三尺不能四，遠望一人偏似雙。暗避炎光籠皀幬，明貪霽景就疎窗。短檠終惜抛牆角，健筆猶思百斛扛。」（《甌北集》卷五一）

《詩情》：「詩情漫索故書堆，飯罷銷閒步綠苔。今日不知明日句，聽他有句自然來。」（《甌北集》卷五一）

《余方有「聽他有句自然來」之句，明早枕上忽得「人間無路海茫茫」一句，初不知曹唐詩也，隨又得「雲外有天星歷歷」，湊成一聯，亦出於無意，蓋余修文赴召之讖矣，補成一律記之》：「步虛詞豈學曹唐，忽漫詩來夢蝶床。雲外有天星歷歷，人間無路海茫茫。讖言本不論工拙，讖語何須取吉祥。贏得老夫誇詩境熟，偶然脫口便成章。」（《甌北集》卷五一）

另有《擬閨怨》（《甌北集》卷五一）一詩。

清秋多暇，與崔曼亭龍見、蔣瑩溪騏昌連日唱和，盡吟朋之樂。曼亭將就養於其子景儀粵東官署，甌北為詩以送之。

《曼亭、瑩溪連日有詩來索戰，余力不能支，率此乞降》：「往日詩從枕上催，枕今不復有詩來。想因郢曲高難和，教我韜藏莫露才。」（《甌北集》卷五一）

《題曼亭梧桂雙清小照，兼送就養粵東》：「碧梧丹桂絢清秋，領略風光一白頭。飲興未衰吟興健，始知世有老風流。」「熊軾蜺旌照楚天，鯉庭宦蹟又聯翩。更無一事留微缺，剩與人間作散仙。」「彩輿迎養晚增榮，實為居貧作遠行。三十餘年歷臈仕，翻隨子舍食南烹。」「瓊林回首宴恩榮，五十年來始合併。贏得老夫誇口說，能教白傅喚殷兄。」（《甌北集》卷五一）

《獨夜》：「麗譙柝鼓夜初長，節物經秋愛淺涼。殘雨濕留聲點滴，孤燈清照夢悠揚。時趨競尚新翻曲，舊學幾忘急就章。心事都來五更枕，又添一番應酬忙。」（《甌北集》卷五一）

另有《感舊》（《甌北集》卷五一）一詩。

八月八日，管午思學洛病歿於赴選途中之清江舟次，年僅四十九。甌北痛悼之餘，為其賦詩能追求新意稱道不已。

《管午思赴選，病歿於清江浦，悼之》：「麤官不合有奇才，一路吟鞭擅雅裁。騙得心肝全嘔出，朱旐才去素旌回。」「袍笏登場便若何，榮名一念誤人多，傷心袁浦秋風夜，臨死連聲喚過河。」（《甌北集》卷五一）

另有《放言》（《甌北集》卷五一）一詩。

【按】《管午思赴選，病歿於清江浦，悼之》詩「騙得心肝全嘔出」句後注曰：「以吐血死」，「朱旗才去素旌回」句後注曰：「君填詞有云『恨不奮身千載上，趁古人未說吾先說』，眞奇句也。」

趙懷玉《管刺史學洛謁選北行，去六日而卒於清江舟次，詩以挽之》：「辦裝信宿赴燕臺，十日俄驚丹旐回。君本入官翻送死，世皆欲殺獨憐才。冷吟每惜知音少，近以詩稿相質。熱血難教齏志灰。君驟以嘔血卒，疾篤猶思北上。婦夢深閨兒遠客，故應魂去復魂來。」「兩世交情在紀群，服官年近邃修文。頗嫌處事機鋒銳，卻喜承家編纂勤。尊甫侍御君所著俱已校刻。顧曲有人思昔酒，看花何意立斜曛。瀕行貽夾竹桃兩盆。已傷朋舊雕零盡，識合龍蛇又到君。今歲吳封君端彝、劉總戎烜、史上舍汝楫、洪編修亮吉、蔣刺史重耀、楊秀才廷贊相繼殂謝，而君年最少。」（《亦有生齋集》詩卷二五）

生活安閒，每日以讀書為事，不廢吟詠。

《枕上》：「枕上夢初覺，窗間夜已闌。若無詩度日，安得老加餐。家不愁懸磬，名猶待蓋棺。呼童晨謝客，要臥日三竿。」（《甌北集》卷五一）

《夜坐》：「秋來一雨一番涼，宴坐蕭齋夜未央。詩句煉教生處熟，才名排到短中長。塵勞誰脫千絲網，世幻從看百戲場。只有及時行樂好，木樨過又菊花黃。」（《甌北集》卷五一）

《論詩》：「同此風雲月露形，前人刻劃已精靈。何須我拾殘牙慧，徒令人嗤照本臨。滿地撒錢難入貫，汲泉垂綆漫鈎深。只應觸景生情處，或有空中天籟音。」（《甌北集》卷五一）

《即事》（二首）之二：「老尚餘高興，閒惟作小詩。杜門無客屨，種樹有孫枝。安晚應更號，謀生擬乞祠。時清身尚健，不樂更奚為。」（《甌北集》卷五一）

《自笑》：「結習朝朝手一編，妄期著述不終湮。誰知身後留名處，不以才傳以福傳。」（《甌北集》卷五一）

《晏起》：「三竿日已照窗扉，寒戀重衾夢未歸。不是有詩成枕上，何能冒冷起披衣。」（《甌北集》卷五一）

《君山》、《禦寒》、《牙齒盡落，有咀無嚼，偶見犬齕骨作確硌聲，不覺健羨，因自笑犬之不如也》（《甌北集》卷五一）諸詩，寫於此時。

從邸報得知，蔡牽覆舟溺死於溫州外洋，海上之亂平定，為詩以誌其事。

《海賊蔡牽肆橫閩粵洋面十餘年，今閱邸抄，官兵擊之於魚山大洋，覆其舟溺死，從此妖氛可熄矣，誌喜》：「海外遙傳奏捷音，盜魁連艦竟平沈。崔苻一掃功殊速，癰疥多年病亦深。鷺島帆檣開歷歷，鯤身城郭望陰陰。書生本不關時事，但聽銷兵喜不禁。」（《甌北集》卷五一）

另有《一蟻》、《暑寒雙願》（《甌北集》卷五一）詩。

【按】本年八月中旬，浙江提督邱良功、福建提督王得祿合擊蔡牽，船沈，牽溺水而亡。據載，八月十七日，「浙江提督邱良功等追及蔡逆於台州魚山外洋。浙江提鎮首先追及，將逆船攻剿殘破，童鎮陞船被盜炮折桅，閩提督王得祿舟師亦至，齊攻逆盜，斃盜無算，夜黑潛逃。十八日，遇蔡逆於溫州外洋，閩、浙舟師齊加攻擊，首逆坐船破漏沈海，蔡牽及其二妻一子同時全船斃沒，蔡逆自此滅絕。」（《雷塘菴主弟子記》卷三）

甌北聞知蔡牽溺死於海，或在九月間。

十月初六，乃嘉慶帝壽辰，常州在籍士紳，往城東艤舟亭設壇叩祝。本年，帝對致仕官吏高壽者，亦有所賞賜。

《恭遇皇上五十萬壽，翼偕在籍紳士艤舟亭虔設經壇叩祝，敬賦》：「蕭齋頻問夜何其，起赴郊園叩祝釐。地是城東迎蹕處，人皆林下掛冠時。栴檀香溘春雲護，梵唄聲長晝景移。自笑朝衣箱久疊，今朝彩繡滿身披。」（《甌北集》卷五一）

《聖壽覃恩典隆養老，翼以年逾八十得拜絹綿米肉之賜，恭紀三首》（之一）：「遂初久不綴朝班，帝賚猶蒙及退閒。養老愧無言可乞，錫釐早有詔先頒。優同清俸支宮觀，喜溢榮光耀市闤。莫怪放翁誇十錦，歸田人再拜恩難。」（《甌北集》卷五一）

深秋，再遊艤舟亭，憶及年初偕同好來此之情景以及洪亮吉、劉烒之先後下世，百感交集。

《年初偕同鄉諸公艤舟亭探春，半年間瀛坡、稚存相繼下世，今日重遊，不勝存歿之感》：「曾聯步屧探春光，今日重來泊野航。一畝園仍好林麓，半年事已小滄桑。人生最樂惟交契，老境愁逢是死喪。便抵黃公壚畔路，臨風回首獨蒼茫。」（《甌北集》卷五一）

十月二十二日，甌北壽誕，諸多後輩紛紛前來祝壽。

《懸弧賤降，四房子孫媳婦並諸女皆以湯果上壽，紛至遝來，應接不暇，亦晚年樂事也》：「不出門庭聚饍修，房房湯果慶添籌。笑他樓護驕人處，辛苦魚鯖乞五侯。」（《甌北集》卷五一）

天漸寒，子廷英特為父購置狐裘以禦寒，甌北喜而賦詩。

《英兒爲我購一狐裘，毛深溫厚，過冬可以不寒矣，喜賦》略謂：「回憶軍前袒臂呼，從戎不讓潑寒胡。而今衰至甘兒褓，貪擁蒙茸坐結趺。只餘一事堪誇處，負此猶能健踏步。」（《甌北集》卷五一）

另有《消寒》（《甌北集》卷五一）一詩。

有友人命運多舛，心情沮喪。甌北激勵其刻苦為學，安貧樂道。

《慰友》：「誰不營生事，憐君命獨屯。殘更無月夜，荒野獨行人。蠟李常桍腹，牛衣不蔽身。艱貞方見學，吾道在安貧。」（《甌北集》卷五一）

冬，手訂舊詩，反覆審視，為未能出新而歎慨。

《編訂舊詩》：「但有陳陳積，曾無日日新。自看猶覺厭，況索賞音人。」（《甌北集》卷五一）

平居閒極，或勸其編寫戲本以自遣，甌北婉言謝絕。

《閒不可耐，或勸余雜撰戲本以遣時日者，余老矣，豈作此狡獪耶，謝之》：「哀樂中年易感傷，故應絲竹遣流光。豈堪花月張三影，自譜琵琶趙五娘。羅貫中曾三世啞，李天下竟及身亡。只餘玉茗湯開遠，留得清芬在戰場。」（《甌北集》卷五一）

另有《日計》（《甌北集》卷五一）詩。

冬至節前後，北風連刮三日，天寒甚。甌北狐裘在身，尚覺寒氣逼人，念及沿街覓食之乞活兒，頓生憐憫之心。

《苦寒吟》：「我歌苦寒吟，己巳冬至節。北風闞怒號，三日始稍息。滔滔長河流，一夜澤腹結。魚蝦凍入冰，鱗鬣總僵骨。我服裘三重，重重白狐腋。鐵打不知痛，亦復凜寒烈。可憐乞活兒，裏身一敗席。呼吸氣不接，俄頃作人臘。聞此盡傷心，忍復烘榾柮。」（《甌北集》卷五一）

《苦寒》：「至後今年分外寒，天心似特困衰孱。圍爐榾柮無煙暖，炙硯蟾蜍有淚潸。白傅大裘長萬丈，杜陵廣廈拓千間。書生開口論康濟，紙上空談只汗顏。」（《甌北集》卷五一）

另有《英兒奉我黃狐裘，彥兒又奉白腋者，毛更深厚，喜賦》、《戲爲俳體遣閒》、《殘錦》、《閱〈綏寇紀略〉書蜀亂遺事》、《聞有新嫁娘在途，舁夫

貪捷，踏冰過河，彩輿昇夫一時俱陷，感賦》、《爲劉瀛坡總戎作神道碑感賦》
（《甌北集》卷五一）諸詩。

【按】趙懷玉《寒甚》詩曰：「寒氣今年甚，嚴風吹不休。路傍多凍骨，
河上少行舟。炙硯慵敲句，銜杯且散愁。比他無褐者，略有典餘裘。」（《亦
有生齋集》詩卷二五）又，《十二月廿七日大雪，白雲溪上對酒作》詩謂：
「今年歲暮田無租，門前債主急索逋。家園縱得團妻孥，不及客舍喧摴
蒱。天公知客愁思紆，特遣玉戲將愁驅。初飄弱與柳絮俱，漸卷忽若鵝
毛麤。自晨霏霏至日晡，高下一色瓊瑤鋪。白雲溪邊舊釣徒，藏釀可免
青錢沽。臨溪置酒樂是圖，洞啓窗牖披襜褕。著花樹樹重噓枯，飛鳥莫
能辨鵠烏。跳身疑入冰玉壺，大叫快絕歌復呼。興到直欲傾千觚，男兒
刺促誠何辜。可憐蟲異如意珠，少不能致公與孤。老猶漂泊行江湖，皓
然鬢髮空頭顱。往往路鬼相揶揄，醉鄉侯竊聊自娛。差比債帥頭銜殊，
起視天色雲模糊。此時寒氣消歸無，來日大難且勿虞。」（《亦有生齋集》
詩卷二五）可互爲參證。

湯雨生貽汾將赴官南海，甌北爲其題《秋江罷釣圖》。

《題湯雨生騎尉秋江罷釣圖即送之官南海》：「文士才華武將軀，移官南
發畫輪車。秋江罷釣非無意，要向滄溟捕鱷魚。」（《甌北集》卷五一）

此時另有《河凍》（《甌北集》卷五一）詩。

【按】湯雨生，即湯貽汾（1778～1853），宁若儀，號雨生，又號粥翁、
掃雲子、琴隱道人，江蘇武進人。湯大奎孫，荀業子。著有劇作《劍人
緣》、《逍遙津》、《雙補恨》等多種，另撰有《湯貞愍公詩鈔》、《琴趣園
詩集》、《琴隱園詞稿》、《畫梅樓合筆》等。（《江蘇藝文志·常州卷》）《清
史稿》卷三九九有傳。

《國朝詞綜續編》卷一一：「黃韻甫云：將軍一門風雅，世篤忠貞，
臨難從容，猶援筆作絕命詩遺命，以平生所愛書畫冊卷殉葬，文章氣節
一身肩之，偉矣哉！」《秋江罷釣圖》，湯貽汾《自題秋江罷釣圖》小序
曰：「余守江上五年，丁卯秋以事落職，繼得平反，已易故步，釣遊陳蹟，
未能忘情。此圖之作，亦以志雪鴻之意云爾。」詩謂：「釣翁不省賣魚錢，
獨釣空江四五年。剩有一竿閒在手，漫勞重換祖生鞭。」（《琴隱園詩集》
卷五）黃培芳《香石詩話》卷二：「武進湯雨生貽汾以世襲騎尉爲廣州守
戎，詩畫俱工，有儒將風流之目。繪有《秋江罷釣圖》，如洪稚存、吳蘭

雪諸詞人題詠殆遍。暇日與吾輩清集,《觀魚》句云:『人還碧海騎鯨去,我已滄江罷釣回。』其韻致如此。」

陳用光《湯雨生罷釣圖詩序》曰:「古之善畫者多武臣,唐李思訓、曹霸、宋趙令松,皆官至武衛將軍。其本居武職若劉永年、吳元瑜、郭元方、李延之之屬,皆是也。載諸傳記,流及後代。至思訓之子昭道,官中書舍人,而世亦沿其父官,別之爲小李將軍。官以藝傳,藝不必以官著,往往皆然,而畫其一端也。雨生雲騎尉以其祖若父殉節臺灣,蔭得今職,嘗官江南矣。以事罷去,非其罪也。大吏爲奏,復其官,謁選來京師。工詩善畫,與余一再晤,語恂恂有儒雅風,既以其《秋江罷釣圖》屬余爲之辭。而雨生今方得官廣東隸撫標將,與余別,日者廣東頗有海賊未靖,雨生之才,必見委任於大府。則吾請以釣喻,餌之投,諜之縱,與鯤鮞之不取,鯨鯢之必得,與昔韓昌黎以文驅鱷魚於潮州而陳文惠則捕而戮之,無昌黎之誠而薄文惠之所爲,與挾文惠以訾昌黎者,皆非也。且何以云事當其機哉?吾聞曹不興有兵符圖,極工,世所未嘗見也。雨生如求之而得其意,其於畫也,思過半矣。繫之以詩,曰:『餌投五十犗,智出任公子。果能牽大魚,固非濫淵比。身閒未得閒,持竿今且起。但制橫海鱗,莫傷寄書鯉。』」(《太乙舟文集》卷六)

此外,洪亮吉有《湯騎尉貽汾秋江罷釣圖》,見《更生齋集》詩續集卷九;宋翔鳳有《爲湯雨生騎尉貽汾題秋江罷釣圖》,見《憶山堂詩錄》卷八;屠倬有《題湯雨生騎尉秋江罷釣圖》,見《是程堂集》卷一○;吳嵩梁有《題湯雨生騎尉秋江罷釣圖》,見《香蘇山館詩集》今體詩鈔卷六;曾燠有《題湯雨生秋江罷釣圖絕句》,見《賞雨茅屋詩集》卷一○;劉秉恬有《秋江罷釣圖》,見《竹軒詩稿》有竹軒分箋。

與慶佑之藩伯有往來,且題其《泛月理琴圖》。

《題慶佑之藩伯泛月理琴圖》:「既不喜牽黃臂蒼作豪邁,又不屑檀板金尊遣清暇。書生結習乃未除,欲謝塵氛領風雅。憶我依劉禁苑東,相門子弟多駿雄。君年最小才最大,黑頭已奏句宣功。普慈航度開寶筏,佐薰弦理調絲桐,何暇濯滄波,招涼風?不如船琴兩不用,贈我蕭閒林下八十餘歲之老翁。」(《甌北集》卷五一)

另有《歲節》、《族孫自怡邀同人爲消寒近局,即席口占》、《夕陽紅》、《臘雪》(《甌北集》卷五一)諸詩。

【按】據甌北詩中「憶我依劉禁苑東，相門子弟多駿雄。君年最小才最大，黑頭已奏句宣功」諸句，慶佑之當為尹繼善之幼子。慶佑之，即慶保。《歷代畫史彙傳》卷三三引《畊硯田齋筆記》曰：「慶保，姓章佳氏，字佑之，滿洲人。大學士尹文端公繼善第十三子，曾官總督，今為廣州將軍。花卉蟲蜨，頗得生趣。」與潘奕雋、孫原湘、王芑孫、王文治、吳嵩梁、袁枚有交，見《三松堂集》續集卷一、《天眞閣集》卷二〇、《淵雅堂全集》編年詩槀卷一九、《夢樓詩集》卷二二、《香蘇山館詩集》古體詩鈔卷八、今體詩鈔卷七、卷一〇、《小倉山房詩集》卷一四。一說慶保乃尹繼善第十四子。《隨園詩話》卷一四謂：「解中發秀才館尹文端公家，一日鮑雅堂來訪，見十四公子慶保，問年幾何，曰：『十四歲。』鮑戲出對云：『十四世兄年十四。』解應聲曰：『三千弟子路三千。』」

《國朝御史題名》謂：「（咸豐十一年）慶保，字佑之，正紅旗滿洲人。由戶部員外郎補授江南道御史。」其年代稍後，且尹繼善為滿洲鑲黃旗人，此乃正紅旗，與上述慶保恐非一人。

《泛月理琴圖》，潘奕雋有《慶祐之方伯泛月理琴圖》，見《三松堂集》續集卷一；翁心存有《慶蕉園將軍泛月理琴圖》，見《知止齋詩集》卷八；吳嵩梁有《題慶佑之方伯泛月理琴圖》，見《香蘇山館詩集》古體詩鈔卷八；《書隨園先生題佑之丈泛月理琴圖詩後》，見《香蘇山館詩集》今體詩鈔卷七；吳鼐有《題慶蕉園方伯泛月理琴圖》，見《吳學士詩文集》詩集卷二；詹應甲有《制府慶蕉園先生以泛月理琴圖命題賦呈柏梁體一百韻》，見《賜綺堂集》卷一四；趙慎軫（字遵路，號蓼生，武陵人，嘉慶丙辰進士）有《題慶蕉園中丞泛月理琴圖》，見《沅湘耆舊集》卷一三三；吳錫麒有《慶蕉園方伯泛月理琴圖序》，見《有正味齋集》駢體文續集卷二。

吳伯新孝銘庶常為其祖父《悅菴時文稿》乞題，甌北欣然為之。

《題吳悅菴時文遺稿，為其孫伯新庶常》：「同試春明景宛然，俄驚六十有三年。一編帖括留遺在，猶有光芒夜燭天。」「青箱世業在儒門，存歿關心望後昆。今日為君開口笑，故人已有翰林孫。」（《甌北集》卷五一）

【按】甌北詩稱：「同試春明景宛然，俄驚六十有三年」，乃是指乾隆丁卯（十二年，1747）同赴江寧鄉試之事。春明，唐京都長安，東有三門，中曰春明。江寧乃明之故都，故借稱。《甌北集》卷四九《丁卯元日》詩

「幸忝增年開九秩，曾初赴舉試三場」句下自注：「乾隆丁卯，余初赴江寧鄉試。」由本年上溯至乾隆丁卯，首尾恰六十三年。甌北爲吳氏「青箱世業」得以不墮深感欣慰。吳伯新，即吳孝銘。《樞垣記略》卷一八：「吳孝銘，字伯新，江蘇武進人。嘉慶己巳進士，十八年十一月由工部主事入直，官至宗人府府丞。」吳榮光《懷人十七首》之五《工部主事吳孝銘伯新》曰：「禁中有三吳，質正吳伯新。擁萬吳書城偕我去，今僅見斯人。巨波不清濁，皎鏡無多春。我思晉處默，庶幾式朝紳。」（《石雲山人集》詩集卷九）

臘月，寒甚，積雪十日不化。甌北衣重裘以家居。

《舊譜》：「先生年八十三。老境漸侵，目半明半昧，耳半聰半聾，喉音亦半響半啞，因自號三半老人，笑比桑維翰尚多兩半也。然猶督課諸孫，每塾藝必令呈閱，指疵改定。故忠弼、慶齡、申嘉、鳴盛、公樾等讀書日有進益。」

《今年臘寒較甚，且經月不解，詩以記之》：「老夫忽作兒暴長，竟似布袋和尚樣。不知身乃三重裘，疊得氈毛來發脹。常年臘底窮陰凝，今年沍寒尤凌兢。雪堆十日凍不化，疑是千年老水精。指雖未墮膚已裂，唇螭滲血微紅腥。我披三重裘，更熾一爐火，猶恐寒威無處躲。古稱赤腳踏層冰，世自有人不是我。只應盪酒取酣釅，難更加綿自纏裹。倘逢園客繭如甕，便請入甕亦盡可。」（《甌北集》卷五一）

是年，因目半明半昧、耳半聰半聾、喉音半響半啞，而以「三半老人」自號。

嘉慶十五年庚午（1810）　八十四歲

【時事】　正月，嘉慶帝訓諭部院大臣應振刷精神，勤勉供職。曰：「近日各部院衙門因循怠玩，相習成風。推原其故，由於各大臣等思避專擅之蹟，惟以含容博寬大之譽，推諉邀安靜之名，虛稱辦事，實則廢弛，不肯正色率下，綜覈名實，一切文移奏牘委之司員，而司員中又無實心任專之人，一切委之書吏，聽其播弄，畫諾施行。胥吏等蔑視日久，舞文玩法，無所不爲，漸至肆無忌憚，朋謀盜竊，成此巨案。試思朝廷政柄，操之自上，若大臣盜權壞法，則爲太阿倒置。今幸綱紀肅清，大臣等尚無此弊。而大臣委權於所司，所司委權於書吏，若輩奸猾性成，勾結朦混，竟層層受其欺蔽，無一人能摘奸發覆者，部院衙門

如此，則外省吏治尙可問乎？」（《清朝續文獻通考》卷六四《國用考二》）本月，以兵部尙書劉權之爲協辦大學士。勒保爲武英殿大學士。二月，整飭八旗恣意揮霍之惡習。諭曰：「近來八旗兵丁不知勤苦上進，錢糧恩賞隨得隨盡，逞一時之揮霍，而不顧終歲之拮据；快一己之花銷，而不顧全家之贍養，致有房產變易，生計蕩然，風氣改移，而現在管理旗務之王大臣因循怠忽，意存漠視。嗣後八旗都統等務當各矢藎誠，盡心職守，視國事爲家事，實力誨導，嚴加查察，並隨時分別懲獎，俾兵丁等共知翦除惡習，崇儉戒奢，庶生計日饒，凜遵法度。」（《清通鑑》卷一六七）三月，詔以鴉片戕生，通飭督撫斷其來源，曰「鴉片煙性最酷烈，食此者能驟長精神，恣其所欲，久之遂致戕賊軀命，大爲風俗人心之害，本干例禁。該犯楊姓膽敢攜帶進城，實屬藐法，著即交刑部嚴審辦理。惟此項煙斤，近聞購食者頗多，奸商牟利販賣，接踵而來。崇文門專理稅務，僅於所屬口岸地方稽察，恐尙未能周到，仍著步軍統領、五城御史於各門禁嚴密訪查，一有緝獲，即當按律懲治，並將其煙物毀棄。至閩粵出產之地，並著該督撫關差查禁，斷其來源，毋得視爲具文，任其偷漏。」（《東華續錄》（嘉慶朝）嘉慶二十九）五月，勒保以不奏匿名書，罷大學士，降工部尙書。復以祿康爲大學士，明亮協辦大學士。以戴衢亨爲大學士，費淳爲工部尙書。（《清史稿》卷一六《仁宗紀》）六月，膳食房太監于進忠之侄得林，在紫禁城內外膳房投井身死，嘉慶帝諭曰：「前明舊制，紫禁城內非特官員等不能輕至，即大臣亦止在外聽宣，不敢無事輒入。其時宮庭之內，狃於宴安，廷僚召對絕少，以致內外阻隔，下情不能上達，綱紀墮壞。我朝革除一切秕政，首在通下情而宣上意。每日宵衣視事，召對臣僚，周諮庶政，乃至外來道府等官亦俱准其親詣宮門，遞折請訓，無不隨時召對，法良意美，從無有堂廉隔絕之事。然禁城重地，咫尺宸垣，守衛不可不嚴，體制不可不肅，乃近來門禁廢弛，各處值班官兵全不認眞管轄，以致閒雜人等任意闌入，毫無稽考。即如前日查出膳房太監于進忠之侄得林在外膳房居住兩月，投井身死。該值班之文武大臣官員等均全然未知，可謂憒憒。迨一經懲治之後，則相率嚴緊，紛紛查辦，專向各太監下處檢察閒人，以爲認眞查禁。不過數日之後，旋即因循怠玩，況禁城之內如各王公大臣值班之處，以及各館、內閣、文華殿、中正殿各處，豈別無閒雜之人容留居住，何以不一律查辦，概行清理乎？」（《東華續錄（嘉慶朝）》嘉慶二十九）又言：「朕又聞午門之外，往往有市井閒人，止圖行路省便，穿走朝門，來往自如，無人過問。並聞壇廟重地，當朕行禮之時，常有不及引

避之人，屛匿壇壝左遠，任意窺望。該管官員兵丁，所司何事，竟鬆懈至此？不可不嚴切申誡，以杜將來。嗣後各該處値班官兵以及該管大臣等，務當隨時隨地留心管轄，不可仍前泄泄，尤不可專務一時之嚴緊，日久又復懈弛。至於進內之各王大臣文武官員等，並須各自檢束，毋得多帶跟役，稍令滋事。如跟役內有不遵法度者，一經挐獲，惟伊主是問。其該管官兵有查察不嚴，私情縱容等事，並將該管大臣等一併嚴行懲治不貸。」（《國朝宮史續編》卷六）七月，諭軍機大臣等：「國家經理大事，總當握其要領，專心一意，方克有濟，即如醫家治病，遇有棘手之證，若不究其受病根源，率行下藥，雖多方療治，其病不除。」（《東華續錄（嘉慶朝）》嘉慶三十）九月，以汪志伊爲閩浙總督，馬慧裕爲湖廣總督，恭阿拉爲工部尚書。十月，江南高堰、山盱兩堤決壞。十一月，前吉林將軍秀林以盜用葠銀，賜死。十二月，將河東河道總督陳鳳翔，調任爲江南河道總督。（《清史稿》卷一六《仁宗紀》）

本年，山東趙曾（慶孫）在江蘇任縣職，此年作《吳中田家歎》，述官府彊徵折色，要米不要錢，致米價驟落，傷害農民生計事。

陽湖陸繼輅客洛陽，此年作陳勳哀辭，悼一爲債主凌逼自殺的老年司閽。

吳縣黃丕烈校刊《宣和遺事》二卷成。

山陽丁晏開始收集資料，編纂《山陽詩徵》。

江西吳嵩梁出都，過揚州，與江藩、張鏐會。

安徽包世臣移家揚州倚虹園，作《策河四略》。

吳縣范來宗作《蔣園易主歌》，記拙政園再度易主。

四川張問陶赴山東萊州府知府任，作《河間道中》詩。

江西萬承紀被指讞獄失察落職，避淮陰作幕，婁縣許仲元遊淮與會。

清河蒲忭任蘇州府學教授，與吳鼐會。

元和顧宗泰死，年約八十。

南匯吳省蘭死，年七十三。

武進莊通敏死，年七十三。

陽湖蔣騏昌死，年七十一。

江陰金捧閶死，年五十一。

趙懷玉客通州，作《崇州樂府》，小序曰：「予客通州之石港，忽忽四載，習州之風土人情，暇日爲賦新樂府三章，俾誦之者知所警焉。」《縣門啟》（戒

興訟也）曰：「縣門敞，州門寬，入之易易耳，欲出殊艱難。一朝之忿投片紙，兩造虛詞，互相抵冤。非覆盆，寧待理，中人十家產如洗。長官張樂吏設醵，僕隸紈綺恣遊遨。問其何能爾，大半鼠牙雀角之脂膏。君不見南山有飛鳥，羽毛怕人觸，訟縱能申身已辱，縣門州門休廁足。」《連珠池》（憫如皋人之鬻女為伎也）曰：「連珠池，珠藏川自媚。池邊女兒顏如花，心性聰明肌細膩。生女未長成，得錢便輕鬻，謂他人竟作爺娘。授以琵琶教以曲，琵琶學就曲亦成。當筵又使工逢迎，初猶覥覥語微澀，後漸放誕姿橫生。秋月春風幾回賞，老嫁商人與廝養。就中亦有花飄茵，多少落英沾糞壤。君不見連珠池水聲琮琤，照影年年長自清。女身報親不足惜，獨念父母難為情。」（《亦有生齋集》詩卷二六）

七月，永定河暴溢，南北岸同時漫沒，王念孫被罷職。子引之方自河南學政差旋，乃迎養於京寓。念孫乃以著述自娛，亟取所校《淮南子內篇》重加校正，博考諸書，以訂訛誤。由是校《戰國策》、《史記》、《管子》、《晏子春秋》、《荀子》、《逸周書》及舊所校《漢書》、《墨子》，附以《漢隸拾遺》，凡十種八十二卷，名曰《讀書雜誌》。自壬申以後，陸續付梓。（《王石臞先生年譜》）

阮元編錄《十三經經郛》。四月，補授翰林院侍講。九月，充署日講起居注官。十月，自願兼國史館總裁，輯《儒林傳》。（《雷塘菴主弟子記》卷四）
【本事】元日，又逢庚午年，憶及六十年前中舉而今嘯傲江湖、優游林下之事，激動不已。

《庚午元日》（二首）之一：「朝正絳闕集鳴珂，野老惟知擊壤歌。豐樂年成春酒滿，昇平時世壽人多。回想壯歲真彈指，曾向名場奮決科。重赴鹿鳴如可待，輕橈準擬泛滄波。」（《甌北集》卷五二）

另有《昨歲除夕香遠內弟得一子，書以奉賀》、《放懷》（《甌北集》卷五二）二詩。

【按】《庚午元日》之二「科逢乙榜又興賓」句下註曰：「余中式乾隆庚午科舉人，今又逢嘉慶庚午鄉試。」
年邁雖健忘，然仍手把一卷，泛覽書史，樂此不疲，且時有所悟。

《詠史》：「青史閒翻覽昔因，古人輩輩事如新。時平易絢機中錦，世變難完席上珍。到處稱臣無賴子，三年不語未亡人。可憐同此含羞處，一是男身一女身。」（《甌北集》卷五二）

《消閒》：「消閒何處覓清娛，仍守殘編坐結跏。忽得新思矜弋獲，偶忘佳句費追逋。眼前惜少嚶鳴友，海上由他逐臭夫。他日有人如作畫，或疑伏勝授經圖。」「重向陳編續舊盟，多生結習有餘情。居今敢便忘稽古，細行何能受大名。高枕北窗尋樂地，擁書南面作長城。衰殘敢謂無餘事，炳燭光猶到曉明。」（《甌北集》卷五二）

另有《喜晴》、《從飯館自買半雞佐餐，戲書》（《甌北集》卷五二）二詩。三月初，莊亭叔通敏久病不愈，身亡。甌北為「里閭征逐」無所依而感傷。

《莊亭叔中允挽詩》：「久知痼疾藥難醫，今竟仙遊賦大歸。他日我來新鬼大，即今君去故人稀。生前官歷清華選，死後兒皆玉雪暉。獨惜我當垂暮歲，里閭征逐更誰依？」（《甌北集》卷五二）

《自幸》：「何處偷來得此身，天教晚作葛懷民。少經貧賤麤知足，老剩衰孱更率眞。風月從來無盡藏，英雄大抵是癡人。只應獨領閒中味，跏坐蒲團結淨因。」「詹尹何須問卜居，及時行樂步當車。渡江春到花爭發，過午人歸市自虛。宵怕不眠惟疆酒，晝嫌無事又看書。偶然食肉仍愁脹，熬熟山查候飯餘。」（《甌北集》卷五二）

另有《院中有芍藥而無牡丹，戲書》、《有以木瓜見贈者，折芍藥報之，口占二句》、《久不雨》、《黍酒》、《散裘》（《甌北集》卷五二）諸詩。

【按】莊通敏，見本譜乾隆五十八年考述。其卒於本年（嘉慶十五年，1810），又據甌北《莊亭叔中允挽詩》詩「他日我來新鬼大」句下自注「余長君十一歲」，知通敏卒年七十三歲。其生年當為乾隆三年（1738）。

友人楊雲珊元錫由長垣歸，出示新作詩。甌北讀而稱賞不置。

《楊雲珊自長垣歸，出示近作，歎賞不足，詩以志愛》：「四海交遊剩隻身，師資豈意出比鄰。向來枉自求知己，垂老今才得替人。入木三分詩思銳，散霞五色物華新。從今鑿壁光堪借，請益何辭步屨塵。」（《甌北集》卷五二）

另有《畫士顧生為我寫照，即題幀末》（《甌北集》卷五二）一詩。

【按】楊雲珊元錫，見本譜嘉慶六年考述。

三月十八日，往檀橋門觀看小茅山香會。

《三月十八日檀橋門首同看小茅山香會經過》：「竿木逢場好冶遊，小茅山會此停驂。門前來往人千萬，偷眼爭看兩白頭。」「熙熙人共樂春臺，二老

相隨笑口開。不比帷車避新婦，聽他看煞子瞻來。」（《甌北集》卷五二）

《不寐》、《幽蘭》、《春興》、《空雷》（《甌北集》卷五二）諸詩，均寫於這一時段。

四月中旬，天氣仍寒冷，乃擁爐取暖。

《四月十一二等日大寒，圍爐就暖偶書》：「五月披裘氣自雄，我今四月擁爐紅。天教寒士添佳話，不但冬烘夏亦烘。」（《甌北集》卷五二）

【按】趙懷玉寫於本年春日的《春陰十二韻》曰：「春陰逾半月，春色已將闌。偶得廉纖雨，平添料峭寒。攜壺資酒暖，搜篋苦衣單。試響禽猶澀，求棲蝶未安。閉門稀客過，掃地惜花殘。直覺天如夢，空教人永歎。長貧唯有舌，痼疾欲無肝。我到逾三載，憂來集百端。占田多歲旱，鼓棹每河干。滄熱衰年易，江湖席地難。檢書聊共甫，彈鋏笑成驩。何日閒身遂，雲溪把釣竿。」（《亦有生齋集》詩卷二六）

又有《自掘港至豐利途遇大風寒甚》詩，謂：「野田彌望少人行，滿地閒花隨意生。正是清和好煙景，北風何苦太無情。」「昨日輕衫今日裘，一寒已過十分秋。籃輿麥浪中穿去，便抵江湖泛小舟。」（《亦有生齋集》詩卷二六）足見當年春日之寒冷。

四月末，出遊蘇州虎丘，逗留五日。

《寓山塘五日》：「虎丘山下聚煙花，畫舫歌樓遍水涯。老我亦成游蕩子，順風相送不還家。」（《甌北集》卷五二）

《五月望後，正在插秧，大雨連日夜不止，喜賦》、《夜夢忽得熏香侍女整朝衣一句，似係早朝詩，爰足成之》、《賀蔣霽峰郡侯得孫之喜》（《甌北集》卷五二）諸詩，寫於這一時段。

劉檀橋種之，中年賦閒，家有林泉之盛，且蓄有家樂，生活優裕。五月間，亦病歿。

《哭劉檀橋贊善》：「生無衣食憂，仕有清華職。中歲賦遂初，又極林泉適。如此在世間，一日勝兩日。君今七十歲，已是百四十。寧復有餘恫，留作故人惜。惟我垂暮年，藉君遣寥寂。情親如蛣蜣，路近可步屜。每當公宴會，肆筵必君宅。張鎰木爲天，伯有窟作室。懸燈碧琉璃，鋪錦紅鞜韃。肴窮水陸珍，器選官哥式。梨園曲翻新，花奴鼓應節。時復出家姬，姿首光照席。憑君衒豪奢，供我恣豪逸。一朝舍我去，此樂寧再得？橋玄痛過車，向秀淒聞笛。從此隔幽明，那禁淚沾臆。」（《甌北集》卷五二）

【按】劉種之，見本譜嘉慶五年考述。此詩編排在《賀蔣霽峰郡侯得孫之喜》一詩之後，中謂：「總爲使君多老福，得孫又得雨栽秧」，插秧季候，一般在五月間。此前，又有《五月望後，正在插秧，大雨連日夜不止，喜賦》詩，由此推斷，劉種之病歿時間，當在五月下旬或六月上旬，姑繫於此。

六月十五日，曾孫增榮生。公桂出。

【按】《舊譜》於嘉慶十六年辛未（1811）載曰：「是歲曾孫增榮生，公桂出。」然據《西蓋趙氏宗譜》，公桂之子「曾爕，行二，初名曾榮，字仔鈞，縣學附生，嘉慶十五年庚午六月十五日辰時生，咸豐四年甲寅七月初十日戌時卒於濟寧館舍，年四十五，葬丫義鋪祖塋。配莊氏，國子監生錫璋女，嘉慶十五年庚午八月初二日辰時生，咸豐十年庚申城陷殉難，奉旨旌表」。嘉慶十五年（1810）至咸豐四年（1854），首尾四十五，與《宗譜》所述相符，故《舊譜》此處所記有誤，故移至此。

八月，赴江寧，循例重赴鹿鳴宴，攜子孫同往，過前明故宮遺址，遊大功坊、隱仙菴。此行，帝令制府松湘浦筠代贈三品冠服，與廣撫軍厚有詩歌唱酬。

《舊譜》：「先生年八十四。是年恭屆庚午科鄉試，距乾隆庚午科恰六十年。先生與安徽省原任刑部郎中姚鼐皆係乾隆庚午科舉人，循例懇重赴鹿鳴筵宴。奉上諭：廣厚奏本年庚午科鄉試有江蘇省原任貴州貴西道趙翼，現年八十四歲；安徽省原任刑部郎中姚鼐，現年八十歲。均係乾隆庚午科舉人，循例懇請重赴鹿鳴筵宴等語。趙翼、姚鼐，早年科第，耄齒康彊。賓興際周甲之期，壽考叶吉庚之歲，允宜加賜恩施，以光盛典。趙翼著賞給三品頂戴，姚鼐著賞給四品頂戴，准其重赴鹿鳴筵宴，以示朕嘉惠耆儒至意。欽此。」

《白頭》：「老壽人皆羨久留，久留亦苦少朋儔。遍翻除目無相識，欲作遨頭孰共遊？歲月只知方未艾，身名悔不早爲謀。可憐多少同心友，一一看他土一抔。」（《甌北集》卷五二）

《重赴鹿鳴宴恭紀四詩》之一：「歲又逢庚赴舉忙，賓興筵許附榮光。老僧回證初禪地，退將重經舊戰場。見獵敢云心尚喜，收棋聊幸拙堪藏。綴行同出人爭笑，白髮翁隨白麵郎。」之三：「重赴金陵四日程，滄江如舊布帆輕。曾經鉅鹿沈船戰，再聽春蠶食葉聲。九折阪猶心畏蜀，三神山孰步登瀛。風簷弋獲原非易，多少文心耗短檠。」（《甌北集》卷五二）

《赴江寧途次奉恩旨加三品職銜，准入鹿鳴筵宴，再紀五詩》之一：「布帆安穩出橫塘，堤柳才秋葉未黃。此去不須三寸筆，重來已是滿頭霜。也勞送別如征客，豈尚求名赴舉場。聊比看花踏陳蹟，玄都前度老劉郎。」（《甌北集》卷五二）

《奉和監臨廣撫軍省堂見贈原韻》：「發解筵前鼓樂鳴，腐儒何幸得分榮。直將局外殘棋着，來占人間畫餅名。疎懶久成都散漢，引援應作老門生。只慚誤玷山公啓，夾袋中人到列卿。」（《甌北集》卷五二）

另有《過前明故宮基》、《大功坊》、《題族孫柏南小照》、《賦得八月荳蔻》、《余以乾隆庚午舉於鄉，今又屆嘉慶庚午，例得與新舉人敘先後同年。適閱吳梅村集，知梅村亦庚午舉人也，得與之聯譜誼，殊深榮幸》、《感事》、《制府松公湘浦贈三品冠服賦謝》、《隱仙菴看桂》、《自隱仙菴至隨園一路綠陰可愛》（《甌北集》卷五二）諸詩。

【按】松湘浦，松筠（1752～1835），字湘浦，蒙古正藍旗人。「翻譯生員，考授理藩院筆帖式，充軍機章京，能任事，為高宗所知。累遷銀庫員外郎。乾隆四十八年，超擢內閣學士，兼副都統。五十年，命往庫倫治俄羅斯貿易事。先是，俄屬布哩雅特人劫掠庫倫商貨，俄官不依例交犯，僅罰償，流之遠地，檄問未聽命，詔停恰克圖貿易。松筠至，尋充辦事大臣。閉關後，邊禁嚴而不擾，遇俄人皆開誠待之。擢戶部侍郎」。「召還京，授御前侍衛、內務府大臣、軍機大臣。命護送英吉利貢使回廣東，凡所要索皆嚴拒。五十九年，署吉林將軍。尋命往荊州察稅務，道出衛輝，大水環城，率守令開倉賑恤。詔嘉獎，授工部尚書兼都統。充駐藏大臣，撫番多惠政。和珅用事，松筠不為屈，遂久留邊地。在藏凡五年。嘉慶四年春，召為戶部尚書。尋授陝甘總督，加太子少保」。嘉慶十四年，授陝甘總督，調兩江總督。十六年，調兩廣總督，協辦大學士，兼內大臣。召為吏部尚書。十八年，復出為伊犁將軍，拜東閣大學士，改武英殿大學士，加太子太保。二十五年，以兵部遺失行印，追論，降山海關副都統。復以事疊降為驍騎校。道光元年，召授兵部尚書，調吏部，復為軍機大臣。十四年，以都統銜休致。逾年，卒，年八十有二，贈太子太保，依尚書例賜恤，諡文清。史稱，「廉直坦易，脫略文法，不隨時俯仰，屢起屢蹶。晚年益多挫折，剛果不克如前，實心為國，未嘗改也。服膺宋儒，亦喜談禪。尤施惠貧民，名滿海內，要以治邊功最多。」事

蹟詳見《清史稿》卷三四三「本傳」。

廣厚（？～1815），湖廣總督書麟之弟，事蹟詳見《清史稿》卷三四三「書麟傳附」。略曰：「廣厚，乾隆四十三年進士。由工部主事歷御史，出爲江西吉南贛寧道，遷甘肅按察使。嘉慶初，偕總兵吉蘭泰擊教匪張映祥、楊天柱於鞏昌、秦州，進蹙諸白水江，殲焉。遷江西布政使，調甘肅。賊出沒於岷州、禮縣間，廣厚督兵由岷州遮羊鋪遏其沖，保完善之地，境內乂安。調廣東，坐與總督那彥成遊宴，解職，予三等侍衛，爲庫車辦事大臣，調哈喇沙爾。官至安徽、湖南巡撫。卒。」又，《甌北集》卷五二附廣厚原詩曰：「天尙留君賦鹿鳴，仰邀賜爵羨恩榮。數編甌北詩人集，一代江南才子名。若論甲科眞後輩，敢言推薦即門生。竚看再拜瓊林宴，百歲官加二品卿。」

趙懷玉《家觀察翼重赴鹿鳴筵宴次韻》：「也爲槐花幾度忙，即今魯殿巋靈光。六庚重讀登科記，一甲曾超選佛場。氣可作時餘鼓震，鋒經試後善刀藏。當筵多少新先輩，應其持杯勸索郎。」「卜築居然繼陸邨，白雲谿正繞衡門。老能彎鏃眞天授，壯遂優游是主恩。高臥笑人流作枕，狂言恕我屋爲褌。生年卻媿逢丁卯，編集無由附許渾。」「爾雲初步接脩程，孤進還丹體自輕。采鞠種松榮晚節，吹笙鼓瑟沸新聲。久知興望如瞻岱，且喜詞源尙倒瀾。一任錦坊花樣改，總教不負讀書檠。」「卅載滄州與鷺盟，回思燒尾未忘情。繡衣脫覺田間樂，青史傳多榜上名。舊蹟再尋仍桂苑，齊年細數隻桐城。謂姚比部鼐。會看三世同嘉宴。雛鳳爭隨老鳳鳴。先生攜子孫同赴省試。」（《亦有生齋集》詩卷二六）

舒位《依韻奉和甌北先生重宴鹿鳴詩四首》：「做官閒暇做詩忙，肥遯春秋有勝光。壬遯家以午爲名勝光，見《吳越春秋》。上巳簪花初及第，公乾隆辛巳殿試第三人。後庚選佛又開場。神仙無病才難老，富貴能文便可長。欲認同鄉徵故事，鹿鳴三拜答諸郎。戊午，家伯父觀察蔗堂先生重宴鹿鳴；丁卯，學士翁覃溪先生重宴鹿鳴：皆籍大興，公實中式前庚午順天鄉試云。」「家住江南黃業邨，敢將凡鳥字題門。上春曾竭公於里第。三朝人物星占瑞，千古文章日近恩。公官中書，當直軍機，及改翰林，亦備侍從。足底雲煙靈運屐，眼中庸保長卿褌。嘉賓到處成嘉話，親向西湖見許渾。梁山舟先生於丁卯重宴鹿鳴，頃在杭州謁見之，年八十有八矣，而如五六十許人。」「卻從後進憶前程，百二韶華孰重輕。文苑傳兼循吏傳，句臚聲接凱歌聲。戎韜六詔曾傳檄，仙籍三

天早注瀛。多少埋頭鑽故紙,算公不負此燈檠。」「中年烏哺晚鷗盟,一往深時自有情。五福最先惟老壽,此人尤異豈科名。官階天上親通籍,公嘗言,自臚唱散館以至外擢郡守監司,皆出自聖恩特簡,無他薦舉者。詩律人間敢背城。若作同年真怪事,三聲雛鳳一時鳴。公兩子一孫今科皆與省試。」(《瓶水齋詩集》卷一四)

　　大功坊,明項篤壽《今獻備遺》卷一《徐達》條謂:「多大封功臣,授開國輔運推誠宣力武臣,特進光祿大夫,右柱國,太傅,中書右丞相,改封魏國公,參軍國事,食祿五千石,賜誥命鐵券,賜第京師,表其里曰『大功坊』。」隱仙菴,《江南通志》卷四三《輿地志》謂:「隱仙菴在府城西北虎踞關側,相傳宋陶弘景隱居於此,故名。明初冷謙諸真人多遊此,王思任有碑記。」

同年姚姬傳鼐亦來赴鹿鳴宴,多年未見,幸藉此機得以晤談。

　　《贈姚姬傳郎中同年》:「朋簪良晤苦無緣,幸值賓興共綺筵。十五省稀重赴宴,廿餘科又續同年。未甘老病人扶拜,爲有恩榮客賀遷。傳與儒林作佳話,江南江北兩華顛。」(《甌北集》卷五二)

　　【按】姚鼐生平,見《清史稿》「本傳」。其有《題趙甌北重赴鹿鳴圖》詩:「六十年前幸附君,見君登第應卿雲。禁闈持橐猶瞻近,滇海分符遂離群。見說懸車耽撰述,極思操觚接清芬。而今起冠嘉賓會,何意工歌又共聞。」「綠髮諸郎並白頭,同承天澤賦鳴呦。先生人瑞真麟鳳,下走才微一燕鳩。敢道與君成二老,與逢此會亦千秋。卻悲舊日同登侶,原隰霜零不可求。謂鐵松、蓬觀兩兄。」(《惜抱軒詩後集》)又有《寄趙甌北》:「一尉歸期不可留,送君籃杖已登舟。侯門定樂孫曾繞,望遠其如故舊愁。重合固應稱吉語,計年良是事奢求。只欣巨集添新卷,健筆凌雲勝黑頭。」(《惜抱軒詩後集》)

重遊隨園,人去樓空,睹之,心緒黯然。

　　《隨園弔袁子才》:「隨園風景尚依然,今日重過剩故阡。花藥尚爲才子豔,亭臺能守後人賢。十年俯仰成陳蹟,並世交遊亦宿緣。老我獨傷同調盡,臨行能不重留連。」(《甌北集》卷五二)

　　另有《燕子磯》、《夢亡弟汝明》、《聖誕日早起艤舟亭行禮》、《外孫湯文卿中式舉人,喜賦》(《甌北集》卷五二)諸詩,均寫於這一時段。

　　【按】《西蓋趙氏宗譜》謂,甌北三女,「適寧海州知府湯康業子國子監生

候選州同貽憲。」當為湯貽憲與甌北三女所生子。《履園叢話》卷一三謂：「陽湖趙甌北先生中乾隆庚午鄉榜，其外孫湯文卿錫光又中嘉慶庚午鄉榜，先生賦詩云：『我方重赴鹿鳴筵，且喜東床有後賢。一代賓興傳異事，外孫外祖敘同年。』文卿亦賦詩呈先生云：『騷壇一代主齊盟，少小相依識性情。難得母家成宅相，竟於甥館繼科名。翹才也算登黃閣，執拂曾經侍碧城。但願王筠同外祖，再看春榜問前程。』」據此，湯文卿，即湯錫光。

十月九日，蔣瑩溪騏昌亦亡故，年七十一。

《哭蔣瑩溪》：「死盡交遊只剩君，君今又去更誰親。想因我命應孤獨，先降災星到故人。」「山陽笛已渺難追，數盡寧論日早遲。君去不須愁寂寞，我來應亦不多時。」「飾巾待盡便登程，屬纊惟餘我送行。眼看垂危無術救，剩將雙淚寫銘旌。」（《甌北集》卷五二）

《再哭瑩溪》：「舉目無親剩隻身，觀居此世亦何因。殭援後輩為同輩，又看生人作死人。才是對床風雨夜，俄驚餞臘柳梅春。淚絲有盡悲難盡，八表停雲獨愴神。」（《甌北集》卷五二）

此時，另有《題明末肇、高、雷、廉、瓊五府巡撫李武舟家傳後》（《甌北集》卷五二）一詩。

【按】據趙懷玉《陝西興安府漢陰通判蔣君家傳》，蔣騏昌卒於嘉慶十五年十月九日。（《亦有生齋集》文卷一三）

　李武舟，李用楫。劉嗣綰《書宜興李氏三忠事蹟後》詩小序曰：「李用楫，字若濟，號武舟，崇禎癸未進士，仕永明王朝，由瓊州推官為御史。時袁彭年、金堡等橫執朝政，號五虎。公劾罷之後，擢肇、高、廉、雷、瓊巡撫。大清兵下欽州，公走靈山勞貞觀家園池死。公同產弟來、族祖頎皆丙戌進士，來官監軍道。大兵下欽州，戰敗，死德慶州。頎，官監察御史，嫉孫可望謀誅之事，泄與大學士吳貞毓等，十八人同日被害，合葬於安隆北關之馬場。入大清，勒碑馬場曰：『十八先生成仁處』。碑有林青陽而無李頎名，蓋青陽出使，逮至後被殺。《三藩記事本末》、《見聞隨筆》可考也。用楫元孫慶來，懼其先世事蹟久而就湮，屬趙君懷玉、吳君德旋合而傳之，而余為此詩。」（《尚絅堂集》詩集卷四六）

方履籛《李氏三忠家廟碑銘》略謂：「明兵部侍郎肇，高、廉、雷、瓊、羅巡撫武舟李公，秉貞厲之操，好綜博之學，薦名叔世，奉檄滇疆，君

黃持節，已聞漢祚之傾；道茂守官，更受湘東之任。祗承孱主，顚沛偏朝，身膺危難，則與存與亡；正色樞庭，則不茹不吐。迄乎旄鉞電臨，樓船鱗下，裏瘡疾戰，奮臂難支，既亡牛渚之軍，竟紹汨羅之軌，長溝之瘠，遽化青磷；故壘之旌，都凝碧血，可謂映秋霜而愈皎，抗夏霆而不辭者矣！」（《萬善花室文稿》卷四）

年紀老邁，夜深難以入睡，或推敲詩句，然更主張「無意為詩」，漸不以趨新為意。

《稱詩》：「稱詩何必苦爭新，無意爲詩境乃眞。水月鏡花言外意，雪來柳往景中人。江東杜甫雲垂暮，枕上歐陽夜向晨。莫食地肥煙火氣，僊人掌有露華新。」（《甌北集》卷五二）

《五更不寐》：「倚壁燈光小炷留，宵眠醒必五更頭。吾身自有時辰表，不用雞人報曉籌。」（《甌北集》卷五二）

《佳句》：「詩從觸處生，新者輒成故。多少不傳人，豈盡無佳句？」（《甌北集》卷五二）

《目暗》：「作文須識字，老眼欠精明。尚擬攤書課，幾同潑墨成。之無非姆教，何況豈人名？拚得雙眸眊，糊塗過此生。」（《甌北集》卷五二）

另有《題金素中太守西瀛小築圖》（《甌北集》卷五二）一詩。

【按】金素中棨，見本譜嘉慶十一年考述。

甌北雖亦看戲，然戲場掌故，遠不若僮僕熟悉，卻時而轉問之僮僕。

《里俗戲劇余多不知，問之僮僕，轉有熟悉者，書以一笑》：「焰段流傳本不經，村伶演作繞梁音。老夫胸有書千卷，翻讓僮奴博古今。」（《甌北集》卷五二）

登門乞詩者不乏見，或以酒食相招，甌北雖疎於應酬，亦無可奈何。

《村劇有鄧尚書吃酒戒家人：「有乞詩文者不許通報，惟酒食相招則赴之。」余近年亦頗有此興，書以一笑》：「老怕囂塵費往回，蓬門無事不輕開。乞詩文者俱相拒，或有佳招我自來。」「安樂窩中簡送迎，苞苴來亦領人情。明知未必皆眞意，或有人猶愛老成。」（《甌北集》卷五二）

另有《夢偉兒》（《甌北集》卷五二）一詩。

老友莊似撰炘宦遊關、陝三十餘年，至年老休致，卻貧無返鄉之貲，甌北為詩以慰之。

《老友莊似撰別字盧菴官關、陝三十餘年，洊升牧守，今年老致仕，貧不

能歸，遠承書訊，詩以寄答，兼望其早回》：「朋簪氣誼最相親，一別俄驚三十春。顏狀久應青鬢改，情懷猶是白頭新。遊蹤王粲登樓賦，近局陶公漉酒巾。得及此生重見否，大家都是暮年人。」「寄來書簡尚專精，想見康彊老眼明。躁進不爲偏躁退，高官已做又高名。晚年樂事惟良友，家計貽謀付後生。我已移居履道里，速來相伴作耆英。」（《甌北集》卷五二）

另有《蟻陣》、《庖人具羊肉，味極雋美，戲書》、《曝背》（《甌北集》卷五二）諸詩。

【按】據趙懷玉《清故奉政大夫陝西邠州直隸州知州莊君墓誌銘》記載，莊炘爲官清廉，「朝邑被水，君爲請賑，以己貲八千金濟之，全活無算。在邠州，免地方科派，貼差銀三萬兩。去之日，百姓涕泣，求畫公像，建生祠。君遺書慰之，且戒其毋妄費，至今邠人猶能誦其辭也」（《亦有生齋集》文卷一九）。

甌北因久負詩名，故重赴鹿鳴宴詩一出，海內名家和之者三四千首，欲俟暇日編輯成長卷，以誌其盛。

《重赴鹿鳴詩，海內名流屬和者三四千首，暇日編輯長卷，戲書於後》：「桑榆景受國恩深，引得名流共苦吟。白雪一歌無下里，朱弦三歎有遺音。癡心尚想佺喬壽，佳話仍添翰墨林。老健未須嗟大耋，聊將鼓缶當鳴琴。」（《甌北集》卷五二）

《再題諸名流屬和重赴鹿鳴詩長卷》：「工歌堂上奏蘋蒿，重憶賓興典物昭。禮樂尚存三代古，衣冠肅拜九閽遙。文昌風景描難就，司隸威儀靜不囂。我比新郎君更幸，榮遷不藉燭三條。」（《甌北集》卷五二）

《重赴鹿鳴詩和者既多，或勸余刪潤勒成大卷，書以見意》：「牛腰麤卷聚文心，都是名流大雅吟。聊喜拋磚能引玉，豈須點鐵始成金。人才輩出如連茹，同氣相求自盍簪。贏得老夫誇口說，苞苴滿屋總璆琳。」（《甌北集》卷五二）

另有《江南豬》、《虛名》、《三考》、《輪迴》、《雜感》、《擬旅思》、《歲晏》、《紀夢一笑》、《豐收景象》、《夜寐》（《甌北集》卷五二）諸詩。

歲豐米賤，百姓安樂，然世風日下，頹波難挽。

《豐景》：「歲朝春果大豐年，四野歡聲遍陌阡。米價頓輕幾減半，人情愛好不求全。墓少乞墦餘祭肉，村多賽社沸神弦。只嫌穀賤傷農處，賣到街頭不值錢。米貴時斗三四百文，今百七八十文。」（《甌北集》卷五二）

《所見》：「世風日下似頹波，萬目何當挽魯戈。暮夜乞憐猶有恥，如今白晝乞憐多。」（《甌北集》卷五二）

歲杪，吟詩自娛，為尋常活計，然已無意剪裁，以自然為上。

《旬日無詩》：「天機雲錦朗昭回，刀尺徒勞費翦裁。怪底經旬無一句，等他有句自然來。」（《甌北集》卷五二）

《五更不寐》：「結習難消已作魔，夢回不覺續吟哦。雞初鳴到雞聲歇，枕上詩功兩刻多。」「星斗闌干月下弦，沈沈桴鼓夜如年。老人夢醒荒雞叫，窗外窗中兩不眠。」「遙知霜氣颯寒空，小炷留燈一穗紅。臥榻旁偏有鼾睡，鬟童頭已觸屏風。」（《甌北集》卷五二）

《野夫》：「網漏吞舟一野夫，少年館閣晚江湖。詞林故事惟香茗，名士高年入畫圖。寧復鑼聲催傀儡，已收檯末舞都盧。只慚詩不求工處，共笑吳呆膽太麤。」（《甌北集》卷五二）

另有《臘月廿四日大雪》、《窗前雞》、《嘲梅》（《甌北集》卷五二）諸詩，亦寫於此時。

嘉慶十六年辛未（1811）　八十五歲

【時事】　正月，兩廣總督百齡再乞病，回京，授刑部尚書。兩江總督松筠調兩廣總督。勒保為兩江總督。二月，因南河河工督辦不力，帝詔曰：「朕因連年南河河工糜費至四千餘萬，特命托津、初彭齡前往查察。茲據奏覆，查勘工帳銀款出入尚屬相符，而工程未盡堅固。此實歷任河臣之咎，吳璥、徐端俱降革有差。在工人員一併斥革。其未發銀六十萬，並著停發。」（《清史稿》卷一六《仁宗紀》）三月，工部尚書費淳卒，復大學士，諡文恪。四月，大學士戴衢亨卒。先是，閏三月初，扈蹕五臺，至正定病，先回京，至四月初一，病卒，年五十七。諡文端。五月，以劉權之為大學士，鄒炳泰協辦大學士，劉鐶之兵部尚書。（《清史稿》卷一六《仁宗紀》）六月，帝訓諭八旗子弟。禁官員入戲園看戲及內城開設戲園。七月，命光祿寺少卿盧蔭溥入直軍機處，加四品卿銜。禁西洋人潛居內地。九月，以松筠為吏部尚書，蔣攸銛為兩廣總督。（《清史稿》卷一六《仁宗紀》）十月，傳諭山東巡撫同興，嚴密訪拿義和拳，懲辦為首者。十二月，《御製勤政論》頒發。

本年，吳江徐達源到杭州，訪吳錫麒，錫麒以北曲折桂令為題所藏徐釚

像。

武進湯貽汾入粵，官興寧都司，與泰州仲振奎、仲振履在興寧會，此年著《劍人緣》傳奇。

吳江殷增着手修纂《松陵詩徵續編》。

丹徒王豫輯《群雅二集》二十二卷。

安徽姚鼐所著《莊子章義》五卷刊行。

陽湖孫星衍再解魯職還南京，邀元和顧廣圻居冶城山館，共訂古籍。

趙懷玉作《十六國樂府》，分詠十六國之史事。（《亦有生齋集》詩卷二七）

舒位有《論曲絕句十二首並示子筠孝廉》，述及魏良輔、陸君暘、湯玉茗諸曲家及《會眞記》、《琵琶記》、《納書楹曲譜》、《桃花扇》、《長生殿》等曲作。（《瓶水齋詩集》卷一四）

阮元編《四庫未收百種書提要》、《十三經經郛》（一百卷）成。（《雷塘菴主弟子記》卷四）

【本事】春節，冒寒披衣而起，偕同兒孫喜迎新年。

《辛未元日》：「燭影搖紅焰尚明，寒深知已積瓊瑤。老夫冒冷披衣起，要聽雄雞第一聲。」「才看重赴鹿鳴筵，況值江鄉大有年。天幸已多非敢望，飯緣未滿似猶延。惜無好友聯裾屐，剩有閒情付簡編。早喜春光引清賞，傍花隨柳過前川。」（《甌北集》卷五三）

《修短》、《新歲》、《大寒》（《甌北集》卷五三）諸詩，均寫於此時。

二月中，仍寒甚，花尚未開，然尋春興濃，往紅梅閣探梅。

《紅梅閣探梅》：「滿街簫管競繁華，閏歲春遲柳未芽。趁得今朝風日好，紅梅閣上探梅花。」「節物今年雪兩回，老夫踏雪要尋梅。江南今歲春寒甚，二月中旬尚未開。」（《甌北集》卷五三）

腳力尚健，時出外遊覽，尋覓為詩素材。且心胸曠朗，不為浮言所動。

《閒民》：「中歲歸田賀季眞，四民之外一閒民。敢希孔廟廡間肉，猶是盧生夢裏身。光景常新惟好句，取攜不盡是芳春。只慚自命居何等，老作吟窗擁鼻人。」（《甌北集》卷五三）

《探春》：「何處探春作冶遊，教人指說老風流。影娥池上凌波步，初月梅花第一樓。」（《甌北集》卷五三）

《浮論》：「浮論無稽概可刪，墜淵加膝相迴環。適從何來蠅集此，聊以

充數虱其間。丈夫動足有萬里，寒士待庇逾千間。局促轅駒豈足道，出門一笑開心顏。」(《甌北集》卷五三)

往江陰楊舍別業小住，遠避塵囂，閉門為詩。

《江陰別業頗有竹木之勝，率題絕句》：「邵堯夫偶結行窩，廥得前人剩澗阿。屋宇要新園要舊，貪他老樹綠陰多。」「常時只想避囂塵，晞髮扶桑未有因。今日始看林壑就，可憐已是白頭人。」(《甌北集》卷五三)

《杜門》：「杜門謝客靜無嘩，一縷爐煙自煮茶。茹素詩兼蔬筍氣，服廬心賽綺羅華。雪消簷溜晴天雨，梅映池痕水底花。清景眼前隨分好，何妨即此送生涯。」(《甌北集》卷五三)

聞知宜山縣民藍祥高壽，為嘉慶帝所賜賞，喜而為詩。

《閱邸報有粵西宜山縣民藍祥年一百四十二歲，聖恩賞給六品頂戴、御製詩章、匾額並建坊銀幣，恭記盛事》：「兩古稀年並一身，昇平人瑞有耆民。直從九老香山會，千有餘年見此人。」「人生誰不慕高年，百歲光陰已似仙。到得添籌添破格，教人不敢想隨肩。」「計年杖國兩輪迴，省得浮提又換胎。卻笑癡頑駘背叟，君年六十我才孩。」(《甌北集》卷五三)

《寒甚》、《題范洽園編修詩稿》、《虎丘後有一三足犬，其足前一後二，吠而不能行，又有一六足牛，其四足如常，牛背上忽增兩足，但下垂而不至地，當額有圓肉瘤，肩上又有一孔深三寸許，察其皮毛皆渾然天生，非人力所矯揉者，人間所未見也》(《甌北集》卷五三)諸詩，均寫於此時。

【按】《清史稿・仁宗紀》嘉慶十五年十二月，廣西疏報壽民藍祥一百四十二歲，特賜御製詩章、御書匾額、六品頂戴、銀五十兩。甌北詩即詠此事。范洽園，即范來宗，見本譜嘉慶十三年考述。

往蘇州，重過靈岩山館，憑弔好友畢沅，赴玄墓賞梅。

《靈岩山館弔畢秋帆制府》：「靈岩山館好丘樊，吾友居停席未溫。過客尚尋清閟閣，籍官幸免奉誠園。錦帆涇駛無遊舫，響屧廊空有斷垣。太息盛衰才廿載，徒令憑弔一銷魂。」(《甌北集》卷五三)

《玄墓看梅》：「玄墓看梅破曉寒，遲來數日已開殘。替身幸不辜來意，開遍山山白玉蘭。」(《甌北集》卷五三)

二月底，乘船返回常州。

《到家正值山茶花盛開》：「尋春步屧遍蘇臺，帶得餘香轉棹回。笑比秦宮花裏活，到家又值海紅開。」(《甌北集》卷五三)

《湖塘橋看神會》、《昨歲檀橋門首與同看小茅山會，今檀橋已故，香會又屆期，不勝感愴》、《長齋》、《歸田》、《天籟》（《甌北集》卷五三）諸詩，皆寫於由楊舍回歸後這一時段。

【按】高濂《燕閒清賞箋》下「四時花紀」載，山茶花六種：「如磬口，外有粉紅者，十月開，二月方已。有鶴頂茶，如碗大，紅如羊血，中心塞滿如鶴頂，來自雲南，名曰滇茶。有黃、紅、白、粉四色爲心，而大紅爲盤，名曰瑪瑙山茶，花極可愛，產自浙之溫郡。有白寶珠，九月發花，其香清可嗅。若杭之所爲寶珠者，花心叢簇甚少，且有白絲吐出，不佳，亦名鶴頂。」（《遵生八箋》卷一六）今春天寒，花期較遲，至二月底茶花尙開。據此，甌北歸家時間，或在二月末。

三月二十七日，費淳卒。甌北失一得意門生，爲詩以痛悼之。

《哭筠浦相公》：「晚景何期有此哀，通門高竟泰山頽。生多遺愛留三省，歿尙賢聲遍九垓。老健不須扶杖拜，恩深未敢乞身回。獨憐衰朽將誰倚，無復餘光到草萊。」「交誼苔岑五十秋，喜聽撳席懋勳猷。登龍門有人增價，旋馬廳無地晏遊。別久尙期杯在手，年高應亦雪盈頭。平津閣即西州路，那禁羊曇涕淚流。」（《甌北集》卷五三）

《靜中》、《偶得》、《入耳臟》、《城北門外有長濠一道，萬柳參天，綠陰可愛，偶因拜客遇之，率賦》（《甌北集》卷五三）諸詩，寫於此時。

四月間，內侄劉慕陔自潮州回，爲官遐邊，清廉自持，爲甌北所推許。

《內侄劉慕陔運副自潮州致政歸里，喜贈》：「歷歷功高遽引年，生平宦轍總遐邊。南經陸賈降陀地，西闢張騫鑿空天。拾級正堪前齒屐，收篷偏趁順風船。始知身處脂膏潤，原有文臣不愛錢。」（《甌北集》卷五三）

另有《新晴，民皆跨街曬衣，肩輿多從襭襠下過》、《午節前連日大雨志喜》（《甌北集》卷五三）二詩。

五月端午，往院後水閣，觀龍舟競賽。

《水閣看龍舟競渡》：「水嬉金翠活龍麟，遊舫千艘沸水濱。舉國若狂吾亦頗，屢豐年歲耄期身。」（《甌北集》卷五三）

此時，另有《不寐》、《暑不可耐，劈瓜六片分縛於胸膈項背，以敵炎歊，戲書》、《養生》、《窗雞》、《曬衣》（《甌北集》卷五三）諸詩。

盛夏消暑，作蠅頭小楷，分送孫、曾及親知。慶佑之保，亦得十數頁以作紀念。

　　《舊譜》：「先生年八十五。猶兀坐作蠅頭小楷，點畫光勁，不減少壯時。盛夏消暑，書二十餘冊分給孫、曾及親知輩。慶佑之方伯聞而索書，乃書十數頁寄之。」

應酬減少，閉門家居，手把陳編，詩書自娛。

　　《遣興二首》：「三間砥室淨無塵，老作人間一幸民。雞憚爲犧先斷尾，鵠難中的反求身。白頭到處招人厭，青眼憑誰向我親？樂地總歸名教內，奔馳多愧枉勞神。」「剔盡殘燈夜向晨，商量要保不訾身。儒門風味從來淡，老境詩篇不鬥新。聊復收香如倒掛，久將嚼蠟看橫陳。只憐孤寂無交契，把卷惟應對古人。」（《甌北集》卷五三）

　　《譙鼓》：「譙鼓聲殘接曉烏，床邊側几一燈孤。不知偶得驚人句，可有前人說過無？」（《甌北集》卷五三）

　　《剝啄》、《夜起》、《自幸》、《幻夢》、《露坐》、《乍冷》（《甌北集》卷五三）諸詩，寫於此時。

七月三十日，常州城外寶塔燈造成，光彩奪目，觀者雲集。百姓生計之艱難，似為人所忽略。

　　《七月三十日常州新造寶塔燈，觀者坌集》：「俗愛嬉遊是晉陵，市頭米價漸加增。可憐滿肚皆藜莧，出郭爭看寶塔燈。」（《甌北集》卷五三）

　　另有《比鄰楊雲珊家老桂大開，香透余室，喜賦》（《甌北集》卷五三）一詩。

　　【按】楊雲珊元錫，見本譜嘉慶六年考述。

養生有方，每於飯後散步於庭中，且以讀書、賦詩為常課，對人生仍充滿自信，且羞逐時流。

　　《每日飯後庭中行六百步，冀以流通血脈，遂成老年日課》：「不可徒行舊大夫，聊當行藥步庭隅。磨牛踏處惟陳蹟，蛭蟻旋來總坦途。飽食不教攤飯臥，傴行時亦沒階趨。更添短拐相幫處，自笑無官尚給扶。」（《甌北集》卷五三）

　　《勇退》：「生長江南鬢已皤，也曾績學戒蹉跎。書生敢與人論福，老境惟期樂有窩。脫仕榮華辭最早，太平歲月享尤多。倘非勇退甘閒散，或恐衢有折磨。」（《甌北集》卷五三）

　　《流光》：「流光坐擲寂寥中，天以無聊困此翁。老去作詩多七絕，又從廿八字求工。」（《甌北集》卷五三）

《浮論》：「毀有求全譽不虞，只應自握定心符。絮衣頻喚縫人補，藜杖聊當倩女扶。蠅可遠飛緣附驥，馬經屢寫或成鳥。識眞自有蘭亭本，肯逐時流說苑枯。」（《甌北集》卷五三）

另有《朝衣》、《袒衣》、《九秩》、《即景》、《孫曾》、《冒雨尋菊》、《幻夢》、《上塚》、《皓首》、《秋風》、《譙鼓》、《涼枕》（《甌北集》卷五三）諸詩。

九月間，乘船赴揚州，故地重遊，興奮不已。

《揚州》：「綠揚城外泛輕艭，放眼先開四望窗。柔櫓搖如魚掉尾，快帆掠似雁橫江。馬頭冠蓋長亭路，牛背兒童短笛腔。回憶昔遊將廿載，依然風景似鄉邦。」（《甌北集》卷五三）

另有《消閒》、《坐守》、《水礐頭》（《甌北集》卷五三）諸詩。

【按】本年，「寶山李保泰自揚州府學教授改官北京國子監博士」（《明清江蘇文人年表》）。甌北此次赴揚州，蓋與爲李保泰送行有關。

十二月，孫申嘉（廷俊次子）年十八，娶婦蔣氏。

【按】據《西蓋趙氏宗譜》，蔣氏乃縣學附生候選州同莘女。

嘉慶十七年壬申（1812）　八十六歲

【時事】　正月，閩浙總督汪志伊奏：閩省鹽場官員，因規避處分，虛報鹽斤，自乾隆四十六年（1781）以後，以少報多，共虛報額鹽一百七十五萬餘擔，計銀十三萬六千餘兩。帝以事閱多年，不便參革，命於原報各員名下分別賠償，勒限追繳。（《清通鑑》卷一六九）二月，以明亮爲西安將軍。四月，詔八旗閒散人員遷居柳條邊外。曰：「八旗生齒日繁，亟宜廣籌生計。朕聞吉林土膏沃衍，地廣人稀。柳條邊外，葦場移遠，其間空曠之地，不下千有餘里，多屬腴壤，流民時有前往耕植。應援乾隆年間拉林成案，將閒散旗丁送往吉林，撥給地畝，或耕或佃，以資養贍。農暇仍可練習騎射，以備當差，教養兩得其益。該將軍等盡心籌畫，區分棲止，詳度以聞。」（《清史稿》卷一六《仁宗紀》）五月，直隸總督溫承惠奏，灤州拿獲金丹八卦教董懷信等，帝令從嚴懲辦。六月，直隸總督溫承惠被降職。史載，「鉅鹿縣民孫維儉等傳習大乘教，灤州民董懷信傳習金丹八卦教，先後發覺，失察輕縱，褫宮銜、花翎、黃馬褂，革職留任。復以他事數被譴責。」（《清史稿》卷三五八《溫承惠傳》）

七月，帝巡幸木蘭，九月始回京。八月，河道總督陳鳳翔免職，以黎世序爲江南河道總督。《清史稿》卷三六〇《陳鳳翔傳》謂：「春，禮壩又決，百齡劾：『鳳翔急開遲閉，壩下衝動，不早親勘堵築，用帑二十七萬兩有奇，而壩工未竣，清水大泄，下河成災。』嚴詔斥鳳翔貽誤，革職，罰賠銀十萬兩，荷校兩月，遣戍烏魯木齊。尋鳳翔訴辨，命大學士松筠、府尹初彭齡按訊，得百齡與鳳翔同時批准開壩狀。鳳翔又訐百齡信任鹽巡道硃爾賡額督辦葦蕩柴料，捏報邀功，譴百齡等。鳳翔免枷，仍赴戍，未行，病歿。」九月，慶桂以年老罷，以松筠爲軍機大臣。十一月，以景安爲理藩院尚書兼漢軍都統。十二月，以鐵保爲禮部尚書，潘世恩爲工部尚書。以興肇爲江寧將軍。（《清史稿》卷一六《仁宗紀》）

本年，兩淮改鹽法，鹽商以護利嘩抗，吳縣范來宗作《揚賈》詩述其事。

瀋陽吳旬華著《桂花塔》傳奇二卷。

山陽潘德輿初編《養一齋詩話》。

吳縣石韞玉所著《袁文箋正》十六卷刊行。

浙江龔自珍在蘇州見段玉裁，玉裁爲序《懷人館詞》。

直隸李汝珍與甘泉許祥齡締交。

四川張問陶解萊州職，經淮揚南行，作《寶應減水閘外見水田》詩；僑寓吳門虎丘，與潘奕雋、吳慈鶴等舉蘇軾紀念祭。

華亭改琦此際以所作《紅樓夢圖》徵張問陶題。

陽湖錢伯坰死，年七十五。

武進莊宇逵死，年五十八。

二月末，趙懷玉赴關中書院講席，賦《入秦紀行》四十首，記沿途所經地之風土人情，史事軼聞。（《亦有生齋集》詩卷二八）

春二月，舒位往山陰，訪徐渭（文長）故居，賦《青藤古意詩》（四首）。未幾，又作《開門七詠》，分詠柴、米、油、鹽、醬、醋、茶事。（《瓶水齋詩集》卷一五）

秋，焦循偶取李獻吉、何大復文集觀之，大復《與李空同論詩書》曰：「僕觀堯、舜、周、孔、思、孟氏之書，皆不相沿襲而相發明，是故德日新而道廣，此實聖聖傳授之心也。後世俗儒專守訓詁，執其一說，終身莫解，相傳之意背矣。」焦循以爲是言也，非空同所能及也，不相沿襲而相發明，此深得乎立言之情者矣。（《焦理堂先生年譜》）

　　九月，阮元馳抵天津，赴漕運總督任。本年，所撰《儒林傳序》有謂：「兩漢名教，得儒經之功；宋、明講學，得師道之益，皆於周孔之道，得其分合，未可偏譏而互詆也。」並謂，當代學術為「崇宋學之性道，而以漢儒經義實之」。(《雷塘菴主弟子記》卷四)

【本事】壬申元旦，喜迎新年，為己壽逾唐時汾陽王郭子儀、且筋力尚健而自豪。

　　《壬申元日》：「新年又益海籌長，八六耆齡力尚彊。笑引古人相比較，居然已勝郭汾陽。」(《甌北集》卷五三)

　　另有《喜晴》(《甌北集》卷五三) 一詩。

年邁眠少，每每天未亮即醒。

　　《早醒》：「荒雞膈膊一燈昏，風露寒侵夜向晨。譙鼓未終殘夢破，人間第一早醒人。」(《甌北集》卷五三)

　　另有《閱明史有感於萬安罷相道上看三臺星事》(《甌北集》卷五三)。

杜門不出，頤養性情，晚則三杯老酒，疏通筋絡。亦郊行觀花，尋覓詩料，為詩篇傳世暗自慶幸。且勤讀書以補健忘之失。

　　《論詩》：「在官日少在家多，擬奮才名耿不磨。今日詩篇頗傳世，不知久暫究如何？」(《甌北集》卷五三)

　　《杜門》：「深巷春寒少物華，杜門聊喜靜無嘩。筆花五判書通晝，蕉葉三杯酒吃茶。老閱人情今舊雨，閒占天意暮朝霞。待看爛熳韶光遍，自覺飛騰暮景斜。」(《甌北集》卷五三)

　　《長晝》：「掩關長晝守蓬廬，何物消閒度索居。虧得健忘無記性，古書看過似新書。」(《甌北集》卷五三)

　　《紫薇花》：「一爐香篆一甌茶，點筆研朱日未斜。看到古人詩妙處，渾身癢似紫薇花。」(《甌北集》卷五三)

　　《論詩》：「詞客爭新角短長，疊開風氣遞登場。自身已有初中晚，安得千秋尚漢唐？」(《甌北集》卷五三)

　　《郊行》：「桃蕊將開杏未殘，出門隨處引清歡。只將野色供詩料，俗煞岐公至寶丹。」(《甌北集》卷五三)

　　《杜牧詩》：「詩家欲變故為新，只為詞華最忌陳。杜牧好翻前代案，豈如自出句驚人。」(《甌北集》卷五三)

　　《僮約》：「少日曾嗤虱處褌，老來習懶漸成真。預頒僮約如軍令，除了

看花不出門。」(《甌北集》卷五三)

　　【按】《杜門》詩註曰:「夕飲酒三小盃,渴則以苦茗解之。」由此可知甌
　　　北晚年生活習性。
二月間,趙懷玉將赴關中書院,甌北賦詩為之送行,戀戀不捨。

　　《送億生赴關中書院》:「饑驅從未慣,此別最酸辛。君去三千里,吾將
九十人。定多懷古作,聊救在家貧。尚冀歸來早,相攜酒一尊。」(《甌北集》
卷五三)

　　【按】趙懷玉《二月初四日登舟,以事逗留至二十日始發,周孝廉儀暐、
　　　管繩萊、崔曾益兩上舍載酒出城,集篆竹精舍作》:「兼旬西郭舟如膠,今
　　　日東風帆欲動。肩輿得得曉出城,遠近親朋走相送。須臾送者自厓返,
　　　有客攜觴意珍重。圓通菴畔篆竹居,地頗清幽堪集眾。是時石畔瓊枝開,
　　　庭有玉蘭。更喜簷前珍鳥喏,杯盤羅列主賓洽,邀予父子連群從。高歌真
　　　覺有鬼神,縱飲寧辭竭罍甕。陽關怕唱第四聲,短笛愁聽到三弄。男兒
　　　生已不成名,垂老馳驅安所用。劇憐君輩太情深,只有桃花潭水共。漏
　　　盡還舟醉且眠,又早寺鐘驚客夢。」(《亦有生齋集》詩卷二八)據此可
　　　知,懷玉赴秦,啟程於本月二十日。
二月二十四日,曾孫祿保生。中弼(廷偉長子)所出。

　　《舊譜》:「二月,曾孫增祿生,忠弼出。」

　　【按】又據《西蓋趙氏宗譜》:「祿保,行一,字純甫,廩生,道光丁酉科
　　　選拔貢生,己亥科順天舉人,辛丑考取內閣中書,引見,未記名,團練
　　　出力,賞內閣中書銜,續奏賞同知銜,浙江候補知縣。嘉慶十七年壬申
　　　二月二十四日丑時生。」所謂祿保,當即舊譜所述之增祿。
此時,桃、杏花開,然春雨綿綿。一旦放晴,遊興頓起,遂乘舟往湖塘
橋賞花。

　　《塘橋雨中看桃杏花》:「春漸暄和柳放芽,扁舟閒泛攬韶華。莫嫌暮暮
朝朝雨,且看年年歲歲花。路是近遊才廿里,市雖小集有千家。出門何幸天
緣好,又見新晴絢晚霞。」(《甌北集》卷五三)

　　另有《重陰》、《生計》(《甌北集》卷五三)二詩。
四月,孫鳴盛完婚,娶婦葉氏。

　　《舊譜》:「是年四月,孫鳴盛娶婦葉氏。」

　　【按】《西蓋趙氏宗譜》謂鳴盛乃趙起之初名,又名和鳴,所配葉氏乃布

政司理問葉廷對之女。葉氏長鳴盛一歲，婚時年方二十。

老無所求，無事是福，以詩書遣發歲月。且告誡兒孫以仁恕處世，勿墮青箱之業。

《示兒輩》：「世業青箱孰護持？只應擇地避欹危。犯而不校人何怨，富果堪求我亦為。娛老只貪無事福，尋芳猶作有情癡。只慚多少佳風月，供我書生遣歲時。」（《甌北集》卷五三）

《手一編度日竟作常課，而每日應行之事轉視為冗散，漠不關心，書此一笑》：「嗜痂拾唾一癡翁，只道攻書可啓蒙。誰識廢時失事處，翻存辛苦讀書中。」（《甌北集》卷五三）

另有《枕上忽得「花無桃李非春色，人有笙歌是太平」一聯，洵屬佳句，不知是前人成語抑係偶然郵來，爰足成之》、《掩關》、《蕭齋》、《書賀雲瀾內任得子》、《聞寫》（《甌北集》卷五三）諸詩。

六月，又往江陰楊舍別業以避暑遣悶，且已備就秋日衣裝。

《楊舍道中》：「心齋長日守東皋，偶泛輕橈散鬱陶。野藊過船搔背癢，矮牆取果等身高。翠微得雨山新沐，黃茂登場地不毛。九月授衣吾已具，豈煩人贈舊緜袍。」（《甌北集》卷五三）

《高年》：「共說高年好，高年敢自尊？與誰談舊事，舉世厭陳人。詩已寒蟬噪，心猶尺蠖伸。桑榆留暮景，珍此歲寒身。」（《甌北集》卷五三）

【按】《舊譜》：「六月赴江陰之楊舍別墅避暑，月餘乃歸。」而《楊舍道中》一詩稱：「黃茂登場地不毛」，知此次往江陰，當在麥收之後。茂，茂實也。《管子·五行》：「五穀都熟，草木茂實。」詩用其意。又曰：「九月授衣吾已具。」《詩·豳風·七月》：「七月流火，九月授衣。」毛《傳》：「九月霜始降，婦功成，可以授冬衣矣。」是說甌北此行，已備下禦寒之衣。然其中秋過後未久，即已返回常州。由《郡城菊事甚繁，好事者又標以美名，有曰醉楊妃者，有曰粉西施者，於陶家本色去而益遠矣，書以一笑》（《甌北集》卷五三）一詩可證。又，《答崔曼亭觀察同年見懷原韻》一詩謂：「聊趁秋清風日爽，好尋菊圃賞繁英」，亦似寫於中秋之後。《江陰道中》詩曰：「一枝柔櫓泛輕橈，橘綠橙黃九月交」，乃是約指，實則為將至九月。甌北既然於「八月廿三日艤舟亭看桂花」，則更說明他當時已身在常州。

八月中、下旬，由江陰楊舍回返。

《江陰道中》：「一枝柔櫓泛輕橈，橘綠橙黃九月交。碎石砌牆無縫巧，老藤絡土有根牢。豐年野宿無心警，永夜清吟亦口號。倚檻莫愁風露冷，巾箱尚有舊綈袍。」（《甌北集》卷五三）

此時，另有《獨立》、《鄉居》、《宵行》（《甌北集》卷五三）諸詩。

【按】《江陰道中》一詩稱「橘綠橙黃九月交」，且有「倚檻莫愁風露冷」之語，知其回常時間，當在八月中、下旬。若是七月，天氣尚熱，決不會有「風露冷」之類感受。

中秋前後，桂子飄香。八月二十三日，拄杖出遊，艤舟亭賞桂，為遊者矚目。

《八月廿三日艤舟亭看桂花》：「不信高年偶冶遊，能招眾目共凝眸。桂花香里人如海，不看紅妝看白頭。」（《甌北集》卷五三）

同年崔曼亭龍見就養於其子衙署，寄詩存問，甌北以詩作答，抒寫思念之情。

《答崔曼亭觀察同年見懷原韻》：「四海靈光獨巋然，朋簪喜有老同年。填胸古籍文為富，脫口新詩句欲仙。熊軾巡邊無賊壘，鯉庭迎養有樓船。何當千里來相訪，兩叟同垂盛事傳。」「壯年宦蹟各飛鳴，中歲歸田始結盟。已乏庾郎三韭菜，不嘗樓護五侯鯖。傲霜老態空雙鬢，畫餅虛名遍八瀛。聊趁秋清風日爽，好尋菊圃賞繁英。」（《甌北集》卷五三）

另有《蟻群》、《忽得偉兒遺扇，感賦》、《藍菊》、《癡病》、《牛塘橋懷古》、《郡城菊事甚繁，好事者又標以美名，有曰「醉楊妃」者，有曰「粉西施」者，於陶家本色去而益遠矣，書以一笑》（《甌北集》卷五三）諸詩。

【按】《甌北集》卷五三附崔龍見原作曰：「科名宦績兩巋然，一賦歸田四十年。日課新詩猶下學，手拋拄杖似飛仙。即今嶺海棠留蔭，卻憶家山桂艤船。載詠鹿鳴三品貴，好將佳話萬人傳。」「牽舟江上冷鷗盟，何意天南萬里行。聲唉休官仍濩落，衰年幻蹟出蓬瀛。倦吟笑我囊無錦，健飯輸君飯有鯖。更羨靈光存碩果，幾時高會續耆英。」

嘉慶十八年癸酉（1813）　　八十七歲

【時事】　正月，軍機大臣松筠罷為御前大臣，勒保為軍機大臣。三月，河南學政姚文田內遷祭酒。曾奏稱：衛輝府所屬地方，去冬雪澤稀少，二麥多未播

種；春間又未得有透雨，大田至今未能翻犁耕種，糧價騰昂，貧民皆以草根樹皮餬口度日，官路兩旁柳葉采食殆盡。聞奏，帝責河南巡撫長齡不據實以報。（《清通鑑》卷一七〇）四月，以明亮爲蒙古都督，以富俊爲黑龍江將軍。六月，申禁宗室覺羅與漢人通婚。又，賞給生員鮑廷博舉人。諭：「生員鮑廷博於乾隆年間恭進書籍，其藏書之知不足齋，仰蒙高宗純皇帝寵以詩章，朕亦曾加題詠。復據浙江巡撫方受疇代進所刻《知不足齋叢書》第二十六集。鮑廷博年逾八旬，好古績學，老而不倦，著加恩賞給舉人，俾其世衍書香，廣刊秘笈，亦藝林之勝事也。」（《清朝續文獻通考》卷一〇一《學校考八》）本月，詔命修《明鑒》。七月，嚴販運鴉片煙律，食者並罪之。八月，上巡幸木蘭，九月始回京。九月，河南滑縣八卦教徒舉事。據載，李文成糾眾起事，知縣彊克捷捕繫獄。其教徒馮克善、牛亮臣陷縣城，克捷死之。直隸長垣、山東曹縣教徒咸應。上命高杞、同興防堵，溫承惠佩欽差大臣關防剿之。召楊遇春統兵北上。教徒徐安幗陷長垣，戕知縣趙綸。金鄉知縣吳階捕崔士俊等。（《清史稿》卷一六《仁宗紀》）同月，陳爽數十人突入紫禁城，將逼內宮，皇次子用槍殪其一人。另一人登月華門牆，執旗指揮，皇次子再用槍擊之墜，貝勒綿志續殪其一。王大臣率健銳、火器營兵入，盡捕斬之。亂定，帝詔曰：「朕紹承大統，不敢暇逸，不敢爲虐民之事。自川、楚教匪平後，方期與吾民共用承平之福，乃昨九月十五日，大內突有非常之事。漢、唐、宋、明之所未有，朕實恧焉。然變起一朝，禍積有素。當今大患，惟在因循怠玩。雖經再三誥誡，舌敝筆禿，終不足以動諸臣之聽，朕惟返躬修省耳。諸臣願爲忠良，即盡心力，匡朕之咎，正民之志，切勿依前屍位，益增朕失。通諭知之。」（《清史稿》卷一六《仁宗紀》）未幾，帝詔求直言，國子祭酒姚文田疏陳，略曰：「堯、舜、三代之治，不越教養兩端：爲民正趨嚮之路，知有長上，自不干左道之誅；爲民廣衣食之源，各保身家，自不致有爲惡之意。近日南方患賦重，北方患徭多，民困官貧，急宜省事。久督撫任期，則州縣供億少，寬州縣例議，則人才保全多。」（《清史稿》卷三七四《姚文田傳》）十月，以韓封爲刑部尚書。命托津往督河南軍務，桂芳入直軍機處。十一月，李文成爲楊芳所率官軍擊斃。十二月，嚴禁民間聚會結盟。諭曰：地方不逞之徒，學習拳棒、拜會結盟及愚民聚眾燒香等事，地方官原應隨時飭禁。無如各省官吏怠玩成習，不加以禁止，以致民間視爲故常。著通諭京城及各省地方官嚴行出示曉諭，以四民各有本業，內修倫紀，外奉王章，即爲致福之本。若結會燒香聚眾迎神，例有明禁。自此示諭後，如再

有擊鼓鳴鑼、揚幡賽會者，該地方官即將爲首之人，嚴拿懲辦，以端風俗而正人心。（《清通鑑》卷一七〇）

本年，常熟孫原湘作《河兵謠》，指摘工費一擲百萬，無補河事，而河兵生活絕苦。

吳中久不雨，吳慈鶴作《救荒新樂府》記災。

邳州陳士昇（俊萬）作《滑縣之變》詩，記河南天理教徒破城殺官事。

吳縣詹應甲在恩施，作《敲釘錘》、《雀穿屋》、《虎負嵎》等樂府，述其地刁紳、地棍、衙役爲害閭里的情況。

陽湖孫星衍受聘至松江，纂《松江府志》。

江陰葉廷甲此際赴浙西，訪藏書家鮑廷博，借舊本校《梧溪集》。

金壇段玉裁以萬斯同舊誡方苞「勿讀無益之書，勿作無用之文」語，箚告龔自珍徽州。

四川張問陶旅揚州，甘泉經濟從遊，年十三。

直隸翁方綱刻所著《蘇米齋蘭亭考》八卷。

武進莊逵吉死，年五十四。

本年夏，趙懷玉爲《苦旱二首》，曰：「去多苦愆陽，三白未應時。今春亦多晴，閒有滲漉滋。夏初逮夏盡，甘澤靳弗施。偶逢片雲合，輒被狂飆吹。友風而子雨，臭味何差池。苗低坐待槁，米貴爭居奇。屠沽斷市井，禜禱勞官司。賢者深憫惻，庸流自恬熙。亦有飽藜藿，豈無餒膏脂。匪爲物命惜，要杜人心欺。茲邦素樂土，胡亦災降之。君子以經綸，庶幾在此時。」「我夙負豪氣，爲病與暑傷。遇食咽難下，當歌聲不揚。亭午熱彌酷，偃息輒在床。本期四肢適，其奈左體僵。未能恬枕席，安望通羲皇。須臾日西下，扶童就納涼。綠陰覆廣庭，新月窺修廊。折枝添倦態，入室覓睡鄉。惺忪未成夢，曙色明東方。僂指又一日，日如小年長。胡弗病家園，而乃遠梓桑。嗒焉每省咎，懔然獨罹殃。人事與天災，一一費究詳。太華雖云高，憂端未可方。」（《亦有生齋集》詩卷二九）至秋，又爲《苦雨歎》，詩謂：「今歲曾苦旱，首夏徂初秋。秋又苦淫雨，綿綿未有休。愆陽而伏陰，厥咎誠何繇。頗聞闤闠窄，忽變江湖悠。水深常沒馬，市遠堪通舟。幾疑雅州住，直可吳兒泅。賓客已久疏，僮奴亦廢遊。病夫本不出，差免泥塗羞。屋侵漏淋浪，窗入風颼飅。自憐血氣衰，身早披重裘。未多欲塞向，方夜思熏籠。況同河魚疾，坐起到曉籌。醫庸笑難致，藥雜畏亂投。何當誅黑螭，更使夢白頭。既回陽光

照，庶望痼疾瘳。得非女蝸石，煉補有未周。或者穆滿笛，神仙已潛收。天心廓然公，胡弗商益哀。小民易嗟咨，毋怪生怨尤。吾謂天有情，替人常淚流。」（《亦有生齋集》詩卷二九）

舒位題羅兩峰聘《鬼趣圖》八卷。（《瓶水齋詩集》卷一六）

焦循爲《易餘籥錄》二十卷。（《焦理堂先生年譜》）

五月十四日，山東臨清運河淺阻，阮元奉旨趕往臨清辦理。旋即到臨清督挖通行，仍回江南韓莊督催重運。到臨清時，親驗淤灘無多，河工不肯多出夫，因派糧船上水手若干人，會同河夫挑挖，兩日即通。河工之官束手誤事如此者甚多。（《雷塘菴主弟子記》卷四）

【本事】二月，遊蘇州，過靈岩山。題黃道婆祠。

《過靈岩山，故人葬地已易主矣，感賦》：「買得青山作殯宮，書生願力故豪雄。豈知身後牛眠地，又換生前馬鬣封。礱石才鐫新勒碣，護墳即用舊栽松。靈岩一片佳山水，留作他年弔古恫。」（《甌北集》卷五三）

《題黃道婆祠》：「一技專長濟萬邦，故應祠廟赫旌幢。高樓占天不占地，平水通海又通江。未有蠶桑人挾纊，共勤機杼女鳴窗。君看鶯脰湖邊月，夜夜寒燈剔短釭。」（《甌北集》卷五三）

另有《漸矮》（《甌北集》卷五三）一詩。

【按】《欽定大清一統志》卷五八《松江府》謂：「黃道婆祠，在上海縣西南烏泥涇。黃道婆，本鎮人。明初落崖州。元元貞間，附海舶歸閩廣，多種木棉，紡織爲布，名曰吉貝。道婆最善是業，州里宗之，教以製造捍彈織紡之具，錯紗配色綜線繫花之法，利被一鄉。及卒，鄉人趙如珪立祠祀之，張之象有記。」甌北於本年未曾去松江，是據相關記載而題詩，還是依別人口述遊祠經歷而補記，或蘇州亦有黃道婆祠，尚不可知。有關黃道婆之事，甌北《陔餘叢考》卷三○《木棉布行於宋末元初》條亦曾述及，略曰：「陶九成《輟耕錄》記松江烏泥涇土田磽瘠，謀食不給，乃覓木棉種於閩廣，初無踏車椎弓之制，牽用手去其子，線弦竹弧，按掉而成，其功甚艱。有黃道婆自崖州來，教以紡織，人遂大獲其利。未幾道婆卒，乃立祠祀之。三十年祠毀，鄉人趙愚軒重立云。九成元末人，當時所記立祠始末如此，益可見黃道婆之事未遠，而松江之有木棉布實自元始也。《琅玡代醉編》又謂，棉花乃番使黃始所傳，今廣東人立祠祀之。合諸說觀之，蓋其種本來自外番，先傳於粵，繼及於閩，元初始至

江南，而江南又始於松江耳。《世祖本紀》：至元二十六年置浙東、江東、江西、湖廣、福建木棉提舉司，責民歲輸木棉布十萬匹。《程鉅夫集》有《送人赴浙東木棉提舉》詩。鉅夫仕元初，而其時木棉特設專官，則其初為民利可知。丘文莊所謂元時始入中國，非無稽也。《明史‧食貨志》：明太祖立國初，即下令民田五畝至十畝者，栽桑、麻、木棉各半畝，十畝以上倍之。又稅糧亦准以棉布折米。」

寓孫武子祠，並為其假山石題詩。

《孫武子祠堂假山石歌》：「是誰巧琢山石秀，不取其肥取其瘦。百萬蜂窠紐作堆，藕孔玲瓏竅穿透。俯瞰將身入坎窞，仰睇鑿翠開戶牖。人工巧處即天機，斧斤無痕似締縫。我思朱勔當年貢花石，搜盡吳門好岩岫。黃紙封來便屬官，發屋毀垣肯遺漏。此石不知何處藏，米顛恐無此長袖。獨思孫武本將才，投石超距指揮就。豈屑更占風雅名，令人挂笏看、礪齒漱，位置一卷想傳後。我將遠馳域外觀，姑妄言之列坐右。移作夔府城邊八陣圖，長在江心噴濤吼。」（《甌北集》卷五三）

【按】孫武子祠，在蘇州東山浜內。顧祿《桐橋倚棹錄》卷四「祠宇」謂：「孫武子祠，一名滬瀆侯廟，在東山浜內，祀吳王客齊孫武子及其孫臏。嘉慶十一年孫星衍購一樹園改建，立碑塑像。」有孫星衍、顧日新、吳周鈞題詩。（《蘇州文獻叢鈔初編》下冊）

虎丘陸起元，以捏塑人像聞名，甌北請其為己塑　像，並題詩誌其事。

《捏塑傳真》小序曰：「虎邱陸起元以捏塑人像稱能手，余亦令其捏成一軀，供以小龕，戲題於左。」詩曰：「我聞西天大秦國，一大佛像高摩天。百尺桅竿胯下過，只如淮陰受侮惡少年。自從象教西來後，中土仿製遍八埏。畫家亦有寫生法，縑素尚扁此尚圓。劉鑾楊惠各絕技，技出妙手兜羅棉。身隱帳中聽人議，肥則稍減瘦則添。遂令一身化作千百億，心縱未廣體自胖。我來虎邱偶遊戲，三寸小龕妥位置。饊面泥美人，空心紙包吏，一樣翻新擅絕技。笑我方師天竺古先生，乃與此曹同把入林臂。」（《甌北集》卷五三）

【按】趙懷玉寫有《虎邱多有埏土為人像者，而陸氏尤工。余過吳門數矣，未暇。以為今春泊舟山下，乃償此願。夏日山窗無事，因紀以詩》：「吾聞殷七七，合土形以成。又聞楊惠之，藝同道子爭。繼者數劉鑾，遺蹟傳燕京。然皆塑神鬼，未嘗肖厥生。憑虛易見巧，摭實難為精。虎邱有陸氏，世以其術行。予年六十五，往來凡幾更。今春始小住，白堤

聽賣餳。佳景足淹留，良辰近清明。一日模範就，兩日面目呈。就頰既添毫，傳神復點睛。相識或經過，不問知姓名。榻堪供偃息，衣亦兼雨晴。花瓻及茗椀，一一排縱橫。須彌納芥子，尺櫝欺連甍。攜歸示婦子，莫不拍手驚。謂與若翁似，且賀行廬營。聽之色然喜，旋覺心怦怦。丈夫當廟貌，俎豆千秋榮。迺作此狡獪，焉能爲重輕。事雖近遊戲，人貴適性情。維摩中有恃，東坡《楊惠之維摩像詩》『此叟神完中有恃』。彌勒龕可並。西岸得所歸，東國休嗤評。君看凌煙閣，久與瓦礫平。」（《亦有生齋集》詩卷二七）與甌北詩題材相同，所稱道者乃同爲陸氏泥塑匠人。

此次來蘇州，甌北曾探梅於玄墓，並與范芝岩來宗、潘榕皋奕雋、張船山問陶諸文士作詩酒會。船山因繪《虎阜雅集圖》，以記其盛。

《舊譜》：「先生年八十七。二月，赴吳門，寓孫子祠。肩輿至玄墓探梅，偕范芝岩編修、潘榕皋農部、張船山太守作詩酒會，船山因繪虎阜雅集圖。旬餘始返。」

【按】張問陶（1764～1814），「字仲冶，遂寧人，大學士鵬翮玄孫。以詩名，書畫亦俱勝。乾隆五十五年進士，由檢討改御史，復改吏部郎中。出知萊州府，忤上官意，遂乞病。遊吳、越，未幾，卒於蘇州。始見袁枚，枚曰：『所以老而不死者，以未讀君詩耳！』其欽挹之如此。著有《船山集》」（《清史稿》卷四八五《張問陶傳》）。《國朝御史題名》於「嘉慶十年」下題曰：「張問陶，字柳門，號船山，四川遂寧縣人。乾隆庚戌進士，由翰林院檢討考選江南道御史，山東萊州府知府。」《（同治）蘇州府志》卷一一二謂：「張問陶，字仲冶，四川遂窰人，故大學士鵬翮之曾孫。乾隆庚戌進士，授翰林院檢討，嘉慶十年改御史。屢有建白，奏請甄別九卿之衰老戀棧者，上是之，見於施行；又奏九卿會議，公事輒模棱，無所可否，請飭令各抒所見，不得仍蹈詭隨之習；又奏請省巡幸，皆蒙嘉納。既因外父周興岱爲臺長，迴避，改吏部員外郎，俸滿出知山東萊州府，綱紀整肅。屬邑有侵用倉庫錢糧者，劾之，爲上官所忌，引疾乞歸，僑居虎邱山塘陸魯望祠屋之左。病瘖失調，卒。平生好爲詩，因事寓言，不避嫌怨。」《隨園詩話補遺》、《乾嘉詩壇點將錄》、《歷代畫史彙傳》卷二六、《國朝詩人徵略》卷五一、《國朝先正事略》卷四四等亦載其事迹，可以參看。

五月間，知交李嗇生保泰病歿，甌北悲傷不已。

《哭李嗇生郡博》：「朋簪回數幾心交，腸斷揚州廿四橋。步履過從無半里，盤餐留話動連宵。喜聞質庫開闌闒，更買高閎俯麗譙。獨有故人餘老淚，更無灑處湧如潮。」（《甌北集》卷五三）

【按】甌北恭送尹繼善塑像入祠，是在本年六月。《哭李嗇生郡博》一詩，編排在《相國尹文端公節制兩江四十餘年，遺愛在人，久而弗替，今蘇州新建名宦祠，奉神主入祀，翼以老門生得襄盛舉，欣忭難名，敬賦以誌》之前，由此推斷，李保泰殆病歿於五月間。

六月，原兩江總督尹繼善祠在蘇州落成，甌北往蘇州，恭送神主入祠。

《舊譜》：「六月，故相尹文端公曾制兩江，人念遺愛，爲立專祠。」

《相國尹文端公節制兩江四十餘年，遺愛在人，久而弗替，今蘇州新建名宦祠，奉神主入祀，翼以老門生得襄盛舉，欣忭難名，敬賦以誌》：「傑構尊嚴五百弓，名臣入祀典儀隆。死如可作吾誰與？沒尚難忘世自公。嘉樹好栽丞相柏，孤標獨挺嶧陽桐。尚留白首門生在，親見勳庸勒鼎鐘。」（《甌北集》卷五三）

另有《經史翼宸故居》、《香牛皮席》（《甌北集》卷五三）二詩。

【按】《甌北集》卷五三遊蘇州以下詩，俱編入壬申（嘉慶十七年，1812）年內，然據《舊譜》，赴吳門之事，發生在本年二月。甌北晚年所爲詩，屢作屢補刻，或忘署時間，也是可能之事。此據《舊譜》。

又，袁枚《文華殿大學士尹文端繼善神道碑》略曰：「四督江南，而在江尤久，前後三十餘年，民相與父馴子伏，每聞公來，老幼奔呼相賀。公亦視江南如故鄉，渡黃河，輒心開。臨入閣時，吏民環送悲號，公不覺悽愴傷懷。過村橋野寺，必流連小住，慰勞送者。不侵官，不矯俗，不畜怨，不通苞苴。嚴束僕從，所蒞肅然。將有張施，必集監司以下屬曰：『我意如是，諸君必駁我；我解說，則再駁之；使萬無可駁而後可行，勿以總督語有所因循也。』以故公所行，鮮有敗事。所理大獄，雍正間江蘇積欠四百餘萬，乾隆間盧魯生僞稿，及各郡叛逆邪教等案，皆株引萬千，而公部居別白，除苛解嬈，不妄戮一人。先是十六年，天子南巡，黃文襄公盱衡屬色供張辦。二十二年至三十年，公三迎鑾，熙熙然民不知徭役，供張亦辦。人以是服公之敏也。」（《碑傳集》卷二七）弘曆曾製《懷舊詩》曰：「八旗讀書人，假藉詞林授。然以染漢習，率多忘世舊。問以弓馬事，曰我讀書秀。及至問文章，曰我旗人胄。兩歧失進退，故

鮮大成就。自開國至今，任事奏績茂。若輩一二耳，其餘率貿貿。繼善爲巨擘，亦賴訓迪誘。八年至總督，異數誰能遘。政事既明練，情性復溫厚。所至皆妥貼，自是福量耈。前詩略如白，倡和亦頗富。獨愛馳驛喻，知寓意不留。」（《清代七百名人傳》）

七月，感風寒，患病，親鄰時來問候。

《病起》：「風寒暑濕病相乘，此亦何妨撒手行。勞動滿城相問訊，雖非姻舊亦關情。」（《甌北集》卷五三）

另有《爲人寫墓銘後戲題》、《雨》、《宵寐》（《甌北集》卷五三）諸詩。

十月，往太湖馬蹟山謁母墓，步履尚健，能徒步里許。

《舊譜》：「冬十月，過太湖，登馬蹟山，謁太恭人墓，猶能徒行里許。」

十二月間，身體狀況漸不如前，生活須人照撫，然仍以作短詩以見意。

《舊譜》：「歸後月餘，精神漸減，步履遂艱。近歲作詩雖不能長篇，猶詩吟短章以爲樂。」

《阿四》：「阿四頻年爲我忙，饑催羹飯渴茶湯。老來事事需人助，直把僮奴作奶娘。」（《甌北集》卷五三）

另有《三並頭蓮》、《曉市》（《甌北集》卷五三）二詩。

嘉慶十九年甲戌（1814）　八十八歲

【時事】　正月，將開捐例，廷議不一。工部尚書英和獨上疏曰：「理財之道，不外開源節流。大捐爲權宜之計，本朝屢經舉行。但觀前事，即知此次未必大效。竊以開捐不如節用，開捐暫時取給，節用歲有所餘。請嗣後謁陵，或三年五年一舉行，民力可紓。木蘭秋獮，爲我朝家法，然蒙古迥非昔比，亦請間歲一行，於外藩生計所全實大。各處工程奉旨停止，每歲可省數十萬至百餘萬不等。天下無名之費甚多，苟於國體無傷，不得任其糜費。即如裁撤武職名糧，未必能禁武官不役兵丁，而驟增養廉百餘萬，應請敕下部臣詳查正項經費外，歷年增出各款，可裁則裁，可減則減，積久行之，國計日裕。至開源之計，不得以事涉言利，概行斥駁。新疆歲支兵餉百數十萬，爲內地之累。其地金銀礦久經封閉，開之而礦苗旺盛，足敷兵餉；各省礦廠，亦應詳查興辦。又戶部入官地畝，請嚴催升科，於國用亦有裨益。」（《清史稿》卷三六三《英和傳》）閏二月，大學士董誥等編纂《全唐文》成。三月，預親王裕豐王爵被革，

不准其出王府遊逛。四月，漕運總督覺羅桂芳卒。五月，以和寧爲熱河總督。六月，以劉鐶之爲戶部尙書。初彭齡爲兵部尙書，署江蘇巡撫。八月，以托津爲大學士，明亮協辦大學士。九月，以景安爲戶部尙書。十月，以慶溥爲左都御史。江西巡撫阮元以擒捕亂民，加太子少保。十一月，命開墾伊犁、吉林荒地。十二月，百齡罷協辦大學士，以章煦爲協辦大學士。（《清史稿》卷一六《仁宗紀》）

本年，海門地方官藉山東天理教案冤捕枉殺居民多人，里人黃旭（慶符）作《重有感》詩揭其事。

安徽吳鼐入全唐文局，於一寺院中見鄭燮所書書畫潤格卷，刻石。

武進湯貽汾刻所編《書筌析覽》。。

浙江王曇僑寓蘇州，作自傳文《虎丘山窀室銘》，縷述半生行實，列舉著述名目。

江西吳嵩梁經淮北上，作《清江浦聽箏》詩。

無錫鄒炳泰貶京職還。

四川張問陶在蘇州死，年五十一。

趙懷玉賦有《觀劇》二首，謂：「最難青眼賞風塵，俠骨柔情萃此身。夜半朱門輕出入，居然紅線一流人。」「風竹琤琤花月移，侍兒立倦漏遲遲。問年恰比當頭月，正是盈盈三五時。」（《亦有生齋集》詩卷三〇）

舒位《米價》（七首）之四：「乃禁屠沽市，仍張鳥雀羅。肉糜寧可食，荣色本來多。飽或侏儒有，饞如饕餮何。不嫌蔬筍氣，枵腹又長歌。」之五：「憶我饑驅去，毗陵驛畔尋。上流雙槳澀，中路一溝深。涸轍逢歸忌，奇門得返吟。耳邊陰德在，龍尾萬車音。時常州七字堰水涸斷流，余舟至此而返。」之七：「已歎泥沾絮，誰能蠟代薪。空吟枯樹賦，不見采樵人。濕束通山氣，乾封問水濱。終期作霖雨，欸乃聽重闉。水關淤塞，柴船不能進城，城中珠桂兼病矣。」（《瓶水齋詩集》卷一六）

焦循每得一書，無論其著名與否，必詳閱首尾，心有所得，必手錄之。或朋友以著作來者，無論經史子集，以至小說、詞曲，必詳讀至再、至三，心有所契，必手錄之。（《焦理堂先生年譜》）

【本事】正月二十二日，孫僧善（名逢吉）生，廷俊所出。

《舊譜》：「二月，孫僧善生，廷俊出。」

【按】《西蓋趙氏宗譜》廷俊名下，「逢吉，行五，初名僧善，字安甫，國

子監生，湖北候補未入流。嘉慶十九年甲戌正月二十二日卯時生，咸豐十年庚申本籍城陷殉難，奉旨賜恤。配陳氏，國子監生祖望女，嘉慶十八年癸酉三月二十四日子時生，光緒元年乙亥七月初五日卒，壽六十三」。此依《西蓋趙氏宗譜》。

閏二月十八日，曾孫曾祥生，公桂所出。

《舊譜》：「公桂又舉一子增祥，於是曾孫四人矣。」

【按】《西蓋趙氏宗譜》：曾祥，公桂第三子。「字子瑞，嘉慶十九年甲戌閏二月十八日辰時生，咸豐十年庚申本籍城陷殉難，奉旨旌表。」

三月，甌北以脾泄，飲食漸衰，然仍起坐觀書。

《舊譜》：「先是先生每患脾泄，至三月間食飲漸衰，迺示微疾，然猶起坐觀書，未嘗竟日臥也。」

四月十七日，病歿。

《舊譜》：「四月既望，益憊。十七日，晨起沐浴更衣，端坐床上，以酉刻卒。」

【按】《西蓋趙氏宗譜》謂其嘉慶十九年甲戌四月十七日申時卒，壽八十八。申時，乃午後三時至五時。酉時，乃午後五時至七時。二者出入不大。趙懷玉《哭家觀察翼》詩謂：「憶我與公別，於今已三年。自聞歸道山，四序亦再遷。病衰心久枯，欲誄難成篇。以我知公深，用敢縷述焉。公少本孤露，聲華早騰騫。才堪十人了，科占一甲先。遂紆羊城綬，更建牂柯旃。中外既敫歷，奉母歸林泉。素志殷撰述，宦情澹雲煙。吾鄉號詩國，湘靈倡於前。公起振興之，壁壘成新鮮。隨園與藏園，世多願執鞭。公揖讓其中，鼎足而比肩。老尚賈餘勇，矻矻窮殘編。海內數耆碩，晨星布遙天。年來漸殂謝，靈光獨巋然。謂予可論文，甘苦人難詮。欲助剞劂資，俾附梨棗傳。其事雖未成，其語心常鐫。瀕行扶杖送，款款情纏綿。書來喜紙貴，昨歲書至，自言著述流行之廣。猶未名心捐。嗟我攣手足，聞公善餐眠。康彊乃先逝，痼疾反苟延。公望自不朽，公福亦已全。所嗟典刑喪，並失文字緣。臨風向東望，老淚徒漣漣。」（《亦有生齋集》詩卷三〇）

主要人名索引

（按姓名筆劃排列）

張允隨 87 325

張公俊 1018

張世傑 117 361 362 753

張本 800（友棠 800 801）

張正謨 774 846

張玉龍 792

張同敞 290 291

張自烈 462

張舟 170 235 530 672（廉船 169
170 231 234 235 249 671 899
900 904 924，木頭老子 170）

張君寶 408（全一 408，玄玄 408，
保和 31 75 278 408 481 675
1038，容忍 408 445，三豐子
408）

張孝彥 829

張宏範 361

張廷玉 37 41 43 49 53 55 79 87 104
121 183

張廷璐 53 72

張邦昌 124

張受培 1032

張坦 43 99 203 551 552 564 769（芑
田 551，松坪 547 551 552 564
575 584 586 591 606 611 652
654 713 729 746 766 769 864
937 943，蓮勻 551，拙娛老人
551）

張坦麟 43 203

張宗蒼 129

張承勳 911

張勇 323

張洽 797 798（玉川 710 797 798）

張若淳 183（壽雪 182 183 184）

張若靄 183（晴嵐 183 500 502 517
588 609 618 619 649 943）

張師誠 623 986

張振采 665（鑒園 665）

張泰開 119

張海鵬 949

張問陶 222 310 573 598 608 653 671
688 689 728 759 760 813 818
824 849 863 881 973 974 975
1039 1046 1058 1075 1081 1084
1087 1168（柳門 1084，船山 222
310 598 608 653 813 819 863
974 975 1039 1046 1084 1168，仲
冶 1084）

張堅 89 181

張敘 100 650

張添倫 910

張紹渠 170（素村 170）

張逢堯 343 400

張珽 300

張惠言 193 249 491 604 626 775 780
794 912 982 1007 1174（皋文
193）

張景星 193

張曾敞 252（塏似 251 252，廓原
252，開士 124 252）

張琦 794

張紫瀾 904

主要參考文獻

（按書名音序排列）

一、基本文獻類

A

《愛日吟廬書畫別錄》，清・葛嗣澎撰，民國二年葛氏刻本。

《愛新覺羅家族全書》，李治亭主編，吉林人民出版社，1997 年。

《婥雅堂詩續集》，清・趙文哲撰，清乾隆五十六年刻本。

B

《八旗詩話》，清・法式善撰，稿本。

《八千卷樓書目》，清・丁仁撰，民國鉛印本。

《白尊詩集》，清・張開東撰，清乾隆五十三年張兆騫刻本。

《白鶴山房詩鈔》，清・葉紹本撰，清道光七年桂林使廨刻增修本。

《白華後稿》，清・吳省欽撰，清嘉慶十五年刻本。

《白華前稿》，清・吳省欽撰，清乾隆刻本。

《白香詞譜箋》，清・謝朝徵撰，清光緒刻半廠叢書本。

《白雨齋詞話》，清・陳廷焯撰，人民文學出版社，1959 年。

《柏梘山房全集》，清・梅曾亮撰，清咸豐六年刻民國補修本。

《百一山房詩集》，清・孫士毅撰，清嘉慶二十一年孫均刻本。

《拜經樓詩話續編》，清・吳騫撰，清鈔本。

《拜經樓詩集》，清・吳騫撰，清嘉慶八年刻增修本。

《拜經堂文集》，清・臧庸撰，民國十九年宗氏石印本。

《半岩廬遺集》，清・邵懿辰撰，清光緒三十四年邵章刻本。

《葆沖書屋集》，清・汪如洋撰，清刻本。

《抱沖齋詩集》，清・斌良撰，清光緒五年崇福湖南刻本。

《抱經堂詩鈔》，清・盧文弨撰，清道光十六年李兆洛刻本。

《抱經堂文集》，清・盧文弨撰，清乾隆六十年刻本。

《碑傳集》，清・錢儀吉纂，中華書局，1993 年。

《北江詩話》，清・洪亮吉撰，清光緒三年授經堂刻洪北江全集本。

《避暑錄話》，宋・葉夢得撰，明刻津逮秘書本。

《駁四書改錯》，清・戴大昌撰，清道光二年刻本。

C

《藏書紀事詩》，清・葉昌熾撰，北京燕山出版社，1999 年。

《茶香室叢鈔》，清・俞樾撰，中華書局，1995 年。

《長安客話》，明・蔣一葵撰，北京古籍出版社，1982 年。

《長蘆鹽法志》，清・黃掌綸撰，清嘉慶刻本。

《稱謂錄》，清・梁章鉅撰，清光緒刻本。

《澄秋閣集》，清・閔華撰，清乾隆十七年刻本。

《持雅堂文鈔》，清・尚鎔撰，清道光刻本。

《崇百藥齋三集》，清・陸繼輅撰，清道光八年刻本。

《崇百藥齋續集》，清・陸繼輅撰，清道光四年合肥學舍刻本。

《重論文齋筆錄》，清・王端履撰，清道光二十六年授宜堂刻本。

《重修兩浙鹽法志》，清・延豐撰，清同治刻本。

《疇人傳三編》，清・諸可寶撰，清皇清經解續編本。

《樗園銷夏錄》，清・郭麔撰，清嘉慶刻本。

《傳經堂詩鈔》，清・韋謙恒撰，清乾隆刻本。

《船山詩草》，清・張問陶撰，中華書局，1986 年。

《春草堂詩話》，清・謝堃撰，清刻本。

《春融堂集》，清・王昶撰，清嘉慶十二年塾南書舍刻本。

《春在堂詩編》，清・俞樾撰，清光緒二十五年刻春在堂全書本。

《純常子枝語》，清・文廷式撰，民國三十二年刻本。

《詞話叢編》，唐圭璋編，中華書局，1986 年。

《賜綺堂集》，清・詹應甲撰，清道光止園刻本。

《存素堂詩初集錄存》，清・法式善撰，清嘉慶十二年王墉刻本。

D

《大雲山房文稿》，清·惲敬撰，四部叢刊景清同治本。

《戴簡恪公遺集》，清·戴敦元撰，清同治六年戴壽祺鈔本。

《戴名世集》，清·戴名世撰，中華書局，1986 年。

《淡墨錄》，清·李調元撰，新世紀萬有文庫，遼寧教育出版社，2001 年。

《（道光）廣東通志》，清·阮元修、陳昌齊纂，清道光二年刻本。

《（道光）新修濟南府志》，清·成瓘撰，清道光二十年刻本。

《（道光）肇慶府志》，清·江藩撰，清光緒重刻道光本。

《（道光）遵義府志》，清·鄭珍撰，清道光刻本。

《道咸同光四朝詩史》，清·孫雄輯，清宣統二年刻本。

《帝京歲時紀勝》，清·潘榮陛撰，北京古籍出版社，1981 年。

《雕菰集》，清·焦循撰，清道光嶺南節署刻本。

《定香亭筆談》，清·阮元撰，清嘉慶五年揚州阮氏琅嬛僊館刻本。

《東華錄》，清·蔣良騏撰，清乾隆刻本。

《東華錄》，清·王先謙撰，清光緒十年長沙王氏刻本。

《東華續錄（嘉慶朝)》，清·王先謙撰，清光緒十年長沙王氏刻本。

《東華續錄（乾隆朝)》，清·王先謙撰，清光緒十年長沙王氏刻本。

《東里生燼餘集》，清·汪家禧撰，清光緒二年許庚身刻本。

《東溟文集》，清·姚瑩撰，清中復堂全集本。

《東塾讀書記》，清·陳澧撰，清光緒刻本。

《讀白華草堂詩初集》，清·黃釗撰，清道光刻本。

《讀史方輿紀要》，清·顧祖禹撰，中華書局，2005 年。

《讀書雜誌》，清·王念孫撰，清道光十二年刻本。

《獨學廬稿》，清·石韞玉撰，清寫刻獨學廬全稿本。

《賭棋山莊詞話》，清·謝章鋌撰，清光緒十年刻賭棋山莊全集本。

《杜詩鏡詮》，唐·杜甫撰，清·楊倫箋注，上海古籍出版社，1980 年。

《杜詩詳注》，唐·杜甫撰，清·仇兆鼇注，中華書局，1979 年。

E

《蛾術編》，清·王鳴盛撰，上海商務印書館，1958 年。

《爾爾書屋詩草》，清·史夢蘭撰，清光緒元年止園刻本。

《二十五史》，上海古籍出版社、上海書店，1986 年。

《二知軒文存》，清·方濬頤撰，清光緒四年刻本。

《二知軒詩續鈔》，清・方濬頤撰，清同治刻本。

F

《樊山集》，清・樊增祥撰，清光緒十九年渭南縣署刻本。

《樊山續集》，清・樊增祥撰，清光緒二十八年西安皋署刻本。

《仿潛齋詩鈔》，清・李嘉樂撰，清光緒十五年刻本。

《芙蓉山館全集》，清・楊芳燦撰，清光緒十七年活字印本。

《復初齋詩集》，清・翁方綱撰，清刻本。

《復初齋外集》，清・翁方綱撰，民國嘉業堂叢書本。

《復初齋文集》，清・翁方綱撰，清李彥章校刻本。

G

《陔餘叢考》，清・趙翼撰，河北人民出版社，1990年。

《甘泉鄉人稿》，清・錢泰吉撰，清同治十一年刻光緒十一年增修本。

《高鶚詩詞箋注》，清・高鶚撰，尚達翔編注，中州書畫社，1983年。

《更生齋集》，清・洪亮吉撰，清光緒三年洪氏授經堂刻增修本。

《龔定菴全集類編》，清・龔自珍撰，夏田藍編，中國書店，1991年。

《古微堂集》，清・魏源撰，清宣統元年國學扶輪社鉛印本。

《管見舉隅》，清・王培荀撰，清道光二十八年刻本。

《（光緒）重修安徽通志》，清・何紹基撰，清光緒四年刻本。

《光緒重修兩淮鹽法志》，清・王安定撰，清光緒三十一年刻本。

《（光緒）重修天津府志》，清・徐宗亮修纂，清光緒二十五年刻本。

《（光緒）廣州府志》，清・史澄撰，清光緒五年刊本。

《（光緒）湖南通志》，清・曾國荃撰，清光緒十一年刻本。

《（光緒）順天府志》，清光緒十二年刻十五年重印本。

《（光緒）武進陽湖縣志》，清光緒五年刻本。

《（光緒）香山縣志》，清・陳澧撰，清光緒刻本。

《廣清碑傳集》，錢仲聯主編，蘇州大學出版社，1999年。

《歸田瑣記》，清・梁章鉅撰，中華書局，1981年。

《壬癸藏箚記》，清・陳康祺撰，清光緒刻本。

《桂馨堂集》，清・張廷濟撰，清道光刻本。

《國朝詞綜》，清・王昶輯，清嘉慶七年王氏三泖漁莊刻增修本。

《國朝詞綜補》，清・丁紹儀輯，清光緒刻前五十八卷本。

《國朝詞綜續編》，清・黃燮清輯，清同治十二年刻本。

《國朝宮史》，清·鄂爾泰、張廷玉等編纂，北京古籍出版社，1994 年。

《國朝宮史續編》，清·慶桂等編纂，北京古籍出版社，1994 年。

《國朝閨閣詩鈔》，清·蔡殿齊輯，清道光娜嬛別館刻本。

《國朝漢學師承記　國朝經師經義目錄　國朝宋學淵源記》，清·江藩撰，
　　中華書局，1983 年。

《國朝畿輔詩傳》，清·陶樑輯，清道光十九年紅豆樹館刻本。

《國朝畫徵補錄》，清·劉瑗撰，清道光刻本。

《國朝名家詩鈔小傳》，清·鄭方坤撰，清李登雲校刻本。

《國朝駢體正宗續編》，清·張鳴珂輯，清光緒十四年寒松閣刻本。

《國朝詩別裁集》，清·沈德潛編，中華書局，1975 年。

《國朝詩人徵略》，清·張維屏撰，清道光十年刻本。

《國朝詩人徵略二編》，清·張維屏輯，清道光二十二年刻本。

《國朝書人輯略》，清·震鈞輯，清光緒三十四年刻本。

《國朝文錄續編》，清·李祖陶輯，清同治刻本。

《國朝先正事略》，清·李元度撰，臺灣明文書局，1985 年。

《國朝御史題名》，清·黃叔璥撰，清光緒刻本。

H

《海國圖志》，清·魏源撰，清光緒二年魏光燾平慶涇固道署刻本。

《海山存稿》，清·周煌撰，清乾隆五十八年周氏葆素家塾刻後印本。

《海虞詩話》，清·單學傅輯，民國四年銅華館鉛印本。

《漢口叢談校釋》，范鍇撰，江浦等校釋，湖北人民出版社，1999 年。

《漢書注校補》，清·周壽昌撰，清光緒十年周氏思益堂刻本。

《合肥學舍箚記》，清·陸繼輅撰，清光緒四年興國州署刻本。

《荷塘詩集》，清·張五典撰，清乾隆刻本。

《紅豆樹館書畫記》，清·陶樑撰，清光緒刻本。

《洪亮吉集》，清·洪亮吉撰，中華書局，2001 年。

《紅欄書屋詩集》，清·孔繼涵撰，清乾隆刻微波榭遺書本。

《湖北詩徵傳略》，清·丁宿昌輯，清光緒七年孝感丁氏涇北草堂刻本。

《湖北通志檢存稿　湖北通志未定稿》，清·章學誠撰，湖北教育出版社，
　　2002 年。

《湖海詩傳》，清·王昶輯，清嘉慶刻本。

《湖海文傳》，清·王昶輯，清道光十七年經訓堂刻本。

《湖樓筆談》，清・俞樾撰，清光緒二十五年刻春在堂全書本。

《花甲閒談》，清・張維屏撰，清道光富文齋刻本。

《淮海英靈集》，清・阮元輯，中華書局，1985 年。

《淮海英靈續集》，清・王豫、阮亨輯，清道光刻本。

《槐廳載筆》，清・法式善編，清嘉慶刻本。

《篁村集》，清・陸錫熊撰，清道光二十九年陸成沅刻本。

《蕙蓀堂集》，清・昭槤撰，上海圖書館藏清稿本。

J

《寄菴詩文鈔》，清・劉大紳撰，民國刻雲南叢書初編本。

《紀曉嵐文集》，清・紀昀撰，河北教育出版社，1991 年。

《嘉定錢大昕全集》，清・錢大昕撰，陳文和主編，江蘇古籍出版社，1997
    年。

《（嘉慶）大清一統志》，清・穆彰阿撰，四部叢刊續編景舊鈔本。

《（嘉慶）直隸太倉州志》，清・王昶撰，清嘉慶七年刻本。

《家語疏證》，清・孫志祖撰，清嘉慶刻本。

《簡松草堂詩文集》，清・張雲璈撰，清道光刻三影閣叢書本。

《簡學齋詩》，清・陳沆撰，清咸豐二年陳廷經刻本。

《江南女性別集初編》，胡曉明、彭國忠主編，黃山書社，2008 年。

《江西詩徵》，清・曾燠輯，清嘉慶九年刻本。

《交翠軒筆記》，清・沈濤撰，清道光刻本。

《蕉廊脞錄》清・吳慶坻撰，民國求恕齋叢書本。

《椒生隨筆》，清・王之春撰，嶽麓書社，1983 年。

《蕉軒隨錄 續錄》，清・方濬師撰，中華書局，1995 年。

《校禮堂詩集》，清・凌廷堪撰，清道光六年刻本。

《校禮堂文集》，清・凌廷堪撰，中華書局，1998 年。

《今古學考》，清・廖平撰，清光緒十二年刻四益館經學叢書本。

《金壺七墨》，清・黃鈞宰撰，清同治十二年刻本。

《京都風俗志》，清・讓廉撰，北京古籍出版社，1981 年。

《經學通論》，清・皮錫瑞撰，中華書局，1954 年。

《經學質疑錄》，清・秦篤輝撰，清道光墨緣館刻本。

《經韻樓集》，清・段玉裁撰，清嘉慶十九年刻本。

《靜廉齋詩集》，清・金蛙撰，清嘉慶二十五年姚祖恩刻本。

《靜退齋集》，清·戴文燈撰，清乾隆刻本。

《靜厓詩稿》，清·汪學金撰，清乾隆刻嘉慶增修本。

《靜娛亭筆記》，清·張培仁撰，清刻本。

《靜志居詩話》，清·朱彝尊撰，人民文學出版社，1990 年。

《九梅村詩集》，清·魏燮均撰，清光緒元年紅杏山莊刻本。

《舊聞隨筆》，清·姚永樸撰，張仁壽校注，黃山書社，1989 年。

《舊雨草堂詩》，清·董元度撰，清乾隆四十三年刻本。

《娵隅集》，清·趙文哲撰，清乾隆五十四年刻本。

《覺迷要錄》，清·葉德輝輯，清光緒三十一年刻本。

K

《康南海自編年譜》，清·康有為撰，鈔本。

《訄書》，清·章炳麟撰，清光緒三十年重訂本。

《科場條例》，清·英彙撰，清咸豐刻本。

《快園詩話》，清·凌霄撰，清嘉慶二十五年刻本。

L

《蘭韻堂詩文集》，清·沈初撰，清乾隆刻本。

《琅嬛仙館詩》，清·阮元撰，國立中央圖書館藏手稿本。

《郎潛紀聞初筆 二筆 三筆》，清·陳康祺撰，中華書局，1984 年。

《郎潛紀聞四筆》，清·陳康祺撰，中華書局，1990 年。

《浪蹟叢談 續談 三談》，清·梁章鉅撰，中華書局，1981 年。

《樂賢堂詩鈔》，清·德保撰，清乾隆五十六年英和刻本。

《樂志堂詩集》，清·譚瑩撰，清咸豐九年吏隱堂刻本。

《樂志堂文集》，清·譚瑩撰，清咸豐十年吏隱堂刻本。

《冷廬雜識》，清·陸以湉撰，中華書局，1984 年。

《蠡勺編》，清·凌揚藻撰，清嶺南遺書本。

《歷代名人生卒錄》，清·錢保塘撰，民國海寧錢氏清風室刊本。

《歷代畫史彙傳》，清·彭蘊璨撰，清道光刻本。

《歷代紀事本末》，中華書局，1997 年。

《歷代詩話》，清·何文煥輯，中華書局，1981 年。

《歷代詩話續編》，清·丁福保輯，中華書局，1983 年。

《歷代竹枝詞》，王利器、王慎之、王子今輯，陝西人民出版社，2003 年。

《荔隱山房詩草》，清·涂慶瀾撰，清光緒三十一年刻本。

《蓮子居詞話》，清·吳衡照撰，清嘉慶刻本。

《梁園歸棹錄》，清·余集撰，清道光刻本。

《兩般秋雨盦隨筆》，清·梁紹壬撰，上海古籍出版社，1982 年。

《兩當軒全集》，清·黃景仁撰，清咸豐八年黃氏家塾刻本。

《兩浙輶軒錄》，清·阮元輯，清嘉慶刻本。

《兩浙輶軒錄補遺》，清·阮元撰，清嘉慶刻本。

《兩浙輶軒續錄》，清·潘衍桐纂，清光緒刻本。

《列朝詩集小傳》，清·錢謙益撰，上海古籍出版社，1959 年。

《靈芬館詩話》，清·郭麐撰，清嘉慶二十一年孫均刻二十三年增修本。

《靈岩山人詩集》，清·畢沅撰，清嘉慶四年畢氏經訓堂刻本。

《琉璃廠小志》，清·孫殿起輯，北京古籍出版社，1982 年。

《留劍山莊初稿》，清·石卓槐撰，清乾隆四十年石卓椿刻本。

《劉文清公遺集》，清·劉墉撰，清道光六年東武劉氏味經書屋刻本。

《蘿藦亭劄記》，清·喬松年撰，清同治刻本。

《論語集注旁證》，清·梁章鉅撰，清同治十二年刻本。

《論語正義》，清·劉寶楠撰，清同治刻本。

《履園叢話》，清·錢泳撰，中華書局，1979 年。

M

《埋憂集》，清·朱翊清撰，清同治刻本。

《棫花盦詩》，清·葉廷琯撰，清滂喜齋叢書本。

《棫花盦詩外集》，清·葉廷琯撰，清滂喜齋叢書本。

《蓮餘詩話》，清·周春撰，上海圖書館藏清抄本。

《蒙古游牧記》，清·張穆撰，何秋濤補，清同治祁氏刻本。

《夢樓詩集》，清·王文治撰，清乾隆六十年食舊堂刻道光二十九年補修本。

《勉行堂詩集》，清·程晉芳撰，清嘉慶二十三年鄧廷楨等刻本。

《邈雲樓集六種》，清·楊鸞撰，清乾隆道光間刻本。

《（民國）杭州府志》，李榕修纂，民國十一年鉛印本。

《（民國）台州府志》，民國二十五年鉛印本。

《民國詩話叢編》，張寅彭主編，上海書店，2002 年。

《閩川閨秀詩話》，清·梁章鉅撰，清道光二十九年刻本。

《茗柯文編》，清·張惠言撰，清同治八年刻本。

《茗柯文補編》，清·張惠言撰，四部叢刊景清道光本。

《明詩紀事》，清・陳田輯撰，上海古籍出版社，1993 年。

《明詩綜》，清・朱彝尊選編，中華書局，2007 年。

《名媛詩話》，清・沈善寶撰，清光緒鴻雪樓刻本。

《墨林今話》，清・蔣寶齡撰，臺灣明文書局，1985 年。

《墨香居畫室》，清・馮金伯撰，臺灣明文書局，1985 年。

N

《南滑楛語》，清・蔣超伯撰，清同治十年兩廬山房刻本。

《南山集》，清・戴名世撰，清光緒二十六年刻本。

《南亭四話》，清・李伯元撰，江蘇古籍出版社，2000 年。

《廿二史劄記校證（訂補本）》，清・趙翼撰，王樹民校證，中華書局，1984
年。

O

《甌北集》，清・趙翼撰，李學穎、曹光甫校點，上海古籍出版社，1997 年。

《甌北全集》，清・趙翼撰，清嘉慶湛貽堂刻本。

《甌北詩話》，清・趙翼撰，早稻田大學土岐文庫藏和刻本。

《甌北詩選》，清・趙翼撰，〔日〕碓井歡選，文政十年丁亥東都書林新鐫本。

《甌北先生年譜》，清・佚名編，清光緒三年重刻本。北京圖書館編，《北京
圖書館藏珍本年譜叢刊》第 105 冊，北京圖書館出版社，1999 年。

《偶然吟》，清・尹嘉銓撰，清乾隆二十九年六有齋刻本。

P

《匏廬詩話》，清・沈濤撰，清刻本。

《培蔭軒詩文集》，清・胡季堂撰，清道光二年胡鑗刻本。

《佩弦齋詩文存》，清・朱一新撰，清光緒二十二年刻拙盦叢稿本。

《頻羅菴遺集》，清・梁同書撰，清嘉慶二十二年陸貞一刻本。

《瓶水齋詩集》，清・舒位撰，上海古籍出版社，2009 年。

《蒲褐山房詩話新編》，清・王昶撰，周維德輯校，齊魯書社，1988 年。

《樸村詩集》，清・張雲章撰，清康熙華希閔等刻本。

《曝書雜記》，清・錢泰吉撰，遼寧教育出版社，1998 年。

Q

《七錄齋詩鈔》，清・阮葵生輯，清刻本。

《七錄齋文鈔》，清・阮葵生輯，清刻本。

《千頃堂書目》，清・黃虞稷撰，瞿鳳起、潘景鄭整理，上海古籍出版社，
　　2001 年。

《前塵夢影錄》，清・徐康撰，遼寧教育出版社，1998 年。

《乾嘉詩壇點將錄》，清・舒位撰，清光緒丁未九月長沙葉氏刊本。

《（乾隆）江南通志》，清・趙宏恩修，文淵閣四庫全書本。

《（乾隆四十二年秋）縉紳全書》，世錦堂刻本。

《（乾隆）騰越州志》，清・屠述濂修纂，清光緒二十三年重刊本。

《錢文敏公全集》，清・錢維城撰，清乾隆四十一年眉壽堂刻本。

《錢辛楣先生年譜》，清・錢大昕自撰，清咸豐刻本。

《潛研堂集》，清・錢大昕撰，上海古籍出版社，1989 年。

《潛研堂文集》，清・錢大昕撰，清嘉慶十一年刻本。

《橋西雜記》，清・葉名澧撰，清同治十年滂喜齋刻本。

《巧對錄》，清・梁章鉅撰，清道光二十九年甌城文華堂刻本。

《切問齋集》，清・陸燿撰，清乾隆五十七年暉吉堂刻本。

《欽定八旗通志》，李洵等校點，吉林文史出版社，2002 年。

《琴隱園詩集》，清・湯貽汾撰，清同治十三年曹士虎刻本。

《清稗類鈔》，清・徐珂編，中華書局，1984 年。

《清碑傳合集》，上海書店，1988 年。

《清朝進士題名錄》，江慶柏編撰，中華書局，2007 年。

《清朝通典》，乾隆官修，浙江古籍出版社，2000 年。

《清朝通志》，乾隆官修，浙江古籍出版社，2000 年。

《清朝文獻通考》，乾隆官修，浙江古籍出版社，2000 年。

《清朝續文獻通考》，清・劉錦藻撰，浙江古籍出版社，2000 年。

《清朝野史大觀》，河北人民出版社，1997 年。

《清詞紀事會評》，尤振中、尤以丁編撰，黃山書社，1995 年。

《清代官員履歷檔案全編》，秦國經主編，華東師範大學出版社，1997 年。

《清代廣東筆記五種》，林子雄點校，廣東人民出版社，2006 年。

《清代閨閣詩人徵略》，施淑儀輯，上海書店，1987 年。

《清代閨秀詩話叢刊》，王英志主編，鳳凰出版社，2010 年。

《清代名人手箚》，吳長瑛編，臺灣文海出版社，1967 年。

《清代名人軼事》，葛虛存編，琴石山人校訂，書目文獻出版社，1994 年。

《清代名人軼事輯覽》，李春光纂，中國社會科學出版社，2005 年。

《清代毗陵名人小傳》，張惟驤撰，蔣維喬等補，臺灣明文書局，1985 年。

《清代七百名人傳》，蔡冠洛編撰，北京市中國書店，1984 年。

《清代文字獄檔》，原北平故宮博物院文獻館編，上海書店，1986 年。

《清代學者像傳》，清・葉衍蘭、葉恭綽編，上海書店出版社，2001 年。

《清代燕都梨園史料正續編》，張次溪編，中國戲劇出版社，1988 年。

《清代軼聞》，裘毓麐撰，江蘇廣陵古籍刻印社，1993 年。

《清代硃卷集成》，顧廷龍主編，臺灣成文出版社，1992 年。

《清嘉錄》，清・顧祿撰，中華書局，2008 年。

《清鑒綱目》，印鸞章編，上海書店，1985 年。

《清經世文續編》，清・葛士濬輯，清光緒石印本。

《青笠山房詩文鈔》，清・許登逢撰，清乾隆十三年綠玉軒刻本。

《清秘述聞三種》，清・法式善等撰，中華書局，1982 年。

《清秘述聞續》，清・王家相撰，清光緒十四年刻本。

《清人別集總日》，李靈年、楊忠主編，安徽教育出版社，2000 年。

《清人詩集敘錄》，袁行雲撰，文化藝術出版社，1994 年。

《清人詩文集總目提要》，柯愈春編撰，北京古籍出版社，2001 年。

《清儒學案》，徐世昌等編纂，中華書局，2008 年。

《清詩話》，清・王夫之等撰，上海古籍出版社，1963 年。

《清詩話續編》，郭紹虞編選，上海古籍出版社，1983 年。

《清詩紀事》，錢仲聯主編，江蘇古籍出版社，1987、1989 年。

《清實錄》，清鈔本。

《清史稿》，趙爾巽等撰，中華書局，1998 年。

《清史紀事本末》，清・黃鴻壽撰，民國三年石印本。

《清史列傳》，中華書局，1987 年。

《清文彙》，沈粹芬等輯，北京出版社，1996 年。

《青芝山館詩集》，清・樂鈞撰，清嘉慶二十二年刻後印本。

《秋室集》，清・楊鳳苞撰，清光緒十一年陸心源刻本。

《秋室學古錄》，清・余集撰，清道光刻本。

《秋水閣詩文集》，清・許兆椿撰，清道光二十五年刻本。

《曲話》，清・梁廷柟撰，清藤花亭十七種本。

《全浙詩話》，清・陶元藻輯，清嘉慶元年怡雲閣刻本。

《勸學篇》，清・張之洞撰，清光緒二十四年中江書院刻本。

《群書箚記》，清・朱亦棟撰，清光緒四年武林竹簡齋刻本。

R

《攘書》，劉師培撰，民國鉛印劉申叔先生遺書本。

《人海記》，清·查慎行撰，北京古籍出版社，1981年。

《日本近代漢文學》，高文漢撰，寧夏人民出版社，2005年。

《容甫先生遺詩》，清·汪中撰，四部叢刊景無錫孫氏藏本。

《容齋詩集》，清·茹綸常撰，清乾隆三十五年刻乾隆五十二年嘉慶四年十
    三年增修本。

《儒林瑣記》，清·朱克敬撰，臺灣明文書局，1985年。

S

《三國志辨微》，清·尚鎔撰，清嘉慶刻本。

《三借廬贅譚》，鄒弢撰，清光緒鉛印申報館叢書餘集本。

《三松堂集》，清·潘奕雋撰，清嘉慶刻本。

《三松堂續集》，清·潘奕雋撰，清嘉慶刻本。

《珊瑚舌雕談初筆》，清·許起撰，清光緒十一年木活字印本。

《賞雨茅屋詩集》，清·曾燠撰，清嘉慶二十四年刻增修本。

《上湖詩文編》，清·汪師韓撰，清光緒十二年汪氏刻叢睦汪氏遺書本。

《尚絅堂集》，清·劉嗣綰撰，清道光大樹園刻本。

《邵子湘全集》，清·邵長蘅撰，清康熙刻本。

《射鷹樓詩話》，清·林昌彝撰，清咸豐元年刻本。

《聖武記》，清·魏源撰，清道光刻本。

《十駕齋養新錄》，清·錢大昕撰，楊勇軍整理，上海書店出版社，2011年。

《十七史商榷》，清·王鳴盛撰，鳳凰出版社，2008年。

《石渠隨筆》，清·阮元撰，清阮亨揚州珠湖草堂刻本。

《石渠餘紀》，清·王慶雲撰，北京古籍出版社，1985年。

《石泉書屋類稿》，清·李佐賢撰，清同治十年刻本。

《石泉書屋詩鈔》，清·李佐賢撰，清同治四年刻本。

《時務通考》，清·杞廬主人撰，清光緒二十三年點石齋石印本。

《石遺室詩集》，清·陳衍撰，清刻本。

《石雲山人集》，清·吳榮光撰，清道光二十一年吳氏筠清館刻本。

《石鍾山志》，清·李成謀撰，清光緒九年聽濤眺雨軒刻本。

《史案》，清·吳裕垂撰，清道光六年大成堂刻本。

《史記探源》，清·崔適撰，清宣統二年刻本。

《是程堂集》，清・屠倬撰，清嘉慶十九年眞州官舍刻本。

《守意龕詩集》，清・百齡撰，清道光讀書樂室刻本。

《授堂金石文字續跋》，清・武億撰，清道光二十三年授堂重刊本。

《書目答問》，清・張之洞撰，清光緒刻本。

《樞垣記略》，清・梁章鉅撰、朱智續撰，清道光十八年七峰別墅刻增修本。

《樞垣題名》，清・吳孝銘輯，清道光十八年七峰別墅刻增修本。

《樹經堂詩初集》，清・謝啓昆撰，清嘉慶刻本。

《樹經堂詩續集》，清・謝啓昆撰，清嘉慶刻本。

《樹經堂文集》，清・謝啓昆撰，清嘉慶刻本。

《雙節堂庸訓》，清・汪輝祖撰，王宗志等注釋，天津古籍出版社，1995 年。

《雙硯齋詩鈔》，清・鄧廷楨撰，清末刻本。

《水曹清暇錄》，清・汪啓淑撰，北京古籍出版社，1998 年。

《朔方備乘》，清・何秋濤撰，清光緒刻本。

《思益堂日箚》，清・周壽昌撰，李軍政標點，嶽麓書社，1985 年。

《筍河詩集》，清・朱筠撰，清嘉慶九年朱珪椒華吟舫刻本。

《四庫全書總目》，清・永瑢等撰，中華書局，1965 年。

《松泉集》，清・汪由敦撰，《文淵閣四庫全書》本。

《蘇州文獻叢鈔初編》，王稼句點校、編纂，古吳軒出版社，2005 年。

《粟香隨筆》，清・金武祥撰，清光緒刻本。

《隨山館稿》，清・汪瑔撰，清光緒年刻隨山館全集本。

《隨園詩話》，清・袁枚撰，人民文學出版社，1982 年。

《遂懷堂全集》，清・袁翼撰，清光緒十四年袁鎮嵩刻本。

《邃雅堂集》，清・姚文田撰，清道光元年江陰學使署刻本。

《孫淵如先生年譜》，清・張紹南撰，清光緒刻藕香零拾本。

《孫淵如先生全集》，清・孫星衍撰，四部叢刊景清嘉慶蘭陵孫氏本。

T

《太乙舟詩集》，清・陳用光撰，清咸豐四年孝友堂刻本。

《太乙舟文集》，清・陳用光撰，清道光二十三年孝友堂刻本。

《泰雲堂集》，清・孫爾準撰，清道光刻本。

《曇雲閣集》，清・曹楙堅撰，清光緒三年曼陀羅館刻本。

《桃花源詩話》，清・呂光錫撰，民國袖珍本。

《陶樓文鈔》，清・黃彭年撰，民國十二年刻本。

《陶山詩錄》，清·唐仲冕撰，清嘉慶十六年刻道光增修本。

《藤陰雜記》，清·戴璐撰，北京古籍出版社，1982 年。

《天咫偶聞》，清·震鈞撰，清光緒甘棠精舍刻本。

《天真閣集》，清·孫原湘撰，清嘉慶五年刻增修本。

《恬莊小識》，清·楊希洺撰，廣陵書社，2007 年。

《鐵琴銅劍樓藏書目錄》，清·瞿鏞撰，清光緒常熟瞿氏家塾刻本。

《聽秋聲館詞話》，清·丁紹儀撰，清同治八年刻本。

《聽雨樓隨筆》，清·王培荀撰，清道光二十五年刻本。

《銅鼓書堂遺稿》，清·查禮撰，清乾隆查淳刻本。

《童山詩集》，清·李調元撰，中華書局，1985 年。

《童山文集》，清·李調元撰，清乾隆刻函海道光五年增修本。

《桐陰論畫三編》，清·秦祖永撰，清光緒八年刻朱墨套印本。

《銅熨斗齋隨筆》，清·沈濤撰，清光緒會稽章氏刻本。

《(同治) 蘇州府志》，清·馮桂芬撰，清光緒九年刊本。

《(同治) 徐州府志》，清·劉庠撰，清同治十三年刻本。

《退菴筆記》，清·夏荃撰，清鈔本。

《退菴詩存》，清·梁章鉅撰，清道光刻本。

《退菴隨筆》，清·梁章鉅撰，臺灣新興書局有限公司，1987 年。

W

《晚晴簃詩彙》，徐世昌編，中華書局，1990 年。

《萬善花室文稿》，清·方履籛撰，清畿輔叢書本。

《萬首論詩絕句》，林東海、宋紅編，人民文學出版社，1991 年。

《忘山廬日記》，清·孫寶瑄撰，鈔本。

《文史通義》，清·章學誠撰，中華書局，1994 年。

《文獻徵存錄》，清·錢林撰，清咸豐八年有嘉樹軒刻本。

《文選旁證》，清·梁章鉅撰，清道光刻本。

《問字堂集　岱南閣集》，清·孫星衍撰，中華書局，1996 年。

《吳興詩話》，清·戴璐撰，民國五年劉氏嘉業堂刻吳興叢書本。

《吳學士詩文集》，清·吳鼏撰，清光緒八年江寧藩署刻本。

《梧門詩話》，清·法式善撰，國家圖書館藏稿本。

《吾學錄初編》，清·吳榮光撰，清道光十二年吳氏筠清館刻本。

《五百石洞天揮麈》，清·邱煒萲撰，清光緒二十五年邱氏粵垣刻本。

《午窗隨筆》,清·郭夢星撰,清光緒二十一年刻寶樹堂遺書本。

《午風堂集》,清·鄒炳泰撰,清嘉慶刻本。

《武進縣志》,清·乾隆三十年刻本。

X

《惜抱軒全集》,清·姚鼐撰,中國書店,1991 年。

《惜抱軒詩集》,清·姚鼐撰,清嘉慶三年刻增修本。

《熙朝新語》,清·余金輯,清嘉慶二十三年刻本。

《西蓋趙氏宗譜》,2003 年九修本。

《希古堂集》,清·譚宗濬撰,清光緒刻本。

《溪山臥遊錄》,清·盛大士撰,清道光刻本。

《西域考古錄》,清·俞浩撰,清道光海月堂雜著本。

《西域水道記》,清·徐松撰,稿本。

《西莊始存稿》,清·王鳴盛撰,清乾隆三十年刻本。

《霞外攟屑》,清·平步青撰,民國六年刻香雪崦叢書本。

《湘綺樓詩文集》,清·王闓運撰,馬積高主編,嶽麓書社,1996 年。

《香石詩話》,清·黃培芳撰,清嘉慶十五年嶺海樓刻嘉慶十六年重校本。

《香樹齋詩文集》,清·錢陳群撰,清乾隆刻本。

《香蘇山館詩集》,清·吳嵩梁撰,清木犀軒刻本。

《香亭文稿》,清·吳玉綸撰,清乾隆六十年滋德堂刻本。

《湘西兩黃詩——黃道讓、黃右昌詩合集》,黃宏荃選編,嶽麓書社,1988 年。

《鄉園憶舊錄》,清·王培荀輯,清道光二十五年刻本。

《響泉集》,清·顧光旭撰,清乾隆五十七年金匱顧氏刻本。

《響泉集》,清·顧光旭撰,清宣統二年顧氏刻本。

《瀟湘聽雨錄》,清·江昱撰,清乾隆二十八年春草軒刻本。

《小倉山房詩文集》,清·袁枚撰,周本淳標校,上海古籍出版社,1988 年。

《小重山房詩詞全集》,清·張祥河撰,清道光刻光緒增修本。

《小謨觴館詩文集》,清·彭兆蓀撰,清嘉慶十一年刻二十二年增修本。

《小匏菴詩話》,清·吳仰賢撰,清光緒刻本。

《小峴山人集》,清·秦瀛撰,清嘉慶刻增修本。

《筱園詩話》,清·朱庭珍撰,清光緒十年刻本。

《小招隱館談藝錄初編》,清·王禮培撰,民國本。

《嘯亭雜錄》，清・昭槤撰，中華書局，1980 年。

《斅藝齋詩存》，清・鄒漢勳撰，清光緒八年刻鄒叔子遺書本。

《新修濟南府志》，清・成瓘撰，清道光二十年刻本。

《繡餘續草》，清・歸懋儀撰，清道光八年刻本。

《續名醫類案》，清・魏之琇撰，文淵閣四庫全書本。

《續疑年錄》，清・吳修編，清嘉慶刻本。

《續印人傳》，清・汪啟淑撰，清道光二十年海虞顧氏刻本。

《雪橋詩話》，楊鍾義撰，民國求恕齋叢書本。

《雪橋詩話三集》，楊鍾義撰，民國求恕齋叢書本。

《雪橋詩話續集》，楊鍾義撰，民國求恕齋叢書本。

《雪橋詩話餘集》，楊鍾義撰，民國求恕齋叢書本。

《雪盧聲堂詩鈔》，清・楊深秀撰，民國六年鉛印戊戌六君子遺集本。

Y

《煙草譜》，清・陳琮撰，清嘉慶刻本。

《燕京歲時記》，清・富察敦崇撰，北京古籍出版社，1981 年。

《煙霞萬古樓文集》，清・王曇撰，清嘉慶二十一年虎丘東山廟刻道光增修本。

《簷曝雜記》，清・趙翼撰，中華書局，1982 年。

《硯溪先生集》，清・惠周惕撰，清康熙惠氏紅豆齋刻本。

《揚州地方文獻叢刊》，江蘇古籍出版社、廣陵書社，2002～2005 年。

《揚州畫舫錄》，清・李斗撰，中華書局，1960 年。

《揚州歷代詩詞》，李坦主編，人民文學出版社，1998 年。

《揚州休園志》，清・鄭慶祜撰，清乾隆三十八年察視堂自刻本。

《揚州學派年譜合刊》，鄭曉霞、吳平標點，廣陵書社，2008 年。

《養吉齋叢錄》，清・吳振棫撰，清光緒刻本。

《養吉齋餘錄》，清・吳振棫撰，清光緒刻本。

《養默山房詩稿》，清・謝元淮撰，清光緒元年刻本。

《養一齋集》，清・李兆洛撰，清道光二十三年活字印四年增修本。

《養一齋詩話》，清・潘德輿撰，清道光十六年徐寶善刻本。

《姚惜抱先生年譜》，清・鄭福照撰，清同治七年桐城姚濬昌刻本。

《一斑錄》，清・鄭光祖撰，清道光舟車所至叢書本。

《衣讔山房詩集》，清・林昌彝撰，清同治二年廣州刻本。

《詒安堂詩稿》，清・王慶勳撰，清咸豐三年刻五年增修本。

《頤彩堂文集》，清・沈叔埏撰，清嘉慶二十三年沈維鐈武昌刻本。

《頤道堂集》，清・陳文述撰，清嘉慶十二年刻道光增修本。

《藝風堂文集》，清・繆荃孫撰，清光緒二十六年刻本。

《憶漫菴剩稿》，清・余集撰，清道光刻本。

《憶山堂詩錄》，清・宋翔鳳撰，清嘉慶二十三年刻道光五年增修本。

《藝舟雙楫》，清・包世臣撰，清道光安吳四種本。

《亦有生齋集》，清・趙懷玉撰，清道光元年刻本。

《尹文端公詩集》，清・尹繼善撰，清乾隆刻本。

《楹聯叢話》，清・梁章鉅撰，清道光二十年桂林署齋刻本。

《楹聯叢話全編》，清・梁章鉅等編，北京出版社，1996 年。

《楹聯續話》，清・梁章鉅輯，清道光南浦寓齋刻本。

《有正味齋駢體文》，清・吳錫麒撰，清嘉慶十三年刻有正味齋全集增修本。

《有正味齋駢體文續集》，清・吳錫麒撰，清嘉慶十三年刻有正味齋全集增
    修本。

《有正味齋詩集》，清・吳錫麒撰，清嘉慶十三年刻有正味齋全集增修本。

《右臺仙館筆記》，清・俞樾撰，上海古籍出版社，1986 年。

《虞初續志》，清・鄭澍若輯，清咸豐小娜嬛山館刻本。

《愚谷文存》，清・吳騫撰，清嘉慶十二年刻本。

《愚谷文存續編》，清・吳騫撰，清嘉慶十九年刻本。

《於湖小集》，清・袁昶撰，清光緒袁氏水明樓刻本。

《畚經堂詩文集》，清・朱景英撰，清乾隆刻本。

《於湘遺稿》，清・樓錡撰，清乾隆二十年陳章刻本。

《雨村詩話校正》，清・李調元撰，詹杭倫、沈時蓉校正，巴蜀書社，2006
    年。

《與稽齋叢稿》，清・吳翌鳳撰，清嘉慶刻本。

《郁華閣遺集》，清・盛昱撰，清光緒三十四年刻本。

《玉笙樓詩錄》，清・沈壽榕撰，清光緒九年刻增修本。

《玉臺畫史》，清・湯漱玉輯，清宣統香豔叢書本。

《豫章叢書・史部二》，江西省高校古籍整理領導小組整理，江西教育出版
    社，2002 年。

《豫章叢書・史部三》，江西省高校古籍整理領導小組整理，江西教育出版
    社，2002 年。

《豫章叢書・史部一》，江西省高校古籍整理領導小組整理，江西教育出版社，2000 年。

《淵雅堂全集》，清・王芑孫撰，清嘉慶刻本。

《緣督廬日記抄》，清・葉昌熾撰，民國上海蟬隱廬石印本。

《元好問全集（增訂本）》，姚奠中主編、李正民增訂，山西古籍出版社，2004 年。

《袁枚全集》，清・袁枚撰，王英志主編，江蘇古籍出版社，1993 年。

《沅湘耆舊集》，清・鄧顯鶴輯，清道光二十三年鄧氏南村草堂刻本。

《元遺山詩集箋注》，金・元好問撰，施國祁注，人民文學出版社，1958 年。

《月滿樓詩文集》，清・顧宗泰撰，清嘉慶八年刻本。

《越縵堂讀書記》，清・李慈銘撰，中華書局，2006 年。

《越縵堂日記說詩全編》，清・李慈銘撰，張寅彭、周容編校，鳳凰出版社，2010 年。

《悅親樓詩集》，清・祝德麟撰，清嘉慶二年姑蘇刻本。

《雲自在龕隨筆》，清・繆荃孫撰，稿本。

《蘊愫閣別集》，清・盛大士撰，清道光五年刻本。

Z

《撝石齋詩集》，清・錢載撰，清乾隆刻本。

《曾文正公家訓》，清・曾國藩撰，清光緒五年傳忠書局刻本。

《查繼佐年譜　查慎行年譜》，清・沈起、陳敬璋撰，中華書局，1992 年。

《查慎行選集》，清・查慎行撰，上海古籍出版社，1998 年。

《張三豐先生全集》，清・李西月撰，清道光刻本。

《昭代名人尺牘續集小傳》，陶湘編，臺灣明文書局，1985 年。

《趙翼全集》，清・趙翼撰，曹光甫校點，鳳凰出版社，2009 年。

《趙翼詩編年全集》，清・趙翼撰，華夫主編，天津古籍出版社，1996 年。

《珍埶宦文鈔》，清・莊述祖撰，清刻本。

《鎮安府志》，清・羊復禮修，清梁年等纂，清光緒十八年刊本。

《鄭堂讀書記》，清・周中孚撰，民國十年刻吳興叢書本。

《鄭堂箚記》，清・周中孚撰，清光緒刻仰視千七百二十九鶴齋叢書本。

《之溪老生集》，清・先著撰，清刻本。

《祇平居士集》，清・王元啓撰，清嘉慶十七年刻本。

《芝庭詩文稿》，清・彭啓豐撰，清乾隆刻增修本。

《知止齋詩集》，清・翁心存撰，清光緒三年常熟毛文彬刻本。

《知足齋集》，清・朱珪撰，清嘉慶刻增修本。

《止園筆談》，清・史夢蘭撰，清光緒四年刻本。

《炙硯瑣談》，清・湯大奎撰，清乾隆五十七年趙懷玉亦有生齋刻本。

《制藝叢話　試律叢話》，清・梁章鉅撰，上海書店出版社，2001 年。

《中書典故彙紀》，清・王正功輯，民國嘉業堂叢書本。

《忠雅堂集校箋》，清・蔣士銓撰，邵海清校，李夢生箋，上海古籍出版社，
　　1993 年。

《忠雅堂詩集》，清・蔣士銓撰，稿本。

《忠雅堂文集》，清・蔣士銓撰，清嘉慶刻本。

《朱九江先生集》，清・朱次琦撰，清光緒刻本。

《諸史瑣言》，清・沈家本撰，民國沈寄簃先生遺書本。

《竹初詩文鈔》，清・錢維喬撰，清嘉慶刻本。

《竹坡詩話》，宋・周紫芝撰，明津逮秘書本。

《竹汀先生日記鈔》，清・錢大昕撰，遼寧教育出版社，1998 年。

《竹軒詩稿》，清・劉秉恬撰，清乾隆五十一年刻本。

《竹葉菴文集》，清・張塤撰，清乾隆五十一年刻本。

《竹葉亭雜記》，清・姚元之撰，中華書局，1982 年。

《紫峴山人全集》，清・張九鉞撰，清咸豐元年張氏賜錦樓刻本。

《紫竹山房詩文集》，清・陳兆崙撰，清嘉慶刻本。

《自然好學齋詩鈔》，清・汪端撰，清同治十三年刻本。

《棕亭古文鈔》，清・金兆燕撰，清道光十六年贈雲軒刻本。

《棕亭詩鈔》，清・金兆燕撰，清嘉慶十二年贈雲軒刻本。

《佐雜譜》，清・李庚乾撰，清光緒刊本。

《左傳箚記》，清・錢綺撰，清咸豐八年錢氏鈍研廬刻本。

二、研究、著述類

B

《包公年譜》，孔繁敏撰，黃山書社，1986 年。

J

《家譜中的名人身影——家譜叢考》，卞孝萱撰，遼海出版社，2008 年。

《江蘇藝文志・常州卷》，南京師範大學古文獻整理研究所編撰，江蘇人民
　　出版社，1994 年。

《江蘇藝文志·揚州卷》，南京師範大學古文獻整理研究所編撰，江蘇人民出版社，1995 年。

K

《康雍乾時期城鄉人民反抗鬥爭資料》，中國人民大學清史研究所、中國人民大學檔案系中國政治制度史教研室編，中華書局，1979 年。

M

《明清江蘇文人年表》，張慧劍撰，人民文學出版社，2008 年。

《明清戲曲家考略全編》，鄧長風撰，上海古籍出版社，2009 年。

O

《歐洲所藏雍正乾隆朝天主教文獻彙編》，吳旻、韓琦編，上海人民出版社，2008 年。

Q

《清朝全史》，〔日〕稻葉君山撰，但燾譯訂，上海社會科學院出版社，2006 年。

《清代科舉制度考辯》，李世瑜撰，中國廣播電視大學出版社，1999 年。

《清代名人傳略》，〔美〕A·W·恒慕義主編，中國人民大學清史研究所《清代名人傳略》翻譯組譯，青海人民出版社，1990 年。

《清代樸學大師列傳》，支偉成撰，臺灣明文書局，1985 年。

《清代詩話東傳略論稿》，張伯偉撰，中華書局，2007 年。

《清代士人遊幕表》，尚小明編撰，中華書局，2005 年。

《清代通史》，蕭一山撰，華東師範大學出版社，2006 年。

《清代文人生卒年表》，江慶柏編撰，人民文學出版社，2005 年。

《清代文學世家姻親譜系》，徐雁平編撰，鳳凰出版社，2010 年。

《清代戲曲家叢考》，陸萼庭撰，學林出版社，1995 年。

《清代職官年表》，錢實甫編，中華書局，1980 年。

《清人筆記條辨》，張舜徽撰，華中師大學出版社，2004 年。

《清人室名別稱字號索引：增補本》，楊廷福、楊同甫編，上海古籍出版社，2001 年。

《清儒得失論》，劉師培撰，中國人民大學出版社，2004 年。

《清儒學術拾零》，陳祖武撰，湖南人民出版社，2002 年。

《清史編年》，中國人民大學清史研究所編，中國人民大學出版社，2000 年。

《清通鑒》，戴逸、李文海主編，山西人民出版社，1999 年。

X

《西學與清代文化》，黃愛平、黃興濤主編，中華書局，2008 年。

Y

《域外漢籍研究集刊（第二輯)》，張伯偉主編，中華書局，2006 年。

《元遺山研究》，趙興勤撰，臺灣文津出版社有限公司，2011 年。

Z

《趙翼評傳》，趙興勤撰，南京大學出版社，2002 年。

《趙翼評傳》，趙興勤撰，江蘇人民出版社，2008 年。

《趙翼評傳》（上、下冊），趙興勤撰，南京大學出版社，2011 年。

《趙翼傳》，杜維運撰，臺灣時報文化出版事業有限公司，1985 年。

《中國古典戲曲小說考論》，趙興勤撰，吉林教育出版社，2004 年。

《中國文學家大辭典·清代卷》，錢仲聯主編，中華書局，1996 年。

後 記

　　我在 2008 年江蘇人民出版社出版的《趙翼評傳》的「後記」中曾說過，「學術研究也講究緣分，能在不到十年的時間內完成兩部《趙翼評傳》，我與清代學人趙翼似有某種不解之緣。」還稱：「此書稿甫成，《趙翼年譜長編》、《趙翼研究資料彙編》兩部書的編撰，又將提上我的工作議程。」三、四年後，這一想法果然轉化爲現實。這對我這個讀書問學者來說，自然是一個很大的安慰。當年，甌北年近九十，尚且「手一編度日，竟作常課」，「皓首猶勤手一編」。(《甌北集》卷五三) 這一人生態度，無疑是積極的，對我們當今的人生價值抉擇，當有所啓迪。

　　回思幾十年來，我的治學，主要圍繞古代小說、戲曲、元好問及金詞、趙翼展開。研究趙翼，已近二十年。出版的兩部《趙翼評傳》，皆曾受到好評。《中國出版》、《中國文化報》、《書目季刊》(臺灣)、《常州日報》、《龍城春秋》、《環渤海文化》等刊物均發表過書評，予以重點推介。南京大學版《趙翼評傳》列入匡亞明先生主編的《中國思想家評傳叢書》。該叢書在海內外較有影響，獲首屆「中國出版政府獎圖書獎」、「中國文化產業創新獎」。也正是有關趙翼研究的這部書和相關論文，引起他家鄉常州市重視，又特約本人撰著了由歷史學家茅家琦先生主編的「常州清代文化研究叢書」中的《趙翼評傳》一書。2009 年 1 月 9 日，常州市政府有關部門在該市行政中心星聚堂，隆重召開了江蘇人民版《趙翼評傳》等新書首發儀式，並專門約請作者親臨大會講話。《常州日報》、《常州晚報》、常州電視臺等媒體進行了廣泛報導。學界的支持、朋友的鼓勵，激發了本人繼續研究的熱情。2009 年，由我獨立申報的《趙翼年譜長編》，經專家評審，被列爲全國高校古籍整理研究工作委員會

直接資助專案，使得全景式的趙翼研究從設想變爲可能。

在該書即將付梓之際，本人眞誠感謝臺灣花木蘭文化出版社盛情約稿，使我無數個日夜辛勞所獲不至遺於廢簏。感謝高小娟社長、杜潔祥總編輯以及責編楊嘉樂女士對《趙翼年譜長編》、《趙翼研究資料彙編》約 170 萬字浩大篇幅的包容以及不厭其煩的細緻審讀、精心校改。他們對事業懷著一顆純粹的心，對學術保持著當下已不多見的敬畏與執著。他們周密而高效的工作，坦率而誠懇的言辭，細緻而周到的服務，無不讓作者感受到禮遇和尊重。正是因爲有睿智的出版家掌舵，有團結一心、奉獻學術的出版團隊，該社才能風生水起，所出版著作遠銷歐洲、美國、日本數百家著名圖書館，扛起弘揚中華文化的大旗，迅速成爲臺灣出版業新生代中的翹楚。同樣感謝人民文學出版社葛雲波先生，在多次的來電、來函中，對本人近年著作和研究狀況所表示出的濃厚興趣和熱切關注。伴隨著這兩部書即將出版，令我甚爲喜悅的，還有孫兒趙智周（字挺秀）於 2012 年 1 月 11 日（農曆臘月十八日）的出生。待其長大成人，這些書或許就是他瞭解祖父最好的媒介。

孔子曰：「古之學者爲己，今之學者爲人也。」（《論語・憲問》）「爲己」的學術，其實就是與「聞達」絕緣的宣告，就是一種甘於寂寞，不斷實現自我完善、追求內在修爲的決心，就是一生跋涉，對於眞理的瞭望與學術的堅守。這些年的問學之旅，一路走來，幾不能停，時刻都有一種創造的衝動。完成了這兩部趙翼研究的專書，《民國時期戲曲研究學譜》、《趙翼交遊叢考》、《清代戲曲史料類編》這幾部書的撰著計劃又將提上日程，其中前者已有十多篇論文在海峽兩岸學術刊物發表，引起了一定的關注。西哲康德嘗言：「工作是使生活得到快樂的最好方法」，我深以爲然，並陶醉其中。

學術研究中的發現與創造，固然能夠帶給研究者心靈的愉悅，但過程畢竟是孤獨和艱苦的。清代文獻浩如煙海，種類繁多，蒐集與辨識均頗不易。本年譜在撰寫過程中儘管付出了許多艱辛，但緣本人學識所限，舛誤之處仍在所難免，還祈方家不吝指正！

趙興勤
辛卯除夕
古彭城鳳凰山東麓倚雲閣